全本全注全译丛书

中华经典名著

乔天一◎译注

龙文鞭影 下

中华书局

卷三

【题解】

卷三共七个韵部，从"一先"至"七阳"，为下平声的前七韵。"一先"韵共六十句，每句一典，共含六十个典故。"二萧"韵共二十四句，每句一典，共有二十四个典故。"三肴"韵共二十句，每句一典，一共涉及二十个典故。"四豪"韵共三十六句，每句一典，共为三十六个典故。"五歌"韵共二十六句，每句一典，共涉及二十六个典故。"六麻"韵共三十四句，每句一典，总共有三十四个典故。"七阳"韵共八十四句，每句一典，涉及八十四个典故。

本卷七韵共二百八十四个典故，除取材于"二十四史"，还有《淮南子》《风俗通》《拾遗记》等。内容上，有我们熟悉的凿壁偷光、悬梁刺股、贾岛推敲、韩愈焚膏等勤学典故，也有豫让吞炭、孙叔敖埋蛇、季札挂剑、吴隐之饮贪泉等美德典故，更有栾巴救火、《诗》穷五际等天象方术之典，既颂扬了忠贞、仁厚、侠义、诚信、节操等传统美德，也反映了古代社会的方方面面。

一先

飞凫叶令①，驾鹤缑仙②。刘晨采药③，周颙观莲④。

【注释】

①飞凫（fú）叶令：凫，水鸟，即野鸭。叶令，叶县（县名。今河南叶

县）县令,这里指王乔,东汉官员。据《后汉书·方术列传上》,汉
明帝时,王乔任叶县县令,每月的初一、十五都到京城朝见皇帝。
汉明帝对他常从叶县到洛阳来感到很奇怪(按,两地相距一百六
十多公里,如果只凭步行,往返要花十天左右的时间),且又不见
他出行的车马,就暗中让太史访查。太史奏报,王乔将要到来之
前,常有两只野鸭从东南方(按,叶县在洛阳东南)飞来。于是等
到野鸭将至,举网捕捉,却只捉到一只鞋子。汉明帝让尚方(汉
代主管制造各种宫廷用品的官署)查看,发现是永平四年赐给尚
书官属(指尚书台各级官员)的。有人说,王乔就是古代的仙人
王子乔。

②驾鹤缑(gōu)仙:缑仙,指王子乔,古代仙人。缑,即缑氏山(在今
河南偃师)。据《列仙传》,王子乔是周灵王的太子,名晋,好以吹
笙模拟凤凰的叫声,在伊水与洛水之滨游玩时,被道士浮丘公接
引,带着他到嵩高山(即嵩山)上去了。过了三十年,有人到山上
去寻找他,王子乔出现,对一个名叫桓良的人说:“告我家,七月
七日待我于缑氏山巅。”到了那一天,王子乔果然乘着白鹤停留
在山顶,但是只能远望,不能接触,举手向家人致意,过了好几天
才离去。家人为他在缑氏山下和嵩高山顶立祠。按,在我国古
代传说中,至少有三位成仙的“王乔”:一即此周灵王太子王子
乔,一为上文所记之叶令王乔,还有一位是《淮南子·齐俗训》中
记载的柏人令蜀人王乔。王乔之名最早见于屈原《远游》,谓“轩
辕不可攀援兮,吾将从王乔而娱戏”,则王乔故事可能最早起源
于吴楚,后来才传至北方。

③刘晨采药:刘晨,东汉人。据《太平御览·地部六·天台山》引
《幽明录》,汉明帝永平五年,刘晨和阮肇到天台山采榖皮(中药
材,即榖树的树皮),迷路十余日,食物都吃完了,几乎饿死,遥望
山上有结果的桃树,遂攀藤而上,取食数枚,得以充饥。又下山

持杯取水，在山溪中发现水流中有鲜芜菁叶，又有内盛胡麻饭的杯子流过，想来离人家不远，于是翻过山，见一大溪，溪边有两个美貌女子，见二人来，称之为"刘、阮二郎"，如同旧识，相见欣喜。女子把二人带回家，设下酒食，与他们成亲，又有其他女子携桃来贺。刘、阮二人既喜且惧，同居半年，坚辞二女还乡。回到家乡后，却发现亲人都已去世，房屋不同旧貌，觅人询问，遇见七世孙，说传闻前代有祖先入山迷路，没有回来。按，此条又见《太平御览·果部四·桃》引《幽明录》，《太平广记·女仙六》有《天台二女》一篇，情节亦同，然云出《神仙记》，又明钞本《太平广记》同条作"出《搜神记》"，或皆系《幽明录》之误。又，《法苑珠林·潜遁篇第二十三·感应缘》引《幽明录》此条，末云："至晋太元八年忽复去，不知何所。"则暗示刘、阮亦仙去。

④周颐（yí）观莲：周颐，即周敦颐（1017—1073），北宋学者，儒家理学学派的先驱。后世将他与张载、程颢、程颐、朱熹并称，谓之"周、程、张、朱"。周敦颐有《爱莲说》，说自己与世人不同，唯独喜爱莲花，称赞莲花"出淤泥而不染，濯清涟而不妖"。盖以莲花的"中通外直，不蔓不枝，香远益清，亭亭净植，可远观而不可亵玩"比君子，又以之自喻。按，据《宋史·道学传》，黄庭坚评价周敦颐，称他人品甚高，胸怀洒脱，如光风霁月。又称赞他不务求名，锐意践行志向，做官不为自身营利，意在获取民心，个人生活简朴，却能施恩于孤寡，行事不迎合当世，而欲与古代贤人为友。据此，则周敦颐诚如其夫子自道，是一位可以莲花为喻的君子。

【译文】

王乔做叶县具令，每月初一、十五都从叶县到京城洛阳朝见汉明帝，汉明帝奇怪他用了什么出行工具，派人暗中伺察，发现有双凫相助，捉到一只后发现是汉明帝赐给尚书官属的鞋子；王子乔被仙人浮丘公引入嵩山，三十年后传语家人七月七日在缑氏山顶相见，至日，王子乔骑着白鹤出现在缑氏山的山巅，可望不可即。刘晨、阮肇入天台山采药迷路，遇二女，与之结合，留居半年后出山还家，亲人皆已去世，家乡也大变模样，寻人访问，已过七世；周敦颐作《爱莲说》，抒发自己对莲花的喜爱，实则以莲为喻，表示自己的人生准则是"中通外直""香远益清"，要"出淤泥而不染，濯清涟而不妖"。

阳公麾日①，武乙射天②。唐宗三鉴③，刘宠一钱④。

【注释】

①阳公麾（huī）日：阳公，即鲁阳公，战国时楚国县公，楚平王之孙。《国语》称鲁阳文子，"文"是他的谥号。鲁阳，古县名。今河南鲁山。麾，挥动。据《淮南子·览冥训》，鲁阳公与韩国交战，战事正紧，太阳快要落山了。鲁阳公举起手中的戈向着太阳挥舞，太阳为他所惊，在天上倒退了三舍之地（九十里）。后人遂以"鲁阳戈"比喻有回天之力的人或其行为。

②武乙射天：武乙，商朝国王。庚丁之子。据说为政无道，行为非常暴虐。据《史记·殷本纪》，武乙成为君主后，做了一个人像，称之为天神，让人代表天神与自己赌博。替天神赌博的人输给武乙，武乙就以此为由，惩罚羞辱天神。又用一个皮袋子盛上血，用箭去射，称为"射天"。后来武乙到渭水与黄河之间去打猎，遇到强烈的雷电天气，遭雷击而死。按，《史记》是将武乙作为无道的暴君来记载的，但其事迹或许反映了商朝末期王权与神权之间的激烈博弈。又，商代君主继承，有兄终弟及与父死子继两种办法，且兄终弟及的案例极多，武乙的父亲庚丁也是通过兄终弟及的方式上位的，但从武乙开始，君位的传承稳定保持在父子之间，这或许也说明经过武乙的统治，王权得到了极大的加强。

③唐宗三鉴（jiàn）：唐宗，即唐太宗李世民。鉴，镜子。据《新唐书·魏

徵传》，魏徵去世，太宗非常悲痛，在上朝的时候感叹道："以铜为鉴，可正衣冠；以古为鉴，可知兴替；以人为鉴，可明得失。朕尝保此三鉴，内防己过。今魏徵逝，一鉴亡矣。"按，《贞观政要·论任贤》《隋唐嘉话》《旧唐书·魏徵传》均载此事，但"鉴"作"镜"。魏徵是唐太宗时的宰相，以敢于进谏著称，《龙文鞭影》亦多次采录其事迹，见前"太宗怀鹞"及后"魏徵妩媚"条。

④刘宠一钱：刘宠，东汉官员。据《后汉书·循吏列传》，刘宠迁为会稽太守，会稽郡多山，山中的百姓淳朴，有的人到老也没去过城里，颇为猾吏所侵扰。刘宠去除烦苛的法令，监察官吏的不法行为。到离任时，有几位老人从山中出来送行，每人奉上一百钱。刘宠慰劳他们，说："父老何自苦？"老人说："山谷鄙生，未尝识郡朝。它守时吏发求民间，至夜不绝，或狗吠竟夕，民不得安。自明府下车以来，狗不夜吠，民不见吏。年老遭值圣明，今闻当见弃去，故自扶奉送。"刘宠答道："吾政何能及公言邪？勤苦父老。"于是从他们每人的钱中各选一枚大钱收下，以示重视父老的心意。

【译文】

鲁阳公与韩国交战，天色将晚，持戈一挥，太阳为之倒退九十里；武乙为政无道，曾以皮袋盛血，再用箭射，称为"射天"，据说他后来去河渭之间射猎，被雷击而死。唐太宗将"以铜为鉴""以古为鉴""以人为鉴"并列，认为魏徵是自己的一面镜子；刘宠做会稽太守，政事简易，离任时本地老人各带百钱来送行，刘宠从每人的送行钱中各选出一枚收下，表示领情。

叔武守国①，李牧备边②。少翁致鬼③，栾大求仙④。

【注释】

①叔武守国：叔武，春秋时卫国公子。卫文公之子，卫成公之弟，卒

谥"夷",故又称"夷叔"。据《左传·僖公二十八年》,晋文公将伐曹,借道于卫,卫不许,晋遂先伐卫。卫成公请盟,晋文公不答应,卫成公又想向楚国求助,国人不满,将卫成公赶出国都,卫成公逃到襄牛(卫邑名。一说宋邑,在今河南睢县)。城濮之战后,卫成公逃到陈国,让大夫元咺辅佐叔武暂摄君位,参加晋文公主导的践土之盟。事后,有人对卫成公说:"元咺要拥立叔武。"卫成公就杀了元咺之子元角,但元咺仍坚持奉行之前的君命,奉叔武入国居守。其后,晋文公由于叔武参加了会盟,表示恭顺,遂许卫成公复位。卫成公与国人达成盟约,表示互不追究前事,并约期归国,但很快背约,以突然袭击的方式提前进入国都,公子歂犬与华仲为其前驱,射杀毫无防备的叔武,元咺奔晋。卫成公归国后,枕在叔武的遗体上哭泣,处死凶手公子歂犬,以安抚居守一派。

②李牧备边:李牧(?—前229),战国时赵国名将。据《史记·廉颇蔺相如列传》记载,李牧在赵国为边将,每天杀数头牛犒劳士卒,让将士习练骑射,严备烽火,又向北方派遣了许多间谍。李牧与将士定约:"匈奴即入盗,急入收保,有敢捕虏者斩。"于是每当匈奴入侵,烽火都很快发出信号,边军退入堡垒,不敢交战。如是数年,边境的人口牲畜都没有损失,但无论匈奴还是赵国边军都认为李牧怯懦。赵王多次警告李牧,如果李牧一如既往,赵王就将李牧撤职。然而新上任的将领与匈奴交战,多次战败,损失惨重,边民不能种地放牧,赵王被迫又起用李牧。到任后,李牧仍用旧办法处之。这样过了几年,匈奴不能从掠夺中获得好处,而且都认为李牧怯懦;将士日得赏赐,而得不到效用的机会,都愿与匈奴一战。于是李牧精选士卒车骑,纵民畜牧,引诱匈奴单于大举入塞掠夺,设下奇阵,破斩匈奴十余万骑,东胡、林胡、襜褴(chān lán)等胡族都遭到不同程度的沉重打击,匈奴单于逃走。

其后十几年，匈奴都不敢再接近赵国的边城。

③少翁致鬼：少翁，西汉方士。据《史记·封禅书》，齐地的方士少翁以驱役鬼神的方术见汉武帝。汉武帝非常想念去世的王夫人，少翁以方术在夜间作法召唤王夫人与灶鬼，汉武帝在帷幕中亲眼见到，于是拜少翁为文成将军，赏赐甚多，以对待宾客而非臣下的礼节对待他。少翁对汉武帝说，如要招致神灵，先要做到宫室衣服与神灵相类，于是汉武帝造画有云气的车子，又造甘泉宫，在宫中台室画天地鬼神像，放置祭具以致神。过了一年多，天神仍未出现，少翁的方术效验渐微，于是在帛上写下奇言怪语喂给牛吃，伴称牛腹中有奇物，杀牛见书。汉武帝素识少翁笔迹，询问之下，果然是伪造的，遂诛少翁，而隐匿其事。

④栾（luán）大求仙：栾大，西汉方士。据《史记·封禅书》，栾大与少翁同师，他通过乐成侯丁义求见汉武帝，言说方术。栾大身材高大，貌美，说话颇有技巧，且敢为大言，表现得像是真有其事一样。他对汉武帝说："臣常往来海中，见安期、羡门之属。顾以臣为贱，不信臣。又以为康王（按，指胶东康王刘寄，栾大本是胶东王宫人）诸侯耳，不足与方。臣数言康王，康王又不用臣。臣之师曰：'黄金可成，而河决可塞，不死之药可得，仙人可致也。'然臣恐效文成（指少翁），则方士皆奄口，恶敢言方哉？"汉武帝当时正担心黄河决口与黄金不能炼成，听了栾大之说，就拜他为五利将军，将女儿卫长公主（卫皇后长女，故名）嫁给他，宠赐相继。后汉武帝让栾大东行入海去寻求其师，栾大不敢入海，只在泰山举行祠祀，妄言见到老师，而汉武帝使人随行案验，并无所见。此时栾大的方术也已用尽，多不灵验，于是汉武帝遂诛杀栾大。

【译文】

叔武奉兄长卫成公之命居守国内，有人向成公进谗，说叔武将被拥立，成公将复位前，突然袭击国都，将叔武杀害；李牧为赵将，专务守备国境,厚待士卒,使匈奴入侵掠夺无所得,后选准时机,大破匈奴,使敌人十几年不敢窥视边境。少翁以役鬼之术,召来汉武帝宠妃之魂,为汉武帝所亲信,但后来骗术败露,遂被诛杀;栾大自称曾入海见到神仙,汉武帝让他再到海中去求仙,栾大不敢去,只在泰山举行祠祀,又无所得,为汉武帝所杀。

彧臣曹操①,猛相苻坚②。汉家三杰③,晋室七贤④。

【注释】

①彧(yù)臣曹操:彧,即荀彧(163—212),曹操统一北方的首席谋臣。据《三国志·魏书·荀彧传》,东汉末将乱未乱时,荀彧看出家乡颍川郡地处交通要道,未来将有战事,率宗族前往冀州避难,冀州牧袁绍待之以上宾之礼。但荀彧认为袁绍不能成事,遂转投曹操。曹操以荀彧为司马(汉晋时期将军幕府的主要幕僚,主管本府军事),参与谋划大计。曹操迎汉献帝都许后,任命荀彧为尚书令,主持朝廷的日常行政事务,在曹操出征时充任留守。由于荀彧对曹操统一北方贡献极大,曹操曾在给汉献帝的上表中称赞:"天下之定,彧之功也。"但荀彧晚年与曹操在进位称魏王的问题上产生矛盾,最终忧虑成疾而死(一说服毒自尽)。

②猛相苻(fú)坚:猛,即王猛(325—375),十六国时期前秦大臣,苻坚的主要谋臣与辅弼。苻坚(338—385),前秦君主,在其统治期间,一度统一了北方,文治武功均称盛于一时。苻坚能任用各族人才,倾心于先进的汉文化,是东晋十六国时期最有作为的君主,但晚年伐晋大败,也直接导致了前秦统治的土崩瓦解。据《晋书·苻坚载记下附王猛传》,王猛出身寒微,苻坚派吕婆楼招他来见,第一次见面,就像见到旧交一样,谈到兴废大事,极其契合,感觉就像刘备遇到诸葛亮一样。苻坚为君之后,以王猛为中书侍

郎,一年之内五次晋升官职,权倾内外。王猛为苻坚内理国政,外灭前燕,史称其执政公平,能提拔有才之士,外修军备,内兴儒学,劝课农桑,崇尚德教,使前秦统治区域内出现了一片升平景象。

③汉家三杰:三杰,指张良、萧何、韩信。据《史记·高祖本纪》,汉高祖五年(前202)五月,刚刚攻灭项羽的汉高祖刘邦在洛阳大宴功臣。在宴席上,高祖询问与宴功臣:"吾所以有天下者何?项氏之所以失天下者何?"高起、王陵说:"陛下慢而侮人,项羽仁而爱人。然陛下使人攻城略地,所降下者因以予之,与天下同利也。项羽妒贤嫉能,有功者害之,贤者疑之,战胜而不予人功,得地而不予人利,此所以失天下也。"高祖说:"公知其一,未知其二。夫运筹策帷帐之中,决胜于千里之外,吾不如子房。镇国家,抚百姓,给馈饷,不绝粮道,吾不如萧何。连百万之军,战必胜,攻必取,吾不如韩信。此三者,皆人杰也,吾能用之,此吾所以取天下也。项羽有一范增而不能用,此其所以为我擒也。"由此,后人将张良、萧何、韩信合称为"三杰"。

④晋室七贤:七贤,即竹林七贤,指魏晋之交的七位玄学名士:嵇康、阮籍、山涛、向秀、阮咸、王戎、刘伶,七人均以放达为高,开启元康名士任诞之风。据《三国志·魏书·王粲传》裴松之注引《魏氏春秋》(《世说新语·任诞》略同),嵇康与阮籍、山涛、向秀、阮咸、王戎、刘伶交情很好,同游于竹林,号称"七贤"。按,东晋中期文学家袁宏有《竹林名士传》,比他年代略晚的戴逵有《竹林七贤论》,《魏氏春秋》的作者孙盛与袁宏则是同时代人,可知东晋人已艳称(羡慕并赞美)其事。传统说法认为,"竹林"应在嵇康隐居的山阳县附近,是七贤交游的集中地。现代史学家陈寅恪认为,"竹林"本无其地,是受当时译入国内的佛经影响,以释迦牟尼说法的"竹林精舍"冠于七贤头上,而"七贤"名号之起,则是由《论语·宪问》"作者七人"之说而来,其说虽未必确凿,眼光实有

过人之处。当代学者王晓毅作《竹林七贤考》，论证山阳实有竹林，七贤确可能齐聚于山阳，也可备一说。又，"七贤"虽大多入晋，但其活跃的时期实在魏末，以此言之，不当谓之"晋室七贤"。

【译文】

荀彧投靠曹操，为其谋划大计，为曹操平定北方、控制朝政立下汗马功劳；王猛辅佐苻坚，助其消灭北方各割据政权，使前秦政权臻于极盛。汉高祖刘邦打败项羽后，总结经验教训，认为自己之所以能够取胜，是因为任用了张良、萧何、韩信三位人杰；魏晋之交，嵇康、阮籍、山涛、向秀、阮咸、王戎、刘伶同游于竹林，任诞放达，时号"七贤"。

居易识字①，童乌预《玄》②。黄琬对日③，秦宓论天④。

【注释】

①居易识字：居易，即白居易。据白居易《与元九（按，即元稹，唐代诗人，白居易的好友，排行第九）书》自叙，白居易出生六七个月时，保姆抱着他在写了字的屏风下面玩，有指"之""无"两字示之的，白居易虽然口不能言，但心里已经记住，后来有人拿这两个字反复尝试问他，正在襁褓之中的白居易都不会认错。后来元稹为白居易作《白氏长庆集序》，就据白居易的自述说："乐天始未言，试指'之''无'字，能不误。"然李商隐《刑部尚书致仕赠尚书右仆射太原白公墓碑铭》却说，白居易出生七个月就能自己展开书卷，保姆把"之""无"两字指给他看，能够记认，百试不差。《新唐书·白居易传》用其说。可见，在中晚唐时期，就白居易七月能识"之""无"一事，已有不同的说法。

②童乌预《玄》：童乌，扬雄之子的小名。预，通"与"，参与。《玄》，指扬雄所作的《太玄》。《太玄》是扬雄仿照《易经》撰写的一部著作，这部书以━、− −和− − −三种符号作四次重叠，形成一个复合

符号,谓之"首"。每首又作九赞,全书共八十一首、七百二十九赞,以拟《易经》的六十四卦、三百八十四爻。《太玄》既是卜筮之书,又蕴含了扬雄对宇宙、历法、数理的认识,自班固作《汉书·扬雄传》,已说"观之者难知,学之者难成",后世能治此学的也很少。据《法言·问神》,扬雄说:"育而不苗者,吾家之童乌乎? 九龄而与我《玄》文。"据此,其子童乌九岁时即能为《太玄》的撰著提出意见,则在数学和哲理方面都有了较深的造诣。然而扬雄称童乌"育而不苗(没有成长起来)",大概少年时即夭折了。按,扬雄说"育而不苗",是仿效《论语·子罕》"苗而不秀者有矣夫,秀而不实者有矣夫"而作,《法言》系仿照《论语》而作,故在句法、用词上也对《论语》多所模拟。

③黄琬(wǎn)对日:黄琬(141—192),东汉大臣,司徒黄琼之孙。幼年即以聪慧善辩闻名,后亦官至司徒、太尉,与王允同谋诛杀董卓,后为董卓部将所害。据《后汉书·黄琼传附黄琬传》,汉桓帝建和元年(147)正月初一,发生日食,京师洛阳没有看到,黄琼时任魏郡(两汉郡名。治邺城,今河北临漳西南)太守,向朝廷奏报日食。摄政的梁太后要求黄琼报告日食的程度,黄琼想要回答,却找不出恰当的比喻,黄琬当时才七岁,在祖父身旁,说:"何不言日食之余,如月之初?"黄琼大惊,就照这个说法上报了,从此觉得黄琬不一般,对他甚为喜爱。

④秦宓(mì)论天:秦宓(? —226),三国时蜀汉官员、学者。据《三国志·蜀书·秦宓传》,孙吴官员张温出使蜀汉,诸葛亮率百官设宴款待,众人皆已到场,秦宓未到,诸葛亮派人前去催促。张温问诸葛亮秦宓是什么人,诸葛亮回答:"益州学士也。"秦宓到来后,张温故意问他:"君学乎?"秦宓回答:"五尺童子皆学,何必小人?"于是张温又问:"天有头乎?"秦宓回答:"有之。"张温问:"在何方也?"秦宓说:"在西方。《诗》曰:'乃眷西顾。'以此推之,

头在西方。"张温追问:"天有耳乎?"秦宓回答:"天处高而听卑,《诗》云:'鹤鸣于九皋,声闻于天。'若其无耳,何以听之?"张温又问:"天有足乎?"秦宓说:"有。《诗》云:'天步艰难,之子不犹。'若其无足,何以步之?"张温再问:"天有姓乎?"秦宓回答:"有。"张温问:"何姓?"秦宓答道:"姓刘。"张温问:"何以知之?"答道:"天子姓刘,故以此知之。"张温再问:"日生于东乎?"秦宓答道:"虽生于东而没于西。"在整个问答过程中,秦宓都不假思索,应声而答,张温因此对他非常敬佩。按,孙吴在东而蜀汉在西,故张温以"天有头乎,在何方也"为问,秦宓答以"头在西方",张温复问以"日生于东乎",而秦宓谓之"虽生于东而没于西"。

【译文】

白居易出生六七个月时,即能认"之""无"之类简单的字,旁人指着测试他,百试不爽;扬雄的儿子童乌九岁时,就能对扬雄所作的《太玄》提出意见。当祖父黄琼将奏报日食程度而难称其辞的时候,黄琬提议用新月作比,黄琼甚奇其才;秦宓与张温以"天"为题问答,张温连问五个非常刁钻的问题,秦宓都应声作答,张温深为敬服。

元龙湖海①,司马山川②。操诛吕布③,膑杀庞涓④。

【注释】

① 元龙湖海:元龙,即陈登,字元龙,东汉末官员。始随刘备、吕布,后奉命通使于曹操,对曹操说吕布勇而无计,宜早图之,被曹操拜为广陵太守。湖海,即湖海之士,指气宇豪放的人。据《三国志·魏书·吕布传附陈登传》,许汜与刘备同在荆州牧刘表座上,刘表与刘备品评天下人物,许汜评论陈登说:"陈元龙湖海之士,豪气不除。"刘备问刘表:"许君论是非?"刘表说:"欲言非,此君为善士,不宜虚言;欲言是,元龙名重天下。"刘备又问许汜:

"君言豪,宁有事邪？"许汜说："昔遭乱过下邳,见元龙。元龙无客主之意,久不相与语,自上大床卧,使客卧下床。"刘备反驳道："君有国士之名,今天下大乱,帝主失所,望君忧国忘家,有救世之意,而君求田问舍,言无可采,是元龙所讳也,何缘当与君语？如小人,欲卧百尺楼上,卧君于地,何但上下床之间邪？"刘表闻言大笑。按,据《三国志·魏书·陈矫传》,陈矫曾婉转地批评陈登"骄而自矜",陈登回答道："夫闺门雍穆,有德有行,吾敬陈元方兄弟；渊清玉絜,有礼有法,吾敬华子鱼；清修疾恶,有识有义,吾敬赵元达；博闻强记,奇逸卓荦,吾敬孔文举；雄姿杰出,有王霸之略,吾敬刘玄德：所敬如此,何骄之有！余子琐琐,亦焉足录哉？"陈登声言所敬的,都是当时第一等杰出之士,其他人都被归入"余子琐琐"的范畴,可见其人的确性情高傲,少所许可。

②司马山川：司马,即司马迁,西汉史学家,《史记》的作者。据《史记·太史公自序》,司马迁十岁学诵古文,二十岁时南游江、淮,登上会稽山（山名。在今浙江绍兴）,亲探禹穴（在会稽山,相传为大禹所葬之地；一说为大禹得玄夷苍水使者藏书之地）,又得见九疑山（山名。今名九嶷山,在湖南宁远,相传为帝舜所葬之处；一说即帝舜去世之地苍梧）,乘船航行于沅水（今称沅江,发源于贵州都匀,入洞庭湖）、湘水（今称湘江,发源于广西兴安,入洞庭湖,为湖南省内最大河流）之上,再北渡汶水（今名大汶河,发源于山东沂源,经东平湖入黄河）、泗水（古代淮水支流,发源于山东泗水,在江苏淮安入淮河,是连接江淮地区的重要水道,现河道江苏段已经湮没,山东段改于济宁入微山湖）,在齐、鲁的都邑讲求学业,观孔子之遗风,在邹（古县名。今山东邹城）、峄（山名。在山东邹城）之地行乡射之礼（古代乡大夫或乡老与乡人习射之礼）,在鄱（古县名。即蕃县,在今山东滕州西北）、薛（古县名。在今山东滕州南）、彭城（今江苏徐州）遭遇困厄,最终

经由梁、楚之地（按，指西汉时期梁、楚两诸侯国的封地，约相当于今河南东部、山东南部、江苏北部地区），回到帝都长安。按，司马迁在《史记》中记载了自己亲眼所见的各地风土人情、历史遗迹，主要信息来源就是此次行踪覆盖大半个汉朝疆域的游历。

③操诛（zhū）吕布：操，即曹操。据《三国志·魏书·吕布传》，东汉之末，吕布夺取徐州，自称徐州刺史，时联袁术，时结曹操，叛附无常。建安三年（198），吕布又结连袁术，遣高顺攻刘备于沛县，曹操遣夏侯惇救刘备，没有获胜，遂亲自率军讨伐吕布，围之于下邳。曹操挖掘壕沟，围城三月，吕布部将侯成、宋宪、魏续等献城投降，吕布与麾下亲兵登白门楼据守，局势越发不利，乃下城投降。曹军将吕布捆绑起来，吕布说："缚太急，小缓之。"曹操答道："缚虎不得不急也。"吕布乞降，说："明公（汉代人对有名位者的尊称，这里指曹操）所患不过于布，今已服矣，天下不足忧。明公将步，令布将骑，则天下不足定也。"曹操有些疑虑，刘备进言道："明公不见布之事丁建阳（按，即丁原，东汉末以并州刺史为骑都尉，屯兵河内，拔吕布为主簿，后应诏统兵入京，拜执金吾。董卓入京后，欲吞并丁原所部，以吕布为丁原所信，遂引诱吕布杀害丁原）及董太师（按，即董卓，东汉末以并州牧受诏入京，拜太尉、相国，专执朝政，挟持汉献帝迁都长安后进位太师，与吕布誓为父子，但最终为吕布所杀）乎？"曹操点头，下令将吕布缢死，枭首于许（汉县名。今河南许昌，曹操控制汉献帝后迁都于许）。

④膑（bìn）杀庞涓：膑，即孙膑，战国时军事家。庞涓，战国时魏国将领。据《史记·孙子吴起列传》，孙膑与庞涓同学兵法，庞涓投奔魏国，做了魏惠王的将军，自以为才能不及孙膑，暗中派人召孙膑到魏国来，捏造罪名，使之受刑，断其两足，并在他脸上刺字，使他沦为刑徒。后来齐国使者来魏国，孙膑以刑徒身份暗中去见使者，与其交谈，齐使奇其才能，以车载他入齐，遂为田忌和

齐威王所重用。后庞涓伐赵，齐国以田忌为主帅、孙膑为军师救赵，孙膑献计直取魏都大梁，庞涓被迫解围回援，齐军在桂陵（古地名。今河南长垣西北）大破魏军。十三年后，魏国又与赵国出兵攻韩（按，《史记·魏世家》作"伐赵"，《史记·田敬仲完世家》作"魏伐赵。赵与韩亲，共击魏"），齐发兵救韩，仍以孙膑为军师，孙膑以减灶之法，诱庞涓到马陵（今山东莘县，一说河北大名），设了埋伏大败魏军，逼迫庞涓自刭。

【译文】

陈登对来访的名士许汜表示轻蔑，被许汜批评为"湖海之士，豪气未除"；司马迁青年时期出门远游，足迹遍及大半汉朝疆域，亲自行历山川，为撰写《史记》积累了大量材料。曹操擒获吕布，吕布乞降，但曹操听了刘备的建议，认为吕布不能忠心事主，遂将其处死；孙膑被魏将庞涓谋害，后入齐为军师，两度打败魏军，并最终在马陵迫使庞涓自杀。

羽救钜鹿①，准策澶渊②。应融丸药③，阎敞还钱④。

【注释】

①羽救钜（jù）鹿：羽，即项羽（前232—前202），楚将项燕之孙，秦时与叔父项梁避难于吴中，秦二世元年（前209），随项梁杀会稽郡守殷通起兵，投身反秦大潮之中，灭秦后以盟主身份分封诸侯，自立为西楚霸王，故后世又称之为"霸王""楚霸王"。后在垓下之战中被刘邦率领的联军击败，自刭于乌江。据《史记·项羽本纪》，项梁兵败身死之后，秦将章邯率军渡河击赵，命王离围攻赵王歇于钜鹿（巨鹿，古代郡名。一名钜鹿，秦置，辖今河北东南部），楚怀王以宋义为上将军、项羽为次将、范增为末将，率军救赵。此时章邯已大破赵军，宋义到安阳（今河南安阳）后，停留四十六天，不再进军。项羽向宋义提议速渡漳水，进攻秦军，宋义拒

绝，以先坐观秦赵决胜、再收渔人之利为辞。此后宋义又送儿子宋襄到齐国为相，为此举办大规模的宴会，而天寒大雨，士卒饥冻。项羽无法容忍宋义，于是趁早晨例行朝见主帅的机会，在帐中杀死他，获得军权，遣英布、蒲将军渡河救赵，与秦军交战，取得小胜。赵将陈馀再次求援，项羽遂率楚军主力渡河，下令破釜沉舟，烧毁营地，每人自带三天的食物，以此表示不战胜则死的决心。此后楚军九战九胜，消灭了秦将王离所部，解钜鹿之围。前来救赵的诸侯军队见楚军勇猛，无不震恐，遂公推项羽为诸侯上将军，成为反秦诸侯各军的最高统帅。

②准策澶（chán）渊：准，即寇准。澶渊，本为湖名。在今河南濮阳西，隋设立澶渊县，唐改称澶水县，为澶州（今河南濮阳）治所。宋代各州多有郡名、军号作为别称，如徐州的郡名是彭城郡、军号是武宁军，而澶州的郡名即为澶渊郡，故宋人也以"澶渊"代指澶州。据《涑水纪闻》（《宋史·寇准传》略同），宋真宗景德初年（景德，真宗年号，自1004年至1007年行用。按，宋辽澶州之战发生在景德元年），契丹侵宋，当时大臣王钦若、陈尧叟建议迁都江宁或成都，宋真宗以之问宰相寇准，寇准佯装不知是王、陈的建议，反问道："谁为陛下画此策者？罪可斩也。"并分析道："以今日之势，銮舆回辕一步，则四方瓦解，万众云散，虏乘其势，楚、蜀可得至邪？"宋真宗大悟，遂决意亲征，留宰相毕士安居守，寇准随行至澶州前线。在澶州时，寇准每天晚上与杨亿饮酒作乐，有时喧呼达旦，睡觉时一躺下就鼾声如雷，以此安定人心。后宋真宗遣曹利用与契丹议和，表示岁币额度只要在百万以下，均可应许。寇准唤来曹利用，对他说："虽有敕旨，汝往，所许毋得过三十万。过三十万勿来见准，准将斩汝。"曹利用大惧，最终果以三十万缔结和约，此即著名的"澶渊之盟"。缔约回京后，寇准以定策大功，被拜为首相。按，《涑水纪闻》云："车驾还自

澶渊，毕士安迎于半道，既入京师，士安罢相，寇准代为首相。"然据《宋史·宰辅表一》，景德元年七月，宰相李沆卒；同年八月，参知政事毕士安、三司使寇准一同拜相，毕士安为首相；景德二年（1005）十月，毕士安卒，寇准独相，《涑水纪闻》盖偶误。

③应融丸药：应融，东汉官员。据《风俗通义·穷通》，中山（汉代封国名。治所在卢奴县，即今河北定州）人祝恬被征召入京，在途感染瘟疫。此时故友谢著恰任邺县（今河北临漳）县令，祝恬前去求助，谢著拒不接见。祝恬无奈只能扶病前行，到汲县（今河南卫辉）后，住在旅舍中六七天。当地人说："今君所苦沉结，困无医师，闻汲令好事（按，指愿意帮助人），欲往语之。"祝恬答道："谢著，我旧友也，尚不相见视，汲令初不相知，语之何益？死生命也，医药曷为？"县人见祝恬病情严重，径自禀报了县令应融。应融亲自到祝恬床前探望，并说："伯休（祝恬字）不世英才，当为国家干辅。人何有生相知者，默止客舍，不为人所知，邂逅不自贞哉？家上有尊老，下有弱小，愿相随俱入解传。"祝恬辞让，应融不许，回到府署取来衣服和车子，为祝恬垫上厚褥，亲自驾车送他到住处，看护备至，甚至"手为丸药，口尝饘粥。"三四天后，祝恬病情加重，应融为他准备了寿衣、棺木等物，等到病情有所好转，对他说："吉凶不讳，忧怖交心，间粗作备具。"两人都悲喜交加。在此期间，应融一直住在官署中。过了几十天，祝恬病状尽去，身体强健，应融请他到家中，与家人一起饮宴。祝恬到京后，先后任侍中尚书仆射令、豫章太守、大将军从事中郎等要职。应融累迁庐江太守，在任八年，母亲去世，请求守孝，丧期未满时，祝恬被拜为司隶校尉，推荐应融代替自己，此后应融历任五郡太守，名闻远近。

④阎敞（yán）还钱：阎敞，东汉人。据《太平御览·资产十六·钱下》注引《汝南先贤传》，平舆（县名。汉属汝南郡，今为河南驻马店

辖县)人阎敞,曾做郡五官掾(汉代郡国大吏之一,为太守的重要下属),太守第五尝受召到京师前,把所积攒的俸禄一百三十万钱(按,《太平御览》引作"三十万",然据后文当作"一百三十万",《太平御览》盖因传刻致误)寄放在阎敞处,阎敞将钱埋在堂上。后来第五尝全家都病死了,只剩下九岁的孙子。第五尝去世前,对孙子说:"吾有钱三十万,寄掾阎敞。"第五尝的孙子成年后,就来到汝南,向阎敞求取遗财。阎敞见到旧主之孙,悲喜交集,取出钱来,全都还给了他。第五尝的孙子说:"祖唯言三十万,今乃百三十万,诚不敢取。"阎敞说:"府君病困谬言耳,郎君无疑。"

【译文】

项羽袭杀畏敌不进的主将宋义,率军救援赵国,击破秦将王离所部,解钜鹿之围;寇准力劝宋真宗亲征,并随宋真宗至澶州前线,缔约"澶渊之盟"。应融照顾素不相识的祝恬,迎他到府舍中居住,亲自看护,为他制作药丸,病势危急时还准备了丧葬用品,直到祝恬康复,才送他离开;阎敞曾受太守第五尝托付保管一百三十万俸钱,第五尝误告其孙为三十万,其孙成年后来取钱,阎敞毫无隐匿,全部归还。

范居让水①,吴饮贪泉②。薛逢羸马③,刘胜寒蝉④。

【注释】

①范居让水:范,即范柏年(? —479),南朝官员。让水,河名。即忍水河,在今陕西南郑,入濂水河。据《南史·胡谐之传附范柏年传》,刘宋时,范柏年作为梁州刺史刘亮的使者,到京都禀报事务,朝见宋明帝时,谈到广州的贪泉,宋明帝问范柏年:"卿州(指梁州)复有此水不?"范柏年答道:"梁州唯有文川(地名。今陕西城固有文川镇)、武乡(地名。今陕西汉中有武乡镇),廉泉(河名。即濂水河,在今陕西南郑)、让水。"宋明帝又问:"卿宅在何

处?"范柏年回答:"臣所居廉、让之间。"宋明帝对他的回答非常满意。到南齐时,范柏年做到梁州刺史。按,"贪泉"说见下"吴饮贪泉"条。宋明帝言及广州贪泉,忽问梁州有无此泉,实际是由饮贪泉而性贪的逸闻引起,询问梁州风土人情,范柏年以"文川、武乡,廉泉、让水"为答,意谓本州不但有廉让之风,且有文武之才,故宋明帝对其应对颇为赞赏。

②吴饮贪泉:吴,即吴隐之。贪泉,泉名。据《世说新语·德行》"吴道助、附子兄弟居在丹阳郡后"条刘孝标注引《晋安帝纪》,吴隐之有至性,加以廉洁,俸禄都用来资助亲族,甚至到了冬月无被可盖的地步。桓玄欲革岭南之弊,选用吴隐之为广州刺史。去州二十里有贪泉,世传喝了泉水的人都贪得无厌。吴隐之不信,特意到泉上酌水而饮,并作诗道:"石门有贪泉,一歃重千金。试使夷齐饮,终当不易心。"又《晋书·良吏传》说他"及在州,清操逾厉,常食不过菜及干鱼而已,帷帐器服皆付外库,时人颇谓其矫,然亦终始不易",可见其清廉。按,晋宋时期,广州已是我国重要的外贸港口,东南亚、南亚地区的海商来华贸易皆由此港,而所处地域又远离统治中心,故当地官员得以肆意牟利,如《南齐书·王琨传》所言:"广州刺史但经城门一过,便得三千万。"桓玄所欲革正的"岭南之弊",正是指官员贪污掠夺之风,所谓饮贪泉而无厌者,不过是当时广州官场腐败风气急剧蔓延、且无可抑制的一种托词而已。

③薛逢羸(lěi)马:薛逢,唐代诗人、官员。羸,瘦弱。据《唐摭言·慈恩寺题名游赏赋咏杂纪》,薛监(按,薛逢曾任秘书监,故时人以所居官职称为薛监)晚年仕途困厄,曾骑着一匹瘦马出行。当时正遇新进士聚集出游,随从的进士团(唐代进士及第后,依例在曲江集会游赏饮宴,长安游手之民自相纠集,形成组织,称进士团,为进士宴游服务,其主事者称团司)有数十人之多,见薛逢

的导从（官吏出行，一般有一定数量的随从人员，居前者为导，随后者为从）很少，就对前导说："回避新郎君！"薛逢听到后，不禁失笑，对随从说："报道莫贫相，阿婆三五少年时，也曾东涂西抹来。（告诉他们不要小家子气！我这老太婆年轻时，也曾经胡乱化过妆呢。）"按，薛逢曾中唐武宗会昌元年崔岘榜第三名进士，对于新进士来说，应属先辈，所以他这么说。

④刘胜寒蝉：刘胜，东汉官员。寒蝉，秋天的蝉。秋深天寒，蝉声断绝（实际是蝉已死亡），故古人以"寒蝉"比喻不开口说话。据《后汉书·党锢列传》，杜密从北海相任上离职，回到故乡颍川，每次拜见郡守、县令，经常在用人方面向他们提出建议和请求；同郡人刘胜自蜀郡太守罢归，闭门自守，从不干预人事任用。颍川太守王昱不想让杜密干预，对他说："刘季陵（按，即刘胜，字季陵）清高士，公卿多举之者。"杜密明白王昱的意思，就回答道："刘胜位为大夫，见礼上宾，而知善不荐，闻恶无言，隐情惜己，自同寒蝉，此罪人也。今志义力行之贤而密达之，违道失节之士而密纠之，使明府赏刑得中，令问休扬（指美名传扬于外），不亦万分之一乎？"王昱闻言惭服，之后对杜密更加亲厚。按，汉代郡守、县令有权任用本地人为吏，这也是大多数士人步入仕途的第一步。杜密是党人中所谓"八俊"之一，在当时的士林中有很高的声望，故能请托守令提拔自己看重的人，罢黜自己反对的人，而守令则既觉得难违其意，又以接受请托为苦，但最终还是不得不认同杜密的意见。

【译文】

范柏年见宋明帝，言及贪泉，宋明帝因问及梁州山川，范柏年说本乡有"文川、武乡，廉泉、让水"，表示梁州本乡有文武廉让之风；吴隐之出任广州刺史，酌贪泉而饮，表示自己终不改清洁之志，在州任职，果然清廉如故。薛逢晚年仕途困厄，曾骑着瘦马遇到新进士出游，进士团呵斥他回避，薛逢笑说自己当年中进士时也是风光一时；杜密去职还乡，屡次干预郡县人事，太守王昱称赞闭门自守的同郡人刘胜为"清高士"，以讽劝杜密，杜密则反驳说刘胜"自同寒蝉，此罪人也"，王昱闻言表示惭愧。

捉刀曹操①，拂矢贾坚②。晦肯负国③，质愿亲贤④。

【注释】

①捉刀曹操：捉刀，即持刀、握刀。据《世说新语·容止》，曹操将接见匈奴使者，觉得自己貌不惊人，不足以威慑远方使臣，于是让下属崔琰以自己的名义接见，自己则提着刀站在崔琰的坐床边，伪装成侍卫。接见结束后，曹操派人私下向使者探问："魏王何如？"使者说："魏王雅望（按，'雅望'本指清高的名望，这里引申为举止、气度）非常，然床头捉刀人，此乃英雄也。"曹操听到回报后大惊，命人追杀使者。按，《三国志·魏书·崔琰传》说他"声姿高畅，眉目疏朗，须长四尺，甚有威重"，可见其相貌确实出众。而曹操于建安十八年（213）受封为魏公，二十一年（216）五月进号魏王，故对话中以爵号称之。但是，崔琰因获罪于曹操，在曹操进位魏王后不久，先被罚为刑徒，随即自杀，因此代曹操接见匈奴使者的可能性不大。又，由于有此逸闻，后世遂以"捉刀"为替人做事的代名词，现在主要用来指代笔作文。

②拂矢（shǐ）贾坚：拂矢，让箭从目标旁边擦过。贾坚，前燕武将。据《太平御览·工艺部一·射上》引《燕书》，贾坚字世固，能拉开三石多的强弓，前燕烈祖慕容儁听说他善射，于是亲自考察他，取来一头牛放在距贾坚百步的地方，问他："能中之乎？"贾坚说："少壮之时，能令不中；今已年老，正可中之。"太原王慕容恪闻言大笑。贾坚对着牛放箭，一箭贴着背飞过，一箭贴着肚子飞

过，都紧贴皮肤、射落牛毛。慕容恪又问："复能中乎？"贾坚说："所贵者以不中为奇，中之何难？"于是一箭射中牛身。贾坚这时已经六十多岁了，围观的人都佩服他的射术精妙。

③晦（huì）肯负国：晦，即徐晦（？—838），唐代官员。据《旧唐书·徐晦传》，徐晦中进士、登直言极谏制科、授栎阳尉，都得到杨凭推荐。杨凭自京兆尹被贬为临贺尉（临贺，县名。今广西贺州），出发那一天，朋友没有敢前往送别的，唯独徐晦到蓝田（县名。今属陕西西安）为他饯行。权德舆与杨凭交厚，听说此事后，对徐晦说："今日送临贺（按，即杨凭，以官名为代称），诚为厚矣，无乃为累乎？"徐晦说："晦自布衣受杨公之眷，方兹流播，争忍无言而别？如他日相公为奸邪所谮，失意于外，晦安得与相公轻别？"权德舆赞赏徐晦的诚恳，在朝廷中大力称赞他。几天后，御史中丞李夷简奏请任命徐晦为监察御史，徐晦问他："生平不践公门，公何取信而见奖拔？"李夷简说："闻君送杨临贺，不顾犯难，肯负国乎？"徐晦由此知名。按，唐代御史为清要之职，新进士人要做御史，每需要人支持，故徐晦对素无交往的李夷简推荐他抱有疑虑。又，据《旧唐书·杨凭传》，参劾杨凭，导致他被贬谪的，正是李夷简。

④质愿亲贤：质：即王质，宋代官员。据欧阳修《尚书度支郎中天章阁待制王公神道碑铭》，范仲淹以上疏言事被贬饶州，当时朝廷追查与其声气相求的所谓"党人"，形势颇为紧张。王质此时正在生病，得知后却抱病率子弟到开封东门外，设宴为范仲淹送别，并且流连数日。有大臣责备他说："长者亦为此乎！何苦自陷朋党？"王质慢慢地回答道："范公天下贤者，顾某何感望之！然若得为党人，公之赐某厚矣。"闻言之人莫不替王质感到害怕。按，景祐三年（1036），范仲淹上疏批评宰相吕夷简用人掺杂私心，言辞激烈，吕夷简抨击范仲淹"荐引朋党，离间君臣"，范仲淹

因此获罪。侍御史韩渎迎合吕夷简，请书范仲淹朋党姓名，在朝堂张榜公布，与范仲淹相友善的余靖、尹洙、欧阳修等官员都被贬降，一时之间，政治气氛非常险恶。王质敢于为范仲淹送行，是很有胆识的。

【译文】

曹操自觉貌陋，让崔琰代为接见匈奴使者，自己捉刀侍立于坐床旁边，使者却说床头捉刀人是英雄；前燕慕容儁命贾坚射击百步外的牛，贾坚射出的箭分别从牛背和牛腹擦过，达到了"附肤落毛"的效果，射术精妙。徐晦不避嫌疑，到蓝田为被远贬的杨凭饯行，御史中丞李夷简奏荐徐晦为监察御史，认为他既然能为朋友"不顾犯难"，肯定也不会"负国"；范仲淹得罪宰相吕夷简，被贬饶州，王质扶病为他送行，有大臣责备他"自陷朋党"，王质反驳道："若得为党人，公之赐某厚矣。"

罗友逢鬼①，潘谷称仙②。茂弘练服③，子敬青毡④。

【注释】

①罗友逢鬼：罗友，东晋官员。据《世说新语·任诞》"襄阳罗友有大韵"条刘孝标注引《晋阳秋》，罗友入桓温幕府后，曾以家贫为理由，请求外任郡县。桓温虽然因他有才学而尊重他，但认为他行为荒诞放肆，不是治民之才，所以虽许诺而不用。后来同僚有出任某郡太守的，桓温举办宴席饯行，罗友到场非常晚。桓温问他为何迟到，罗友说："民（罗友自称。时桓温为荆州刺史，襄阳是荆州属郡，故温于友为州将，友于温为州民）性饮道嗜味，昨奉教旨，乃是首旦出门，于中路逢一鬼，大见揶揄，云：'我只见汝送人作郡，何以不见人送汝作郡？'民始怖终惭，回还以解，不觉成淹缓之罪。"桓温虽笑他善于为自己找理由，但内心感到惭愧，后来就任命罗友做了襄阳太守。按，据《晋书·习凿齿传》，罗友是

习凿齿之舅，习凿齿本是桓温所亲信的幕僚，位在罗友与兄长罗崇之上，后来习凿齿得罪桓温，桓温即破格提拔罗崇、罗友相继为襄阳都督，而外放习凿齿为荥阳太守（荥阳郡本在今河南郑州一带，东晋无实土，侨置于襄阳周边，为襄阳都督所督），则罗友之得任太守尚有他由，不仅因桓温赞赏其善辩及内愧失信而已。

②潘谷称仙：潘谷，北宋制墨名家。据《春渚纪闻·墨说》，宋哲宗元祐初，何薳随父亲在京城开封居住，潘谷也在都城卖墨，曾到何家去，背着装墨的小箱子，一笏墨只卖百钱，有人向他求墨，他随手从箱中取出断碎的残品送人，并不吝惜。后来据说潘谷醉饮郊外，经日不归，家人寻找，发现他坐在枯井之中死去，身体柔软，因此有人怀疑他尸解成仙了。苏轼曾写诗赠潘谷，诗中有"一朝入海寻李白，空看人间画墨仙"的句子。潘谷"墨仙"之名，就是由此而来。按，据《春渚纪闻》"漆烟对胶"条说，造墨古法为用五两胶，至五代李廷珪才发明对胶法。两法相较，古法用胶少，能较好体现墨的漆烟色泽，但不耐湿，遇到梅雨之类天气就会出问题。何薳说潘谷制墨"用胶不过五两之制，亦遇湿不败"，则潘谷的制墨技术确有独到之处。

③茂弘绤（shū）服：茂弘，即王导。绤服，用绤制成的衣服。绤，古代一种织得很稀疏的布。据《晋书·王导传》，晋成帝时，东晋经过几场大的战乱，国用匮乏，国库中只剩下几千匹绤布，却又卖不出去。为了提升布价，宰相王导与群臣每人用绤布做了一件单衣（魏晋时士大夫所穿的一种便服），时人就跟着购买绤布做衣服，绤布因此迅速涨价。王导命令国库主管官员把存布卖出去，每匹竟能卖到一两黄金的高价。按，王导为东晋名臣，先后辅佐元帝、明帝、成帝三世，威望既隆，且为士林之望，所以他的举动可以影响当时的社会风气。后来谢安手执蒲葵扇引领风尚，而京城的蒲葵扇价格因此而昂贵，也是同样的道理。

④子敬青毡（zhān）：子敬，即王献之（344—386），东晋官员、书法家。王羲之之子。青毡，青色的毛毡，古人用为床褥或坐垫。据《北堂书钞·服饰部三·毡二十九》引《语林》（《晋书·王献之传》略同），王献之在斋中静卧，有人入室盗窃，用幞囊装载，将房间中的东西一扫而空，王献之躺在床上不说话。贼人见他没有动静，胆子更大了，竟登上卧床，想要再找出些东西。这时，王献之才慢慢地说："偷儿，青毡我家旧物，可特置（放下）不？"众贼这才知道王献之并未睡着，于是"悉置物惊走"。由于王献之称青毡为"我家旧物"，后世遂以"青毡"代指家业相传，有"青毡事业""青毡旧族"之说。

【译文】

罗友向桓温请求出任郡守，桓温许诺而未实现，后桓温设宴为另一出任太守者送行，罗友故意迟到，诈言中途逢鬼，被揶揄"不见人送汝作郡"，桓温遂以罗友为襄阳太守；潘谷善制墨，死于枯井中，尸体柔软，与常人不同，苏轼曾赠其诗云"一朝入海寻李白，空看人间画墨仙"，世人遂谓之墨仙。王导见国库困乏，仅有练布，遂率群臣各制练布单衣，时人纷纷效仿，练布价昂，财政遂得以好转；王献之在斋中假寐，有人入室盗窃，献之静卧不动，直到贼人登床搜索，才说："青毡是我家旧物，可放下不？"贼人为之惊走。

王奇雁字①，韩浦鸾笺②。安之画地③，德裕筹边④。

【注释】

①王奇雁字：王奇，北宋官员。雁字，大雁飞行时往往排成"一"字或"人"字形，故称其队列为"雁字"。据《舆地纪胜·赣州·人物》，王奇是赣县人，在县里做一名小吏，县令在屏风上以雁为题，题诗一联："只只含芦背晓霜，尽随鸳鹭立寒塘。"王奇看到，

就续作一联："晚来渔棹惊飞去，书破遥天字一行。"县令得知后，激励他求学。后来王奇到京师游历，宋真宗见他的诗中有"雁飞不到歌楼上，秋色偏欺客路中"的句子，遂召见，赐予进士科名。王奇又作诗道："不拜春官为座主，亲逢天子作门生。"后来官至御史。按，春官，《周礼》将冢宰、司徒、宗伯、司马、司寇、司空六卿配以天、地、春、夏、秋、冬六官，以春官配宗伯，武则天当政时，曾改六部为六官，礼部为春官，故后世亦以春官为礼部的代称。座主，唐代考中进士的考生称考官为座主，自谓门生，后世沿之。

②韩浦鸾（luán）笺（jiān）：韩浦，北宋初文人、官员。鸾笺，有鸾凤花纹的笺纸。据杨文公《谈苑》，韩浦、韩洎兄弟是唐代宰相韩滉的后人，都擅长文学。韩浦精通声律，韩洎善作古文，因此看不起韩浦，曾对人说："吾兄为文，譬如绳枢草舍，聊庇风雨。予之为文，是造五凤楼手。"韩浦生性滑稽，听说此事后，正好有人送给他四川产的笺纸，就题诗寄给弟弟，其诗云："十样蛮笺出益州，寄来新自浣溪头。老兄得此浑无用，助尔添修五凤楼。"按，杨文公《谈苑》《诗话总龟》等宋代文献记此事，引诗均作"蛮笺"，指画有少数民族人物形象（"蛮"）的笺纸，但明清笔记、类书如《在园杂志》《夜航船》等多引作"鸾笺"，盖因字形相近而误，《龙文鞭影》的编者袭其误而不觉。五凤楼，唐宋时期一类宫廷建筑的统称，以楼顶饰以凤凰雕塑得名，唐洛阳宫城正南门楼、五代前蜀成都西南门得贤楼、宋东京大内明德门楼均有此称。

③安之画地：安之，即严安之，唐代官员。据《太平广记·名贤》引《开天传信记》，唐玄宗登上勤政楼，举行大规模的宴饮，并许百姓随意前来观看。现场有各种表演，来看的人很多，金吾卫士用棍棒乱打，也无法稳定秩序。唐玄宗对高力士说："吾以海内丰稔，四方无事，故盛为宴，欲与百姓同欢。不知下人喧乱如此。汝有何方止之？"高力士答道："臣不能也。陛下试召严安之，处

分打场。以臣所见,必有可观也。"严安之到了现场以后,绕着广场走了一圈,用手板(又称笏,朝臣所执的一种板状礼器,以玉、象牙或竹木制成)在地上画出一条线来,向在场者宣示,说:"逾此者死。"于是终五日酺宴之期,百姓们都将这条线称作"严公界",没有一人敢违犯的。按,据《旧唐书·酷吏传下》,严安之于开元十八年(730)任河南县丞(河南,唐朝县名。在今河南洛阳),性毒虐,杖人唯恐不死,故百姓畏之如虎。

④德裕筹边:德裕,即李德裕(787—850),唐代大臣。筹边,筹划边防。据《新唐书·李德裕传》,唐文宗大和四年(830),李德裕出任剑南西川节度使。前一年南诏侵蜀,西川节度使杜元颖为之所拜,继任节度使郭钊患病不能理事,蜀地民不聊生。李德裕到任后,补葺残破,振奋人心,施政皆有条理。在蜀建筹边楼,将川南山川险要与南诏相接之处都画在楼的左墙上,川西与吐蕃相连之处都画在楼的右墙上,其部落众寡、运路远近,咸具于图,并召熟悉边情的僚佐官属一同指画商订,由此对南诏、吐蕃的情况了若指掌。此后李德裕又重整蜀中军备,汰弱留强,组建新军,修筑城塞,以控扼边疆要地。经过李德裕的整治,南诏、吐蕃对西川渐生畏惧,南诏表示愿意归还之前掳掠的百姓,吐蕃的维州(今四川理县东)守将遣使求降。按,筹边楼在成都府治西,李德裕始建,宋、明两度重修,后圮毁,详见《大清一统志·成都府·古迹》。同书"杂谷厅"条下亦云厅治西城上有筹边楼,相传李德裕于楼上筹划边事,因此得名,雍正年间重修。然杂谷厅即唐维州,李德裕镇剑南时,维州尚属吐蕃,自不能于其地登楼筹边,盖后人所附会。筹边楼旧址所在,仍当以成都为是。

【译文】

王奇做县吏时,见县令在屏风上题《雁》诗一联,就为之续作一联,县令知道后,激励他专心向学,后以诗受知于宋真宗,官至御史;韩浦、韩洎兄弟都有文名,韩洎看不起兄长,评价韩浦的文章是"绳枢草舍",自称"造五凤楼手",韩浦遂将朋友送来的蜀笺转送给弟弟,并附诗道:"老兄得此浑无用,助尔添修五凤楼。"唐玄宗在勤政楼举行宴会,允许百姓观看,现场秩序混乱,后召严安之来安定局面,严安之以手板画出界线,百姓为之震慑,不敢逾界;李德裕做剑南西川节度使,建筹边楼,画西南两道山川险要于其壁,与僚属在楼上对图筹划边事,又整顿西川军备,终于重新对南诏和吐蕃形成了压制态势。

平原十日①,苏章二天②。徐勉风月③,弃疾云烟④。

【注释】

①平原十日:平原,即平原君,名赵胜,战国时赵国公子。据《史记·范雎蔡泽列传》,范雎微贱时,曾几乎死于魏相魏齐之手,后范雎相秦,魏齐惧祸,遂逃到赵国,藏于平原君家中。秦昭王一心要为范雎报仇,于是写信给平原君说:"寡人闻君之高义,原(按,通'愿')与君为布衣之友,君幸过寡人,寡人原与君为十日之饮。"平原君害怕秦国,而且以为秦王的话是实情,于是前往秦国见昭王。昭王招待平原君数日后,对平原君说:"范君(按,指范雎)亦寡人之叔父也。范君之仇在君之家,原使人归取其头来;不然,吾不出君于关(按,指函谷关)。"平原君说:"贵而为交者,为贱也;富而为交者,为贫也。夫魏齐者,胜之友也,在,固不出也,今又不在臣所。"于是昭王写信给赵孝成王,说:"王之弟(按,据《史记·魏公子列传》,平原君是赵惠文王弟,则于赵孝成王为叔父)在秦,范君之仇魏齐在平原君之家。王使人疾持其头来;不然,吾举兵而伐赵,又不出王之弟于关。"赵孝成王于是发兵围平原君家。魏齐得知后,连夜逃走,投奔赵相虞卿,又与虞卿一起逃回魏国,最终无助自杀(参前"虞卿著书"条)。赵孝成

王取得魏齐的人头，献给秦国，秦昭王这才放还平原君。

②苏章二天：苏章，东汉官员。据《后汉书·苏章传》，汉顺帝时，苏章做冀州刺史，巡察所部郡国，有一位老朋友恰好任清河太守，在冀州刺史部内。苏章按察得其奸赃，于是请太守赴宴，酒席上谈及平生友谊，甚为融洽。太守自以为能免罪，高兴地说："人皆有一天，我独有二天。"苏章答道："今夕苏孺文（按，苏章字孺文）与故人饮者，私恩也；明日冀州刺史案事者，公法也。"第二天，苏章果然举正其罪。冀州境内知道苏章大公无私，望风畏肃。按，汉章帝时，封儿子刘庆为清河王，改清河郡为清河国，汉桓帝时复改为甘陵国，汉献帝建安十一年（206）复改为甘陵郡。汉制，郡的长官为太守，国的长官为相。据此，汉顺帝时，苏章所按察的旧交应为清河相，而非清河太守。

③徐勉风月：徐勉，南朝梁重臣。风月，指闲适之事。据《梁书·徐勉传》，梁武帝天监六年（507），以徐勉为吏部尚书。徐勉居选官之任（按，吏部主官员选用，故又称"选部""选官""选曹"），用人注重次序。他曾和门客趁夜色聚会谈天，其中有个叫虞暠的人想借机求任詹事五官（五官，即五官掾），徐勉正色答道："今夕止可谈风月，不宜及公事。"时人莫不佩服徐勉的无私。按，据《隋书·百官志上》所记梁代官制，詹事五官在正常情况下属流外六班，是个未入流的小官，如果由皇弟、皇子充任詹事，五官品级有所提升，但也不过流内二班（约相当于后世的正九品）。徐勉身为吏部尚书，想要让虞暠当上这样一个低微职务是轻而易举的，但他终究不肯徇私援引，可想见其作风之正派。

④弃疾云烟：弃疾，即辛弃疾（1140—1207），南宋词人、官员。云烟，代指虚无。辛弃疾闲居瓢泉，把家务都交给儿子们，并作《西江月》一首，表达自己从此仅以享受闲居之趣为人生目标，其词云："万事云烟忽过，一身蒲柳先衰。而今何事最相宜？宜醉宜

游宜睡。早起催科了纳，更量出入收支。乃翁依旧管些儿，管竹管山管水。"按，辛弃疾胸怀大志，且抱雄才，但后半生官途偃蹇，从四十二岁被谏官王蔺参劾"用钱如泥沙，杀人如草芥，旦夕望端坐闽王殿"，即长期闲居于上饶带湖和铅山瓢泉，仅在宋光宗绍熙三年至绍熙五年（1192—1194，辛弃疾五十三岁至五十五岁）这三年间，出山做了两年半的官。邓广铭《稼轩词编年笺注》认为《西江月（万事云烟忽过）》写于其子多已成年的瓢泉闲居时期，则当创作于他五十七岁至六十四岁之间。此时辛弃疾已入老年，且遭落职处分，故词中多作旷达之语。

【译文】

秦昭王欲为范雎报仇，求魏齐之头，遂诓骗隐藏魏齐的平原君，说欲与他结布衣之交，为十日之饮，平原君到秦国后被扣押，直到赵王送来魏齐的人头才得以获释；苏章做冀州刺史，旧友为冀州所部清河太守，苏章巡察到清河，请太守欢宴，太守以为苏章会为他做保护伞，不料却被苏章举发罪行。徐勉做吏部尚书，主管官员选用，曾与门人夜宴，门客虞暠向他请求做一个小官，徐勉以"今夕止可谈风月，不宜及公事"为由拒绝援引；辛弃疾老年在铅山瓢泉闲居，曾作《西江月（万事云烟忽过）》一首，表达自己享受闲居的乐趣。

舜钦斗酒^①，法主蒲鞯^②。绕朝赠策^③，苻虏投鞭^④。

【注释】

①舜钦（qīn）斗酒：舜钦，即苏舜钦（1008—1048），字子美。北宋文人。据《中吴纪闻·苏子美饮酒》记载，苏舜钦生性豪放，饮酒不可计数。在岳父杜衍家住着的时候，每天晚上读书，饮酒常在一斗上下。杜衍对此颇感怀疑，密令子弟察看他饮酒的情状。子弟听到苏舜钦读《汉书·张良传》，至"良与客狙击秦皇帝，误

中副车"，就拍着桌案说："惜乎！击之不中。"于是满饮一大杯。又读至"良曰：'始臣起下邳，与上（按，指刘邦）会于留，此天以臣授陛下'"，又拍着桌案说："君臣相遇，其难如此！"又喝了一大杯。杜衍得知之后大笑，说："有如此下（酒）物，一斗诚不为多也。"按，宋代一升，约当今0.6641升（据梁方仲《中国历代户口、田地、田赋统计》所载《中国历代升之容量标准变迁表》）。如以此计，苏舜钦一晚饮酒一斗（十升），则约相当今之6.641升，酒量之大，已觉骇人，故杜衍密命子弟察视之。

②法主蒲鞯（jiān）：法主，即李密（582—619），字玄邃，小字法主，隋末瓦岗军领导人，称魏公。蒲鞯，蒲编的鞍垫。据《旧唐书·李密传》，李密曾以父荫授官左亲卫（隋唐时期低级禁卫军官之一，常以勋臣子弟充当），隋炀帝认为他"视瞻异常"，不让他充当宿卫，于是李密托病辞职回家，专以读书为事，时人难得见他一面。此后，他曾想去拜访包恺（按，包恺是隋代学者，通五经、《史记》《汉书》），于是"乘一黄牛，被以蒲鞯，仍将《汉书》一帙挂于角上，一手捉牛鞚，一手翻卷书读之"。权臣杨素在路上看到他骑牛读书，便策马追上李密，问道："何处书生，耽学若此？"李密认识杨素，于是下牛再拜，自报姓名。杨素又问他读的什么书，李密回答："《项羽传》。"杨素奇之，与他相谈，大悦，对儿子杨玄感等人说："吾观李密识度，汝等不及。"于是杨玄感倾心结纳李密。后来杨玄感起兵反隋，以李密为谋主。兵败之后，李密逃亡，投奔翟让统领的瓦岗军，后因屡出奇计、战辄有功，受翟让所推，成为瓦岗军的统帅。

③绕朝赠策：绕朝，春秋时秦国大夫。策，马鞭。据《左传·文公十三年》，晋国担忧秦国重用士会（晋大夫，此时出奔在秦），想让他回国，便命魏寿余假装以魏地叛晋。魏寿余趁夜奔秦，为秦康公所纳，乘机与士会达成默契。当时秦军陈师于黄河以西，魏人在

黄河以东，魏寿余对秦康公说："请东人之能与夫二三有司言者，吾与之先。"康公遣士会前往，士会推辞说："晋人，虎狼也。若背其言，臣死，妻子为戮，无益于君，不可悔也。"康公发誓道："若背其言，所不归尔帑（按，此通'孥'，指家人）者，有如河。"临行时，绕朝送给士会一根马鞭，说："子无谓秦无人，吾谋适不用也。"意思是他已经识破了晋人欺骗秦康公的计谋，曾阻止士会东行，而秦康公没有采纳他的主张。魏寿余与士会渡河后，魏人大噪，回归晋国。秦康公知道受骗，就派人送还士会的家人。按，晋襄公去世后，晋国执政赵盾初议迎立在秦的襄公之弟公子雍，遣先蔑、士会使秦，后因无法抵抗国内压力，改立襄公之子夷皋，并在令狐（今山西临猗）打败送公子雍入晋的秦军，先蔑、士会因此奔秦。鲁文公十二年（前615），秦攻晋，与晋军相持于河曲（今山西芮城西），秦康公用士会之策诱晋将赵穿出战，打乱了晋军对峙困敌的计划。此役之后，晋人遂有意召还士会。归晋后，士会复为大夫，后升任上军将，终代荀林父为中军将，执晋国之政，子孙为晋国六卿之一的范氏。

④苻（fú）虏投鞭：苻虏，代指前秦军队。投鞭，投下马鞭。据《晋书·苻坚载记》，前秦天王苻坚统一北方后，有意进攻东晋，向群臣征询意见。太子左卫率石越反对，认为无论从天象还是东晋的地理优势看，伐晋都不是好时机。苻坚自认为兵马强壮，说："吾闻武王伐纣，逆岁犯星。天道幽远，未可知也。昔夫差威陵上国，而为勾践所灭。仲谋泽洽全吴，孙皓因三代之业，龙骧一呼，君臣面缚，虽有长江，其能固乎！以吾之众旅，投鞭于江，足断其流。"石越继续反驳道："臣闻纣为无道，天下患之。夫差淫虐，孙皓昏暴，众叛亲离，所以败也。今晋虽无德，未有斯罪，深愿厉兵积粟以待天时。"最终苻坚还是决意大举伐晋，遂有淝水之败。按，石越反对伐晋的理由，除天象之论属于迷信之外，

其他几点如晋孝武帝承其祖元帝遗泽、东晋在地理上有长江之险,内部又团结一心、无隙可图,都是很有价值的看法。符坚自信兵力强盛,认为东晋会像夫差、孙皓那样被迅速消灭,而不考虑东晋政权与前两者的客观差异,折射出其骄傲浮躁的心态,淝水之败,实寓于此。

【译文】

苏舜钦在岳父杜衍家居住时,每晚饮酒一斗上下,杜衍密令子弟察看其饮酒情状,听闻苏舜钦是在读《汉书》时痛饮,就说"一斗诚不为多";李密骑牛去拜访学者包恺,将一卷《汉书》挂在牛角上,边行边读,杨素看到后对儿子杨玄感等夸奖李密勤学,杨玄感因此与李密结为好友。晋侯命魏寿余诈降秦国,以图迎回之前奔秦的大夫士会,士会临从秦国出发时,秦国大夫绕朝赠给士会一根马鞭,说他早已识破晋人的诡计。前秦天王符坚将要大举伐晋,朝臣石越谏阻,列举了东晋未可伐的种种理由,符坚却坚持"投鞭于江",发动战争。

豫让吞炭①,苏武餐毡②。金台招士③,玉署贮贤④。

【注释】

①豫让吞炭:豫让,春秋时晋卿智伯家臣。据《史记·刺客列传》,豫让初事范氏、中行氏,后投靠智氏,为智伯所尊宠。赵、韩、魏三卿消灭智氏后,豫让改名换姓,装作清理厕所的刑徒,想要刺杀赵氏家主赵襄子为智伯报仇。襄子如厕时,感到心神不定,将刑徒抓起来审问,发现是豫让。襄子的近侍亲信要杀豫让,襄子说:"彼义人也,吾谨避之耳。且智伯亡无后,而其臣欲为报仇,此天下之贤人也。"于是将他释放。然而豫让不肯放弃,漆身为厉(按,此通"癞",指皮肤病),吞炭为哑(按,指让嗓音变得嘶哑),改变形貌,在市上行乞,以伺机行刺。后来襄子出行,豫让

躲在他将要经过的桥下，襄子到桥前，马惊，襄子说："此必是豫让也。"使人问之，果然是豫让。襄子责问豫让："子不尝事范、中行氏乎？智伯尽灭之，而子不为报仇，而反委质臣于智伯。智伯亦已死矣，而子独何以为之报仇之深也？"豫让答道："臣事范、中行氏，范、中行氏皆众人遇我，我故众人报之。至于智伯，国士遇我，我故国士报之。"襄子为之感叹，但不肯再宽恕豫让，于是以兵围之，让他"自为计"（自己想办法，实为对自杀的婉称）。豫让请求得赵襄子之衣而击之，以表达报仇的意愿。赵襄子答应了。豫让得衣后，拔剑跃起，砍了衣服三次，说："吾可以下报智伯矣！"遂伏剑而死。据说赵国的志士闻知此事，都为之流泪。

②苏武餐毡（zhān）：苏武（？—前60），西汉官员。毡，将兽毛洗净后碾压而成的一种片状物，常作铺垫之用。据《汉书·李广苏建传附苏武传》，苏武是苏建的次子。天汉元年（前100），他奉汉武帝之命，以中郎将持节出使匈奴。将要返回时，胡人虞常对苏武的副使张胜说，可以为汉朝刺杀之前叛降匈奴的卫律，张胜给了他很多财物。后来其事败露，匈奴单于逮捕处死虞常，又以死威胁使团人员投降，张胜屈服，苏武虽经威胁利诱，依然不降。于是单于把苏武囚禁在地窖中，不给他食物。此时正好天降大雪，苏武卧在地上，将雪和旃（按，此通"毡"）毛一起吞咽下去，数日不死，匈奴以为神，于是把苏武流放到北海（今俄罗斯贝加尔湖），让他放牧公羊，说等到公羊产仔，才放他回国，又将苏武的部下隔离在别处。苏武在匈奴坚持了十九年，始终不屈。汉武帝去世后，其子昭帝即位，与匈奴和亲，索求苏武，匈奴诡言苏武已死。后来汉使又到匈奴来，苏武旧部乘夜往见，让使者对单于说，汉天子射得一雁，雁足系有帛书，言苏武在某泽中。单于闻言大惊，这才将苏武释放。使团到匈奴时有百余人，此时有的去世，有的已经投降匈奴，随苏武回国的只有九人。始元六年（前

81）春，苏武一行抵达京师，汉昭帝拜苏武为典属国（汉代主管少数民族事务的官职），赐予钱财、田宅，对其旧部也有不同程度的赏赐。苏武出发时是一个强壮的中年人，回到京师时，须发已经都白了。

③金台招士：金台，即黄金台，在今河北定兴西。一说在今北京东南，传说燕昭王置金于台上，招致贤士，故名。据《史记·燕召公世家》，齐湣王趁燕国内乱攻燕，杀燕王哙和国相子之，燕人共立太子平，是为燕昭王。昭王当燕国破败之际得立，卑身厚礼，以招贤人。他对郭隗说："齐因孤之国乱而袭破燕，孤极知燕小力少，不足以报。然诚得贤士以共国，以雪先王之耻，孤之原也。先生视可者，得身事之。"郭隗说："王必欲致士，先从隗始。况贤于隗者，岂远千里哉！"于是昭王为郭隗改筑宫室，以师礼事之。此后，乐毅从魏国来，邹衍从齐国来，剧辛从赵国来，士人争相投奔燕国。昭王吊死问孤，与百姓同甘苦，在位二十八年，乃以乐毅为将，与秦、楚、赵、韩、魏联合攻齐，几乎使齐国灭亡。按，《战国策·燕策一》与《史记·燕召公世家》只言昭王为郭隗筑宫，无金台之说。东汉末，孔融在写给曹操的信里提到"昭王筑台以尊郭隗"，不知何所本。《昭明文选》收录南朝诗人鲍照的《代放歌行》，云："岂伊白璧赐，将起黄金台。"李善注云："王隐《晋书》曰：段匹磾讨石勒，进屯故安县故燕太子丹金台上。《上谷郡图经》曰：黄金台，易水东南十八里。燕昭王置千金于台上，以延天下之士。二说既异，故具引之。"可见至晚到晋代，已有"金台"或"黄金台"的说法，建台者为太子丹或昭王，说法仍不一。《水经注·濡水》记当地耆老说"燕昭创之于前，子丹踵之于后"，则是一种力求两全的解释。李白《古风》之十五云："燕昭延郭隗，遂筑黄金台。"《白孔六帖·金》"置燕台"条亦云："燕昭王置千金于台上，以延天下士，谓之黄金台。"后人乃以金台之事归之

昭王。

④玉署（shǔ）贮（zhù）贤：玉署，即"玉堂之署"的简称。贮贤，储备人才。据《石林燕语》，李肇《翰林志》称任翰林学士者为"登玉堂"，自是遂以"玉堂"为学士院之称，然无榜额。宋太宗时，苏易简做翰林学士，太宗曾对他说："'玉堂'之设，但虚传其说，终未有正名。"于是在红罗上用飞白体写了"玉堂之署"四个字赐给他。苏易简就将这幅字锁起来放在堂上，每有新的学士到任，才可以打开看一下，因此被视为学士院的盛事。至蔡京为翰林学士承旨时，获得皇帝批准，摹刻了"玉堂"二字，作为学士院正厅的匾额。按，汉代侍中有玉堂署（见《汉官仪》），唐宋翰林学士供职于学士院，密迩宫禁，有似侍中，故李肇谓之"登玉堂"，后世沿之，然罕有称为"玉署"者。又按，唐宋翰林学士职司起草重要诏令，参议大政，为皇帝的机要秘书，且往往由此进位宰执，实非"储备人才"之比。谓之"贮贤"者，盖由本书作者不晓唐宋制度，以明代翰林院负责经筵进讲、撰文修书，时人谓之储才之所，故想当然地将唐宋的学士院当成贮贤之地，实则这一时期承担储才职能的是三馆（昭文馆、史馆、集贤院）、秘阁等官署。

【译文】

豫让欲为故主智伯报仇，不惜漆身吞炭，改变形貌特征，以图刺杀赵襄子，但终究未能成事，伏剑自杀；苏武奉汉武帝之命出使匈奴被扣留，匈奴想让他投降，将他关在地窖中，不给他食物，苏武就将毡子的毛连雪吞下以维生，数日不死，匈奴以为神，遂将他流放到北海牧羊。燕昭王欲招致贤士以强国，问策于郭隗，郭隗教他从尊礼自己开始，昭王遂为郭隗筑宫，天下贤士纷纷入燕，后人将这一宫室称为"黄金台"；唐宋时期称学士院为玉堂，宋太宗因此为学士院题写"玉堂之署"四字，后遂摹刻"玉堂"二字，悬于学士院正厅。

宋臣宗泽①，汉使张骞②。胡姬人种③，名妓书仙④。

【注释】

①宋臣宗泽：宗泽（1060—1128），两宋之交官员、抗金名将。据《宋史·宗泽传》，靖康之变时，康王赵构（后来的宋高宗）在河北建立大元帅府，以宗泽为河北兵马副元帅，在开德府（今河南濮阳）与金军交战十三次，都取得胜绩。宋高宗即位后，任命宗泽知开封府，后加官为延康殿学士、京城留守、兼开封尹。宗泽在京城四壁置使，以统领被召集的义军，又据形势立坚壁二十四所于城外，沿河鳞次为连珠砦，连结河东、河北山水砦忠义民兵，于是陕西、京东西诸路人马都愿听从宗泽的指挥。宗泽在任期间，所部在河南、河北多次打败金人，并屡次上书请求宋高宗回到京城开封，主持抗金事业。但宋高宗畏金如虎，一意南迁，宰相汪伯彦、黄潜善等也排斥宗泽，使之忧愤成疾，疽发于背。诸将来问疾，宗泽说："吾以二帝蒙尘，积愤至此。汝等能歼敌，则我死无恨。"诸将都哭着说："敢不尽力！"他们出去之后，宗泽感叹道："出师未捷身先死，长使英雄泪满襟。"临终之前，宗泽没有一语提及家事，连呼三声"过河"而逝。

②汉使张骞（qiān）：张骞，西汉外交家。据《史记·大宛列传》，张骞是汉中人，汉武帝建元年间，在朝中做郎官，汉武帝向匈奴降人询问匈奴的动向，都说匈奴斩杀月氏王，月氏远遁，而怨恨匈奴，但又找不到盟友共同报仇，武帝遂下诏招募愿意出使月氏的人。张骞应募，率使团从陇西出发，穿过匈奴属地，往使月氏。在往返途中，张骞两次被匈奴扣留，前后历时十余年，始终秉持作为汉朝使者象征的节杖，最终都得以逃脱，不仅到达了大月氏（按，月氏被匈奴打败后，一部远迁到今天的中亚阿姆河流域，称大月氏；一部留在故地，称小月氏），向该国的新王传达了汉朝愿共

击匈奴的意愿,还先后访问了大宛、大夏、康居等大月氏周边的国度,并带回了另外五六个国家的信息。此次出使时,张骞的使团规模达到百余人,当他回到长安时,只剩下他和副使堂邑父二人。后来张骞又再次奉命出使乌孙,并分遣副使前往大宛、康居、大月氏、大夏、安息、身毒、于阗、扜罙及其他附近国度,使汉朝与中亚、西亚各国之间发生了外交往来。司马迁在《大宛列传》中称赞张骞,说:"张骞凿空(按,指西域险厄,本无道路,张骞凿空而通之),其后使往者皆称博望侯,以为质于外国(按,质,即诚信之意,言张骞有诚信于外国),外国由此信之。"

③胡姬(jī)人种:胡姬,少数民族女子,这里指阮咸所爱的鲜卑族婢女。人种,孕育的子嗣。据《世说新语·任诞》,阮咸与姑母家中的一个鲜卑族婢女有私情。阮咸居母丧时,姑母一家要搬到远方去,本来说要给阮咸留下这个婢女,等到出发时,却带上婢女一起走了。阮咸得知后,向来吊慰的客人借了一匹驴,穿着丧服去追赶,又与婢女同乘一驴回来,并说:"人种不可失。"这个婢女就是阮孚的母亲。又据《世说新语》本条刘孝标注引《阮孚别传》,阮孚出生后,阮咸给姑母写信,说:"胡婢遂生胡儿。"姑母回信道:"《鲁灵光殿赋》曰:'胡人遥集于上楹。'可字曰遥集也。"于是阮孚就取字"遥集"。按,魏晋时期,士人阶层强调礼法,尤重孝道,居父母之丧,以昼夜悲哀、形销骨立为孝,阮咸却以居丧之身出追婢女,在当时看来是任情越礼之举,故《世说新语》将此轶事归入《任诞》门。

④名妓(jì)书仙:名妓,这里指曹文姬,传说为北宋妓女。书仙,书法绝妙,如同神仙。据《青琐高议·书仙传》,长安名妓曹文姬,姿貌绝伦,尤工翰墨,日书数千字,人称书仙,笔力为关中第一。家人教以丝竹,曹文姬自言:"此贱事,吾岂乐为之。惟墨池笔冢,使吾老于此间足矣。"由此名动长安,豪贵之士多以重礼求偶,曹文

姬说："皆非吾偶也。欲偶者，请托投诗，当自裁择。"有书生任氏投诗云："玉皇前殿掌书仙，一染尘心谪九天。莫怪浓香熏骨腻，霞衣曾惹御炉烟。"曹文姬大喜，说："此真吾夫也。不然，何以知吾行事耶？"就嫁给了任生。五年后的三月晦日（按，阴历每月最后一日为晦日），夫妻送春对饮，曹文姬作诗道："仙家无夏亦无秋，红日清风满翠楼。况有碧霄归路稳，可能同驾五云游？"吟毕呜咽悲泣，说："吾本上天司书仙人，以情爱谪居尘寰二纪。"对任生说："吾将归，子可偕行乎？天上之乐甚于人间，幸无疑焉。"过了一会儿有仙乐飘空、异香满室，朱衣仙吏持玉版来，对曹文姬说："李长吉新撰《玉楼记》就，天帝召汝写碑，可速驾无缓。"于是曹文姬夫妻易衣拜命，举步腾空，观者万计，当时称其所居之里为书仙里。

【译文】

宗泽为京城留守，屡胜金兵，但宋高宗及宰相汪伯彦、黄潜善排斥宗泽，不从其计，导致宗泽忧愤成疾，壮志未酬，去世时仍连呼"过河"；张骞奉汉武帝之命两度出使西域，先后前往大宛、康居、大月氏、大夏、乌孙等国，使汉朝与中亚、西亚各国建立了联系，打通了自古所无的外交渠道，司马迁谓之"凿空"。阮咸与姑母家的鲜卑婢女有私情，姑母搬家到远方时，要带婢女一起走，阮咸恰当母丧，就借了吊客的驴去追，将婢女携回，说"人种不可失"；曹文姬精于书法，人称书仙，书生任氏以诗求婚，有"玉皇前殿掌书仙，一染尘心谪九天"的句子，文姬遂与之结婚，后两人一同登仙而去。

二萧

滕王蛱蝶①，摩诘芭蕉②。却衣师道③，投笔班超④。

【注释】

①滕（téng）王蛱（jiá）蝶：滕王，即李元婴，唐高祖李渊最小的儿子。

唐太宗贞观十三年（639）受封滕王，高宗永徽中任洪州（今江西南昌）都督，在任时曾建一高阁，即世人所称滕王阁。蛱蝶，蝴蝶中的一类，多有色彩鲜艳的斑纹，故常成为画作题材。《历代名画记》称滕王元婴善画，然未言其所长。中唐诗人王建曾作《宫词》百首，其中一首云："避暑昭阳不掷卢，井边含水喷鸦雏。内中数日无呼唤，拓（一作'传'）得滕王《蛱蝶图》。"又《酉阳杂俎·支诺皋》云："一日，紫极宫会，秀才刘鲁封云：'尝见滕王《蛱蝶图》，有名江夏班（斑）、大海眼、小海眼、村里来、菜花子。'"所列皆是蝴蝶之名，可见元婴确善画蝶。按，欧阳修《六一诗话》亦言及此事，称《画断》云滕王"工于蛱蝶"。《画断》是盛唐时期张怀瓘所撰的一部绘画理论著作，以神、妙、能三品定古今画家之高下，惜其书已亡佚，导致今人对李元婴的画风和代表作一无所知，这是很可惜的。

②摩诘（jié）芭蕉：摩诘，即王维。据《梦溪笔谈·书画》，沈括云："如（张）彦远画评，言王维画物多不问四时，如画花往往以桃、杏、芙蓉、莲花同画一景。"沈括家所藏王维画的《袁安卧雪图》，也是在雪地背景中画了一株芭蕉。沈括很赞赏王维的这种画法，认为"此乃得心应手，意到便成，故造理入神，迥得天意，此难可与俗人论也"。按，芭蕉性喜温暖，不耐寒，故王维画雪里芭蕉之是非，已成为古今论画者聚讼的一个课题。其观点大略可分为三派：一派如沈括，认为这是超越现实、独得天机之妙手，即以雪里芭蕉体现了袁安的高洁；一派因南方福建、广东一带出现过雪里芭蕉的实景，认为王维此画并未脱离现实；还有一派认为在王维久居的关中不可能出现"雪里芭蕉"，王维以此入画，仍是纰漏，不应以闽广有此景象为他开脱。三派各自言之成理，但沈括的观点可能更符合王维如此创作的本意。

③却衣师道：却，拒绝。师道，即陈师道（1053—1102），北宋文人、官员。据《朱子语类·本朝四》，陈师道与赵挺之都是郭家的女

婿，做馆职（按，指任秘书省正字）时，参加冬至南郊祭天行礼，必须穿重裘（两件以上的保暖衣物）才能御寒。陈师道家中只有一件裘衣，已经穿上了，其妻就又向赵挺之家借来一件给丈夫穿。陈师道问衣服从何处来，其妻如实相告，陈师道说："你难道不知我不愿穿他家的衣服吗？"于是拒绝了，遂因受寒生病去世。一说邢恕也是郭氏之婿，陈妻是向邢家借衣。按，陈师道是苏轼、黄庭坚一派，赵挺之、邢恕都属于以王安石为宗的"熙丰新党"，故陈、赵、邢虽为连襟，但嫌隙甚深。朱熹称赞陈师道"不见章子厚，不著赵挺之绵袄"，盖重其气节。

④投笔班超：班超（32—102），东汉名将。据《后汉书·班超传》，汉明帝永平五年（62），班超的哥哥班固被召为校书郎，班超和母亲跟他一起来到京都洛阳，由于家贫，班超就为官府抄写文书以供养母亲。劳苦日久，班超曾停下手来，投笔于地，叹息道："大丈夫无它志略，犹当效傅介子、张骞立功异域，以取封侯，安能久事笔研（按，同'砚'）间乎？"一起工作的人都笑话他，班超说："小子安知壮士志哉！"后来汉明帝问班固："卿弟安在？"班固答道："为官写书，受直以养老母。"汉明帝就任命班超做兰台令史（官名。属御史中丞，主管奏章及印工文书），后以事免官。永平十六年（73），奉车都尉窦固出击匈奴，以班超为假司马，将兵别击伊吾，多斩首虏而还；窦固又让他出使西域，先后慑服鄯善、于阗、疏勒等国。此后，班超长期在西域活动，讨伐与汉朝为敌的各国，前后历时三十年，威震殊俗。至其晚年，西域五十余国都向汉朝朝贡，班超也因此被封为定远侯。

【译文】

滕王李元婴善画蛱蝶，王建《宫词》有"内中数日无呼唤，拓得滕王《蛱蝶图》"的句子；王维画《袁安卧雪图》，在雪景中画了一株芭蕉，沈括赞之为"迥得天意"。陈师道参加祭天典礼，其妻从连襟赵挺之家借衣为他御寒,陈师道拒绝,遂受寒去世;班超年轻时为官府抄书奉养母亲,投笔于地,说要立功异域,以取封侯,后来果然威震西域,被封为定远侯。

冯官五代①,季相三朝②。刘贲下第③,卢肇夺标④。

【注释】

①冯官五代:冯,即冯道(882—954),五代时期大臣。据《旧五代史·冯道传》(《新五代史》略同),冯道历事后唐、后晋、后汉、后周四朝十主(后唐庄宗、明宗、闵帝、末帝,后晋高祖、出帝,后汉高祖、隐帝,后周太祖、世宗),三入中书,在相位二十余年,卒于周世宗时,追封瀛王,谥文懿。按,以此而论,冯道历事四朝,不可谓之"官五代",五代时期确有历事五朝者,如杨凝式、卢文纪等,但以声名不及冯道,故不为后人所熟知。欧阳修在《新五代史》中抨击冯道"无廉耻",说他"视丧君亡国亦未尝以屑意",故后世将冯道视为无耻官僚的代表。但宋初薛居正在《旧五代史·冯道传》末的"史臣曰"中说:"道之履行,郁有古人之风;道之宇量,深得大臣之体。然而事四朝,相六帝,可得为忠乎! 夫一女二夫,人之不幸,况于再三者哉! 所以饰终之典,不得谥为文贞、文忠者,盖谓此也。"则虽责其与世推迁,不可谓之忠,但仍赞赏其德行、器量,与欧阳修所论不尽相同。

②季相三朝:季,即季孙行父,春秋时鲁国上卿,卒谥文,故后世称为季文子。据《左传·襄公五年》,季孙行父去世后,举行大敛礼(将尸体放入棺椁中的礼仪)时,鲁襄公亲临丧事现场,家宰(春秋时卿大夫家臣中地位最高者,也称"老")取出家中的器具作为葬具。季孙行父家中没有穿丝帛的妾室,没有以粟米为饲料的马,没有收藏金玉和珍宝甲兵之属。他先后辅佐宣公、成公、襄

公三君,执政三十三年,而家无私积,君子由此知道他忠于公室。按,春秋时期,贵族下葬时,要陪葬很多器具,多是生前预制的。以季孙行父一国上卿的身份,家宰为他办理丧事时,还要以家中用器随葬,可见他生前并无蓄积,故《左传》谓之忠。

③刘蕡(fén)下第:刘蕡,唐代官员。下第,在科举考试中落选。据《旧唐书·刘蕡传》,刘蕡在唐敬宗宝历二年(826)中进士,其人"耿介嫉恶,言及世务,慨然有澄清之志"。大和二年(828),唐文宗下诏策试贤良方正,向应试举子咨问时弊,其他举子都只循常规对答,只有刘蕡在未中进士前就深恶宦官专权,于是"切论黄门太横,将危宗社",主张"宜黜左右之纤佞,进股肱之大臣",并对唐文宗说:"又有居官非其能,左右非其贤,其恶如四凶,其诈如赵高,其奸如恭、显,陛下又何惮而不去之耶?"考官睹其对策,无不叹服,以为汉之晁错、董仲舒无以过之,但由于宦官权盛,不敢让刘蕡入榜,舆论为之愤然。登科人李郃说:"刘蕡不第,我辈登科,实厚颜矣。"于是上疏请求将所授官职让给刘蕡,虽然没有成功,但大家都赞赏李郃的做法。令狐楚在兴元,牛僧孺镇襄阳,都征辟刘蕡入幕,待如师友。又据《新唐书·刘蕡传》,此后宦官深嫉刘蕡,诬以罪,终于将他贬为柳州司户参军。

④卢肇(zhào)夺标:卢肇,唐代官员。标,锦标。据《唐摭言》,卢肇是袁州宜春(今江西宜春)人,与同郡黄颇齐名,黄颇家富,卢肇家贫。两人同年入京去参加科举考试,又同日启程,刺史在郊外驿站为黄颇饯行,乐作酒酣之际,卢肇骑着驴子从驿站旁经过,走到离城十余里,才停下来等待黄颇同行。次年,卢肇以状元及第,回到家乡,刺史以下与他相见,为之大惭。后刺史请卢肇看龙舟竞渡,卢肇在席上作诗道:"向道是龙刚不信,果然衔得锦标归。"又据《北梦琐言》,卢肇受李德裕之知,为会昌三年进士第一,时论曰:"卢虽受知于掌武(按,即太尉的别称,指李德裕。以

会昌四年平泽潞功兼守太尉，此为追述，故用后来所任官职代称之），无妨主司之公道也。"可见卢肇确有才学。

【译文】

冯道在五代时期历事后唐、后晋、后汉、后周四朝的十个皇帝，欧阳修批评他"无廉耻"，不忠于国；季孙行父历为鲁国宣公、成公、襄公三代的执政，妾不衣帛，马不食粟，去世后家无私蓄，君子知其忠。刘蕡应贤良方正科，对策批评宦官专权，考官畏宦官之势，使其落第，士林舆论都为之不平；卢肇家贫，赴考出发时被本州刺史轻视，次年得中状元回乡，作诗云："向道是龙刚不信，果然衔得锦标归。"

陵甘降虏①，蠋耻臣昭②。隆贫晒腹③，潜懒折腰④。

【注释】

①陵甘降虏（lǔ）：陵，即李陵，西汉将领，李广之孙，后投降匈奴。虏，指匈奴。据《史记·李将军列传》，李陵善骑射，爱士卒，汉武帝拜他为骑都尉，统率丹阳楚人五千人，屯驻在酒泉、张掖，教练射术，以抵挡匈奴入侵。天汉二年（前99）秋季，贰师将军李广利率领三万骑兵击匈奴右贤王于祁连山，汉武帝命李陵率其所部自居延（今内蒙古额济纳旗）出塞，北行千余里，分散匈奴兵力，使其不能集中围攻李广利。李陵按照命令出发，如期回师，而匈奴单于以八万骑兵围攻他所部汉军。李陵所将只有五千人，弩矢已经用尽，士卒死者过半，但也杀伤匈奴万余人。他们且战且退，转战八日，退到距离居延还有百余里的地方，匈奴截断汉军的退路，李陵所部断粮，而援兵不至，匈奴发起猛攻，并招降李陵，李陵说："无面目报陛下。"遂投降匈奴，其所部全军覆没，逃散得以回到汉地的只有四百多人。单于素闻李陵家族的名声，又见他在战斗中表现壮勇，就将女儿嫁给他，给他很高的地位。

汉武帝听说后,处死了李陵的母亲和妻子。按,据《汉书·李广传附李陵传》,李陵投降后一年多,汉武帝曾派公孙敖率军深入匈奴,试图迎归李陵,公孙敖无功而返,向汉武帝汇报说:"捕得生口,言李陵教单于为兵以备汉军,故臣无所得。"于是汉武帝族诛李陵家,其母弟妻子皆死,然教匈奴为兵的实是降将李绪,非李陵,李陵闻知后,遣人刺杀李绪。其说与《史记》略有不同。

②蠋(zhú)耻臣昭(zhāo):蠋,即王蠋,战国时齐国人。昭,即燕昭王。据《史记·田单列传》,燕昭王伐齐时,燕国的将领听说画邑(齐邑名。在今山东临淄西北)人王蠋贤能,命令军队不得靠近画邑周边三十里。后来又派使者去对王蠋说:"齐人多高子之义,吾以子为将,封子万家。"王蠋坚决拒绝。于是燕将说:"子不听,吾引三军而屠画邑。"王蠋答道:"忠臣不事二君,贞女不更二夫。齐王不听吾谏,故退而耕于野。国既破亡,吾不能存;今又劫之以兵为君将,是助桀为暴也。与其生而无义,固不如烹!"于是自杀。齐国逃亡在外的大夫们听说后,说:"王蠋,布衣也,义不北面于燕,况在位食禄者乎!"于是都聚集到莒邑(齐邑名。即今山东莒县,是齐国未被燕军攻克的最后两座城池之一,另一座是田单坚守的即墨),寻得齐湣王的儿子,立为齐王,就是后来的齐襄王。

③隆贫晒腹:隆,即郝隆。据《世说新语·排调》,郝隆在七月七日这一天,走到太阳光下仰卧,旁人问他这是干什么,郝隆答道:"我晒书。"按,汉魏晋宋时期,以七月七日为晒衣之日,这一天要将家中衣物拿出曝晒,如《太平御览·时序十六·七月七日》所引崔寔《四民月令》就说:"七月七日曝经书及衣裳。"又可参前"阮咸曝裈"条。又余嘉锡先生《世说新语笺疏》略云,时俗以七月七日晒书及衣物,故郝隆以仰卧日下晒腹为晒书,又暗用东汉人边韶"腹便便,五经笥"之语。《世说新语》将其行为归之于"排

调"门，大概因为重其高逸。

④潜懒折腰：潜，即陶潜。据《宋书·隐逸传》，陶潜以亲老家贫，出来做官，被任命为江州祭酒（按，即祭酒从事之省称，为州吏中的要职），由于不堪吏职细务，过了不久就辞职回家了。江州又召他为主簿，辞不就职。后历任镇军（按，东晋末仅刘裕曾加镇军之号，且为时甚短，此或为江州刺史何无忌所加镇南军号的误写）、建威（按，当指何无忌战死后继任江州刺史的建威将军庾悦）参军，出补彭泽（今江西彭泽）县令。彭泽是寻阳郡属县，郡太守派督邮（郡吏名。负责代太守巡视属县，宣布政令，并有一定的司法权力）到县里来，县吏禀告陶潜，应该穿好公服去迎接。陶潜说："我不能为五斗米折腰向乡里小人！"于是当天就辞职了。按，陶潜为寻阳郡柴桑（今江西九江）人。汉晋时期，州郡吏员例用本地人，则郡督邮必为与陶潜为同乡，故陶潜谓之"乡里"。陶潜为东晋名将陶侃曾孙，陶侃生前官至大司马，封长沙公，其后裔凭藉祖荫，为江州第一流望族，陶潜出仕即为本州大吏，又入刺史幕府为参军，皆因门第素高之故。督邮仅仕本郡，其家世必不及寻阳陶氏，故陶潜蔑视其为"小人"（东晋南朝士族称非士族出身者概为小人，无关乎道德）。所谓"不能为五斗米折腰"者，盖为不愿向门第不及自身之郡吏行礼之故。

【译文】

李陵奉命率军出塞，被匈奴单于率大军围攻，且战且退，路断粮绝，又遭猛攻，遂投降匈奴；燕昭王攻齐，想召齐国贤士王蠋为自己效命，王蠋拒不从命，被逼自尽，齐国大夫们为他所激励，遂相聚于莒邑，拥立齐襄王，继续抵抗燕军。郝隆于七月七日晒衣之日，仰卧在阳光之下晒肚子，自称在"晒书"；陶潜做彭泽县令，本郡督邮来巡视，陶潜看不起他的家世，说"不能为五斗米折腰向乡里小人"，遂辞职而去。

韦绶蜀锦^①,元载鲛绡^②。捧檄毛义^③,绝裾温峤^④。

【注释】

①韦绶（shòu）蜀锦：韦绶，唐代官员。蜀锦，蜀地（今四川）所产的锦（一种用彩色经纬丝织成的纺织品），自汉代起就是当地名产，此处指蜀锦做成的衣服。据《新唐书·韦贯之传附韦绶传》，唐德宗时期，韦绶以左补阙为翰林学士，参预机密，为唐德宗所亲信。唐德宗曾带着韦贤妃到翰林学士院去，当时韦绶正在睡觉，同为翰林学士的郑絪想要把他叫醒，德宗不许。当时天气很冷，德宗离去前把韦妃所穿的蜀缬（一种染有花纹的丝织品）袍盖在韦绶身上，为他御寒。韦绶每次入直学士院，常常整月不能休息，由于母亲年老，屡次请求解职，德宗听到后，总是很不高兴。韦绶做了八年翰林学士，由于性情过度谨慎，遂患心疾，罢职还第。后来德宗在九月九日作《黄菊歌》，写成后，对左右近臣说："安可不示韦绶！"遣人将诗送到韦家，韦绶很快就和了一首，让使臣带回来。唐德宗说："为文不已，岂颐养邪？"就下旨给韦绶，让他以后不要这样做。由此可见韦绶得唐德宗眷顾之深。

②元载鲛绡（jiāo xiāo）：元载，唐代大臣，唐代宗时任宰相，在任时招权纳贿，家产甚丰。鲛绡，传说中鲛人织出来的一种丝织品。据《杜阳杂编》，元载执政末期，在家中造芸辉堂。芸辉是于阗国所产香草之名，用其制成的香洁白如玉，入土不朽，元载命人将香舂为碎屑，以涂其壁，故以芸辉名堂。此堂"构沉檀为梁栋，饰金银为户牖，内设悬黎屏风、紫绡帐"，其紫绡帐是南海溪洞酋帅献上的，就是传说中的鲛绡之类，其形轻疏而薄，看起来似乎无所阻碍，但即使在严冬时节，风也不能吹入；到盛夏时，却又感到它自然产生清凉之意。这顶紫绡帐颜色浅淡，有些人看到却不知道是帐子，纷纷传言元载的卧室中有紫气。

③捧檄（xí）毛义：檄，檄文，布告。这里指上级发给下级的文书。毛
义，东汉人。据《后汉书·刘赵淳于江刘周赵列传》，毛义是庐江
人，以孝行著称。南阳人张奉慕名去拜访，刚刚坐下，就有人给
毛义送来文书，说上级任命他做安阳令。毛义恭敬地捧着文书
到内室去了，表现出非常欣喜的样子。张奉觉得毛义贪图荣禄，
很轻视他，并对自己来拜访毛义这件事也感到后悔。然而母亲
去世之后，毛义离职服丧（按，在东汉一朝的大多数时间里，官员
遭遇亲人去世，并非必须去官守孝），后来再起为三公掾属，迁县
令，都以礼进退，去职后又被举为贤良，朝廷征聘，拒而不至。张
奉得知后，叹息道："贤者固不可测。往日之喜，乃为亲屈也。斯
盖所谓'家贫亲老，不择官而仕'者也。"

④绝裾（jū）温峤（qiáo）：裾，衣襟。据《世说新语·尤悔》，温峤受刘
琨之命南下江东，奉表劝进晋王司马睿应当称帝。母亲坚持挽
留他，温峤无奈，把衣襟割断，才能成行。因此之故，虽然后来温
峤累居显任，乡品仍不高，每次授予其官职，皇帝都要特别为他
颁发诏书。按，刘琨于西晋末年出镇并州，以温峤为参军，后累
迁从事中郎、右司马。建武元年（317），琅邪王司马睿在建康称
晋王，刘琨以温峤为左长史，南赴建康劝进。此后，温峤在东晋
历任散骑侍郎、骠骑将军长史、太子中庶子、侍中、中书令、江州
刺史等职。又按，晋行九品中正之制，委任各州郡有声望的官员
分别品评本地士人，并叙列品（共九品，代表"下下"的九品最低，
表示"上上"的一品最高）、状（文字评价），故曰乡品。相应地，晋
朝在任用官员时也将任职资格与乡品挂钩，低品士人没有资格
担任显要或清贵职务。温峤出身名门太原温氏，又以才能著称，
理论上应能获得乡品二品（即上中品，士人实际可获得的最高等
级），担任上述官职均无障碍。《世说新语》说他"迄于崇贵，乡品
犹不过"，只能解释为由于无视母亲挽留绝裾而去，以及母死不

能为之安葬、服丧,故所得乡品被降低了。

【译文】

韦绶做翰林学士时,在学士院中睡觉,唐德宗带着韦妃来,不令人惊动韦绶,还将韦妃穿的蜀缬袍盖在他身上御寒;元载建芸辉堂,内设紫绡帐,极为轻薄,但冬天寒风难入,夏天清凉自生,时人传说是用鲛绡制成的。毛义以孝行著称,得知上级任命他做安阳令,喜形于色,高兴能够有更多俸禄奉养母亲;温峤奉刘琨之命南下建康,劝晋王司马睿做皇帝,母亲挽留他,他割断衣襟,决然而去,因此在乡品方面遭到贬抑。

郑虔贮柿①,怀素种蕉②。延祖鹤立③,茂弘龙超④。

【注释】

①郑虔(qián)贮(zhù)柿:郑虔,唐代诗人、书法家、画家。据《尚书故实》,郑虔想要学习书法,却苦于无纸练习,后来听说慈恩寺有几间装满柿树落叶的房子,就去寺中借僧舍居住,每天取红叶当成纸练字,时间长了,几乎每片叶子上都写满了字。后来,郑虔将自己所作的诗画合为一卷,封起来进献给唐玄宗,玄宗在卷末亲笔题写了“郑虔三绝”四字。按,慈恩寺,即唐代长安城中著名寺庙大慈恩寺,系唐高宗李治做太子时为亡母长孙皇后建造的,慈恩寺多柿树,白居易在寺中怀念故友,有“柿叶红时独自来”的诗句。又按,段成式《酉阳杂俎·广动植·木篇》说:“俗谓柿树有七绝:一寿,二多阴,三无鸟巢,四无虫,五霜叶可玩,六嘉实,七落叶肥大。”郑虔盖取其落叶肥大一绝,藉以习书。

②怀素种蕉:怀素,唐代僧人、书法家。据陆羽《僧怀素传》,怀素生性疏放,不拘细行,饮酒以养性,草书以畅志。有时酒酣兴发,遇寺壁、里墙、衣裳、器皿,无不在上面书写。又由于贫困,无纸可书,遂在故里种芭蕉万余株,取叶以供挥洒。以此习书,尚有不

足，乃漆一木盘，在上面写字，又漆一方板。由于书写、洗涤次数太多，最终盘、板皆穿。怀素的伯祖惠融禅师学欧阳询的书法，世人莫能辨，到怀素成名之后，乡中称他和怀素为大钱师、小钱师（按，怀素俗家姓钱，"师"是对僧人的尊称）。吏部尚书韦陟看到怀素的书法，称赞道："此沙门札翰，当振宇宙大名。"

③延祖鹤立：延祖，即嵇绍，字延祖，"竹林七贤"之一嵇康的儿子，西晋官员。据《世说新语·容止》，有人对王戎说："嵇延祖卓卓如野鹤之在鸡群。"王戎回答："君未见其父耳！"按，嵇康容貌气度均甚出众，《世说新语》同篇云："嵇康身长七尺八寸，风姿特秀。见者叹曰：'萧萧肃肃，爽朗清举。'或云：'肃肃如松下风，高而徐引。'山公曰：'嵇叔夜之为人也，岩岩若孤松之独立；其醉也，傀俄若玉山之将崩。'"王戎名列"七贤"，与嵇康有旧，故在晚辈称赞嵇绍容止时，认为他未见嵇康，故有此论，实际是称赞嵇康风姿更胜其子。

④茂弘龙超：茂弘，即王导，字茂弘，小字赤龙、阿龙。龙，"阿龙"的简称。超，出众。据《世说新语·企羡》，王导被拜为司空时，名士桓彝把头发梳成双髻，穿着葛布裙，手里拄着木杖（按，这是晋代隐士的服饰），在路边窥视王导，叹息道："人言阿龙超，阿龙故自超。"不知不觉跟着王导走到了尚书台门外。按，王导确实在未渡江时已有声誉，但过江后屡以桓彝称赞王导，实是向当时权重江左的琅邪王氏靠拢的一种姿态。

【译文】

郑虔练字时无纸可用，听说大慈恩寺有存放柿树落叶的房屋，就借寺中僧舍居住，以柿叶为纸练习书法，终以诗、书、画被唐玄宗赞为"三绝"；怀素家贫，无纸习书，就种了很多芭蕉，取叶练字，被时人评为"当振宇宙大名"。嵇绍容貌出众，时人以为"野鹤之在鸡群"，王戎认为嵇康更出众；王导拜司空，桓彝在道旁窥见，感叹"人言阿龙超，阿龙故自超"，不觉随之行至尚书台门口。

　　悬鱼羊续^①，留犊时苗^②。贵妃捧砚^①，弄玉吹箫^②。

【注释】

①悬鱼羊续：羊续（142—189），东汉官员。据《后汉书·羊续传》，羊续做南阳太守时，郡内权豪之家皆尚奢丽，羊续对这种做法非常反感，就控制自己的生活标准，日常穿旧衣，吃穷人的食物，出门乘破车、驾羸马。府丞（按，即郡丞）曾经献给他一条鲜鱼，羊续收下了，却没有吃，将鱼悬挂在府舍的庭中；后来府丞又送来新鱼，羊续让他看之前悬挂的鱼，谢绝了他的好意。后来，羊续的妻子带着儿子羊秘从泰山郡老家来，已到郡守所居府舍，羊续闭门不让妻子进来，带着儿子去检点自己的财物，唯有布衾、旧汗衫和几斛盐、几斛麦子而已。羊续对儿子说："吾自奉若此，何以资尔母乎？"就让妻儿回老家了。按，南阳郡是汉光武帝刘秀的故乡，东汉初即有"南阳帝乡，多近亲，田宅逾制"的说法，在东汉一朝中，又出了很多高官贵戚，所以郡豪奢侈无度，争以富丽为尚，羊续敝衣薄食，一则表示自己不愿与豪强同流，二则欲以矫正其风。

②留犊（dú）时苗：时苗，东汉末魏初官员。据《三国志·魏书·常林传》裴注引《魏略·清介传》，时苗被提拔为寿春（今安徽寿春）令，赴任时，乘薄軬车（按，指用苇篾编成车篷的车子，供老人乘坐），驾黄牸牛（按，牸牛即母牛），以布为被囊，颇为俭朴。在任一年多，驾车的那头母牛生了一头牛犊。离任时，时苗把牛犊留下，对主簿说："令（按，时苗自称）来时本无此犊，犊是淮南所生有也。"县吏们都说："六畜不识父，自当随母。"认为时苗可以把牛犊带走。但时苗不听，还是把牛犊留在了寿春县。当时有人认

为时苗偏激,但大多数人还是赞许他清廉,时苗因此名满天下。

③贵妃捧砚(yàn):贵妃,即杨贵妃。元明以来,戏曲、小说多云李白应制作《清平调》,杨贵妃为之捧砚,如元人马致远《江州司马青衫泪》第二折[滚绣球]:"只那长安市李谪仙,他向酒里卧酒里眠,尚古自得贵妃捧砚,常走马在五凤楼前。"又明初人瞿佑《归田诗话》中有《歌风台》一节,云:"张光弼……又尝作唐宫词数首,为予诵之。中间云:'可怜三首《清平调》,不博西凉酒一杯。'予曰:'太白于沉香亭应制,亲得御手调羹,贵妃捧砚,力士脱靴,不可谓不遇,何必"西凉酒一杯"乎?'光弼亦大笑。"按,此事盖本《类说》引《摭遗》所记李白在华阴县手作供状(见前"李白乘驴"条),有"贵妃授砚"之语,而《唐才子传》引之,改作"贵妃捧砚"。其事既为元人所习闻,后人又将之与《太真外传》所记李白奉唐玄宗之命,在沉香亭作《清平调》三章一事牵合在一起,遂有今说。

④弄玉吹箫:弄玉,传说中春秋时秦穆公之女。据《太平广记·神仙四》引《仙传拾遗》,秦穆公有女名弄玉,善吹箫,穆公为她觅萧史为夫。萧史从容貌上看像是二十多岁的人,善于吹箫,能用箫模拟鸾凤的叫声,姿貌不凡,有天人风范。成婚后,萧史教弄玉吹箫模仿凤凰的叫声,如是十几年,弄玉吹箫也像是凤凰鸣叫,以致引得凤凰飞到她住的房屋上来。秦穆公为这对夫妻建了一座凤台,夫妻同住其上,不饮不食,数年不下来。后来有一天,弄玉乘着凤凰、萧史乘着龙,一起升天而去。秦穆公为纪念女儿,建了一座凤女祠,不时还能听见箫声。在洪州西山山顶,有传为萧史的仙坛石室,石洞之中还有他的画像,不知是什么年代出现的。

【译文】

羊续做南阳太守时,清廉自守,郡丞送他一条鱼,他收下却没吃,将鱼挂在府舍庭中,以示谢绝对方好意;时苗做寿春县令,乘牛车上任,在任时驾车的牛生了一头牛犊，时苗去职，将牛犊留在县中，不肯据为己有。李白奉唐玄宗之命，在沉香亭即席作《清平调》三首，杨贵妃为他捧砚；秦穆公女弄玉嫁萧史，从之学吹箫作凤鸣，历十余年，引得凤凰来集，后弄玉乘凤、萧史乘龙，升天而去。

三肴

栾巴救火^①，许逊除蛟^②。《诗》穷五际^③，《易》布三爻^④。

【注释】

①栾（luán）巴救火：栾巴，东汉人，据说有奇术。据《神仙传》，栾巴是蜀郡人，曾任本郡功曹、豫章太守，后来迁为尚书。正月初一，皇帝大会群臣，赐大家饮酒，栾巴含着酒站起，喷向西南方，又对皇帝说："臣本乡成都市失火，故为救之。"皇帝派人驰驿（古代使者或被皇帝召见的人乘马疾行，逢驿站更换马匹，以期快速抵达，谓之驰驿）去成都询问，当地官员汇报道："正旦失火，时有雨自东北来灭火，雨皆作酒气也。"按，《后汉书》有栾巴传记，本传云其"好道""素有道术，能役鬼神"，亦曾任豫章太守、尚书，当与此栾巴为同一人，但《后汉书》本传云栾巴为魏郡内黄（今河南内黄）人，与《神仙传》所云蜀郡成都人不同，未知孰是。

②许逊除蛟（jiāo）：许逊，晋代道士，曾任旌阳（今湖北枝江，道教传说误以为四川德阳）令，道家称为许真君或许旌阳。据《正统道藏·洞玄部·谱箓类》所收《许真君仙传》，许逊从吴猛、谌母学道有成，与弟子甘战、施岑返回故乡南昌，有一姿貌甚美、衣冠雄伟的慎姓少年来拜谒，许逊识其为蛟精，与其大战于江滨黄牛洲。蛟精战败，跳入井中，藉水逃回长沙。许逊追踪而至，斩杀蛟精及其二子，回到南昌后，又命施岑在江中剿杀蛟精余党，并铸铁柱以镇妖。按，许逊故事是层累造成的，在唐初道士胡慧超

所作《十二真君传》中，说来拜谒的少年是"蛟蜃之精"，后文则以"蜃精"称之，谓其二子为"小蜃"，则在最初的许逊神话中，此妖乃是蜃（蜃，大蛤）精无疑。古人常以"蛟蜃"连称，且蛟之可怖似过于蜃，故蜃精渐演变为蛟精，而《许真君仙传》于蛟精出场时，仍称其姓慎，可见旧故事的残迹。

③《诗》穷五际：际，交界、边际。据《汉书·翼奉传》，"《诗》有五际。"颜师古注："应劭曰：'君臣、父子、兄弟、夫妇、朋友也。'孟康曰：'《诗内传》："五际，卯、酉、午、戌、亥也。阴阳终始际会之岁，于此则有变改之政也。"'"以"卯、酉、午、戌、亥"为五际，这是《齐诗》家以阴阳灾异之学与《诗》说比附，以天人感应之道论政事的办法。

④《易》布三爻（yáo）：爻，《周易》中表示卦象的符号。据《三国志·吴书·虞翻传》裴松之注引《虞翻别传》，虞翻精通《周易》，他写成《易注》，献给孙权，并上表称自他的高祖父开始，就著有《孟氏易》一书，"臣生遇世乱，长于军旅，习经于枹鼓之间，讲论于戎马之上，蒙先师之说，依经立注。又臣郡吏陈桃梦臣与道士相遇，放发被鹿裘，布《易》六爻，烧其三以饮臣，臣乞尽吞之。道士言《易》道在天，三爻足矣。岂臣受命应当知经！"按，虞翻家传《孟氏易》，即西汉孟喜所传注的易学，孟喜治《易》，每以阴阳灾变为说，又托师说以自耀，虞翻盖沿其故习，故造作属吏梦吞三爻之说以自称。

【译文】

栾巴为尚书时，在新年宴会上含酒喷向西南方，解释是为了救成都之火，皇帝命人调查，成都当日果有火灾，有雨从东北来将火浇灭；许逊在南昌，识破伪装成少年的蛟精，将其打败后，追踪至长沙，彻底剿除蛟精及其党羽，铸铁树以镇妖。《诗经》有"五际"之说，一说是君臣、父子、兄弟、夫妇、朋友，另一说是卯、酉、午、戌、亥，以此五个地支蕴含阴阳变化，故曰"五际"；虞翻为《周易》作注完毕，上表献给孙权，言郡吏陈桃梦见自己遇到道士，布《易》六爻，并烧其中三爻，令虞翻吞服，据此自称"受命应当知经"。

清时安石①，奇计居鄛②。湖循莺脰③，泉访虎跑④。

【注释】

①清时安石：清时，清平之世。安石，即谢安，字安石。据《晋书·谢安传》，谢安为相时，"强敌寇境，边书续至，梁、益（按，即梁州、益州，梁州治汉中、益州治成都）不守，樊、邓（按，即樊城、邓县，代指襄阳、南阳地区）陷没"，谢安"镇以和靖，御以长算。德政既行，文武用命，不存小察，弘以大纲，威怀外著，人皆比之王导，谓文雅过之"。曾经与王羲之一起登冶城（按，地名。在今江苏南京，时为扬州刺史治所），悠然遐想，有高世之志。王羲之说："夏禹勤王，手足胼胝；文王旰食，日不暇给。今四郊多垒，宜思自效，而虚谈废务，浮文妨要，恐非当今所宜。"谢安答道："秦任商鞅，二世而亡，岂清言致患邪？"后来前秦南征侵晋，谢安一方面从容调度，一方面以游宴等方式安定人心，果然在淝水之战中打败前秦大军。又据《南齐书·王俭传》，南齐的开国宰相王俭曾经说："江左风流宰相，唯有谢安。"盖以谢安自拟，可见谢安在南朝时期的影响力。

②奇计居鄛（cháo）：居鄛，即居巢，秦汉县名。在今安徽巢湖。据《史记·项羽本纪》，项梁、项羽叔侄在江东起兵反秦之后，进军淮北，居鄛人范增年已七十，喜好奇计，投奔项梁，对他说："陈胜败固当。夫秦灭六国，楚最无罪。自怀王入秦不反，楚人怜之至今，故楚南公曰'楚虽三户，亡秦必楚'也。今陈胜首事，不立楚后而自立，其势不长。今君起江东，楚蜂午之将皆争附君者，以

君世世楚将，为能复立楚之后也。"于是项梁从民间找到楚怀王之孙名心者，立为楚王，亦称楚怀王，以之号召各家反秦势力，楚军因之强盛。后来项梁战死，项羽继统其军，尊范增为亚父。刘邦入关后，项羽也从函谷关攻入关中，范增认为刘邦是项羽的大敌，建议项羽杀了他，项羽未从。后楚汉交兵，两军在荥阳对峙一年多，刘邦求和，项羽想答应，范增建议说："汉易与耳，今释弗取，后必悔之。"于是项羽与范增急围荥阳，刘邦大困，乃用谋士陈平之计离间项羽和范增，项羽中计，渐夺范增之权。范增大怒，对项羽说："天下事大定矣，君王自为之。原赐骸骨归卒伍。"项羽答应了他，于是范增离开军营回彭城，路上后背生疮而死。

③湖循莺脰（dòu）：莺脰，湖名。脰，脖子，后也借用为头颈、咽喉之意。历史上以"莺脰"为名的湖有两处，一在苏州吴江，一在宁波鄞县。吴江莺脰湖之名，至今尚存，据《江南通志·舆地志·山川二·苏州府》："莺脰湖，在震泽县西南，其源自天目，东流至荻塘，会烂溪水，并出平望，汇于此。以其形似莺脰，故名。亦名莺斗湖。"可知其得名之由。鄞县之莺脰湖自中唐以后改称广德湖，宋代废湖为田，后代虽略有恢复，但残存湖面最宽处不过百米，与曾巩《广德湖记》所记"湖之大五十里，而在鄞之西十二里……有凫雁鱼鳖、茭蒲菱芡、葵莼莲芡之饶"的景象迥然不同。本条所指之莺脰湖，应以在苏州吴江者为是。

④泉访虎跑：虎跑，泉名。跑，这里指走兽用脚刨地。据《咸淳临安志·山川十七·泉·城外》，旧传性空禅师（按，即寰中禅师，晚唐僧人，为百丈怀海禅师弟子。卒后，唐僖宗赠谥性空大师）曾住在杭州大慈山，山上无水，忽有神人来对他说："明日当有水矣。"当夜，来了两只老虎，将地挖出了一个洞，泉水从中涌出，于是此泉就被称作虎跑泉。后来的传说又增益了性空禅师因大慈山缺水，将迁至他处，以及泉水系自南岳迁来的情节。

【译文】

谢安为相，虽面对前秦的强大威胁，仍能镇之以静，使东晋出现了“德政既行，文武用命”的局面，被后人赞为“江左风流宰相”；居鄛人范增喜好奇计，劝项梁立楚王后裔以聚人心，劝项羽诛杀刘邦以除后患。苏州吴江有莺脰湖，因湖形如莺的头颈而得名；杭州大慈山有虎跑泉，传说晚唐僧人性空禅师住此山时，夜里有两只老虎刨地出泉，故称虎跑泉。

近游束皙①，诡术尸佼②。翱狂晞发③，嵇懒转胞④。

【注释】

①近游束皙（xī）：束皙（约264—303），西晋文人。束皙有《近游赋》，全文现在已经佚失，据《艺文类聚·居处部四·宅舍》引该赋片段云：“世有逸民，在乎田畴宅弥五亩，志狭九州。安穷贱于下里，寞玄淡而无求。乘荜辂之偃蹇，驾兰单之疲牛。连揵索以为鞅，结断梗而作鞦。攀荜门而高蹈，朅徘徊而近游。井则两家共一，园则去舍百步。”据此，则此赋描绘的主要是当时士人崇尚清虚趣味下的田园生活。

②诡术尸佼（jiǎo）：诡术，不合于道的学术。尸佼，战国初学者。鲁人，一云晋人，或谓楚人，传为秦相商鞅之师，商鞅死后，尸佼逃亡入蜀，所著有《尸子》二十篇。按，《尸子》原书今佚，清人有辑本。该书之主旨，据李贤在《后汉书注》中说，是“十九篇陈道德仁义之纪，一篇言九州险阻，水泉所起也”。刘向《孙卿（按，即荀子，避汉宣帝刘询讳改）书录》说：“楚有尸子、长庐子、芋子，皆著书，然非先王之法也，皆不循孔氏之术。”据此可知，尸佼虽然崇尚道德仁义，但并不完全遵循孔子之教、儒家之道。刘勰在《文心雕龙·诸子》中也说：“尸佼兼总于杂术。”《汉书·艺文志》著

录《尸子》于杂家，而班固认为杂家的特点是："兼儒墨，合名法，知国体之有此，见王治之无不贯，此其所长也。及荡者为之，则漫羡而无所归心。"所谓"兼总于杂术"，即是"兼儒墨，合名法"或者"不循孔氏之术"的另一种说法，也即本书所谓"诡术"。

③翱（áo）狂晞（xī）发：翱，即谢翱，南宋末志士。晞发，晒干头发。据程敏政《宋遗民录》，谢翱字皋羽，生性崇尚善举，抱独行之志，而刻厉愤激，常欲起古人于地下从之游，与流俗有不谐处，从不在意。他慕屈原之为人，愿与远游，故自号晞发子。遇谈宋朝灭亡之事，辄为之哭泣，涕泗潸然。当时一班希合时务、志在苟得的人，憎闻谢翱之名，而谢翱对此泰然自若。所谓"翱狂"，当指他在这方面的举止。

④嵇（jī）懒转胞：嵇，即嵇康。转胞，病名。指肚脐下方剧烈疼痛，小便不通。胞，这里指膀胱。古人认为小便不通是胞系扭转所致，故称转胞。《文选·书下》收嵇康《与山巨源绝交书》，云："吾每读尚子平、台孝威传，慨然慕之，想其为人。少加孤露，母兄见骄，不涉经学。性复疏懒，筋驽肉缓，头面常一月十五日不洗，不大闷痒，不能沐也。每常小便而忍不起，令胞中略转乃起耳。"嵇康盖言自己懒于便溺，甚至要忍尿到出现"转胞"的初始症状才去排泄，以示不堪世务。按，尚子平（一作向子平）、台孝威，都是汉魏时的隐士。

【译文】

束晳作《近游赋》，咏唱自己理想中的田园生活；尸佼著《尸子》二十篇，刘向说他非先王之法，不循孔氏之术，《汉书·艺文志》列之于杂家。谢翱慕屈原之为人，自号晞发子，每谈国事，辄潸然泪下，时人以为狂；嵇康致书山涛，谢绝推荐，说自己性情疏懒，每忍溺至将引发转胞之疾才不得不去，不堪世务。

西溪晏咏①，北陇孔嘲②。民皆字郑③，羌愿姓包④。

【注释】

①西溪晏（yàn）咏：西溪，地名。在海陵（今江苏东台）。晏，即晏殊（991 或 993—1055），北宋大臣。明清两代《扬州府志》《泰州志》《东台县志》皆有晏殊监西溪盐仓之说，并言当地有其读书处及墓葬，西溪亦有"晏溪"之别称。然检欧阳修《观文殿大学士行兵部尚书西京留守赠司空兼侍中晏公神道碑铭》及《东都事略》《宋史》之《晏殊传》，晏殊生平未监西溪盐税。再检神道碑，明言晏殊葬"许州阳翟县麦秀乡之北原"，亦不在东台。据《渑水燕谈录·歌咏》云："海陵西溪盐场，初，文靖公尝官于此，手植牡丹一本，有诗刻石。后，范文正公亦尝临莅，复题一绝：'阳和不择地，海角亦逢春。忆得上林色，相看如故人。'后人以二公诗笔故，题咏极多，而花亦为人贵重，护以朱栏，不忍采折。岁久茂盛，枝覆数丈，每花开数百朵，为海滨之奇观。"文靖，宋相吕夷简谥号。据张方平《赠太师中书令谥文靖吕公神道碑铭》，吕夷简早年曾署西溪盐官，或后人误以夷简为殊，传闻致误耳。

②北陇（lǒng）孔嘲：北陇，北方的高地。孔，即孔稚珪（447—501），南朝刘宋、萧齐官员，文人。《文选·书下》收录孔稚珪《北山移文》一篇，借山神之口，指责隐士"周子"不能坚持隐居，改节出仕，"使我高霞孤映，明月独举，青松落阴，白云谁侣？……于是南岳献嘲，北陇腾笑，列壑争讥，攒峰竦诮。慨游子之我欺，悲无人以赴吊"，要求山林将周子摒之于外，不许复入。此周子，注《文选》之李善、吕向皆以为周颙，然以《南齐书·周颙传》核之，似亦未必然。按，北山，即钟山，以在京城建康之北，故名。又，文以"北陇"与"南岳"为对，犹言为天下山灵所笑，并无确指。

③民皆字郑：字郑，以"郑"为名字。郑，指郑浑，三国时曹魏官员。据《三国志·魏书·郑浑传》，郑浑自丞相掾出为下蔡（汉县，今安徽凤台）长，迁邵陵（汉县，即召陵，今河南漯河，晋初避司马昭讳改称邵陵，陈寿著书在晋时，故以避讳之名书之）令。当时天下未定，百姓都没有心思耕种；生下孩子无法养活，也就不抚养了。郑浑每到一处做官，往往收走百姓家中的渔猎工具，督促他们耕地种桑，又开垦了一批稻田，严禁弃子不养。百姓最初害怕获罪，不敢违抗郑浑；按他的法令做了以后，日子渐渐过得好了，养育孩子也没有困难了。于是很多人都把所生的孩子起名为"郑"。

④羌（qiāng）愿姓包：羌，我国西北少数民族。据《甲申杂记》记载，西羌首领于龙呵（《续资治通鉴长编》作"俞龙珂"）归降，到京师朝见宋神宗，至阙下，将要受到皇帝接见时，对押伴使（宋制，外国使者或蕃部首领来朝，入境后根据其重要程度，由朝廷或地方政府派遣中低级官员为押伴官，一则陪伴使者，二则起监视作用）说："平生闻包中丞拯朝廷忠臣，某既归汉，乞姓包。"神宗从之，赐他姓包、名顺，后来攻取熙河（按，即熙河路，北宋地方政区名。宋神宗熙宁五年（1072）置，治熙州，今甘肃临洮）时，于龙呵"极罄忠力"。

【译文】

晏殊（按，应为吕夷简）在西溪做盐官时，手植牡丹，作诗刻石，范仲淹到西溪任官时，又为之题诗，后遂成本地胜景；孔稚珪作《北山移文》，嘲讽隐士"周子"，有"南岳献嘲，北陇腾笑"之语。郑浑在下蔡、邵陵做县官，督促百姓耕田植桑，禁止杀婴弃儿，一段时间后，百姓生活有了改善，纷纷给孩子起名为"郑"；于龙呵降宋，到京师朝见，因久闻包拯是忠臣，故向奉命陪伴的官员请求赐姓为包，神宗从之。

骑鹏沈晦①，射鸭孟郊②。戴颙鼓吹③，贾岛推敲④。

【注释】

① 骑鹏沈晦（huì）：鹏，传说中的大鸟。沈晦，宋代官员。据《春渚纪闻》记载，沈晦赴京考试时，走到天长县（今安徽天长）时，梦见自己骑着大鹏，乘风直上天空，醒来后就写了一篇《大鹏赋》来记这件事。此年，沈晦果然中了状元。据《咸淳临安志·人物二·国朝进士表》，沈晦为宋徽宗宣和六年状元。

② 射鸭孟郊：孟郊（751—814），唐代诗人。苏轼《城南县尉水亭得长字》诗有句云：“已作观鱼槛，仍开射鸭堂。”程缜注：“孟郊为溧阳尉，开射鸭堂。”按，孟郊诗《送淡公》有“笑伊水健儿，浪战求光辉。不如竹枝弓，射鸭无是非。射鸭复射鸭，鸭惊菰蒲头。鸳鸯亦零落，彩色难相求”的句子，大概射鸭是当时人取乐的一种形式。按，据孟郊诗，射鸭以竹枝弓，则其弓当较军中所用角弓为轻软，大概不以杀伤为目的，而以射中多者为胜。

③ 戴颙（yóng）鼓吹：戴颙（378—441），东晋刘宋时期隐士。鼓吹，汉晋时期的一种乐队，后泛指音乐。据《云仙散录》引《高隐外书》，戴颙每到春日，经常带着两个柑子一斗酒出门。有人问他去做什么，他说：“往听黄鹂声，此俗耳针砭、诗肠鼓吹，汝知之乎？”按，俗耳针砭，谓可使人耳目一清；诗肠鼓吹，谓能激发诗情。

④ 贾岛推敲：推敲，推门敲门，后作为斟酌字眼的代称。据《诗话总龟》引《唐宋遗史》，贾岛初赴科举，一天在京师出行，于驴背上作诗：“鸟宿池中树，僧敲月下门。”又觉“敲”字不好，欲用“推”字，斟酌未定，在驴上反复吟哦，并以手作推敲之势。看到的人都很惊讶。当时韩愈任京兆尹，出门时前呼后拥，贾岛不觉冲入其仪仗，左右把他推到韩愈前，听候处置。贾岛具言所得诗句，及推

敲二字未定，故神游象外，不知回避。韩愈立马沉思久之，对贾岛说："敲字佳。"于是两人并辔而归，共论诗道，留连累日，因结布衣之交。按，《唐摭言》又记贾岛事云："尝跨驴张盖，横截天衢。时秋风正厉，黄叶可扫。岛忽吟曰：'落叶满长安。'志重其冲口直致，求之一联，杳不可得，不知身之所从也，因之唐突大京兆刘栖楚，被系一夕而释之。"此应与前所言冲入韩愈车骑者为一事之两说。

【译文】

沈晦赴试，梦见骑着大鹏上天，醒来作《大鹏赋》，当年果中状元；孟郊为溧阳县尉，开射鸭堂，以射鸭为戏。戴颙每至春日，携斗酒双柑出听黄鹂鸣叫，谓之"俗耳针砭、诗肠鼓吹"；贾岛骑驴出行，偶得诗句"鸟宿池边树，僧敲月下门"，又欲以"推"易"敲"，斟酌不已，遂至误冲京兆尹韩愈仪仗。

四豪

禹承虞舜①，说相殷高②。韩侯敝裤③，张禄绨袍④。

【注释】

①禹（yǔ）承虞（yú）舜（shùn）：承，继承。虞舜，即舜，因其部族名有虞氏，故称虞舜。据《史记·夏本纪》，帝尧时，洪水滔天，尧命鲧治水，无功，舜摄行天子政事，诛鲧，而举鲧之子禹，以绍鲧之业。尧去世后，舜继其位，命禹治水，禹伤感于父亲治水无功受诛，于是劳身焦思，居外十三年，过家门不敢入，薄衣食，卑宫室，陆行乘车，水行乘船，泥行乘橇，山行乘樏，左手持准绳，右手持规矩，开通道路，翻山越泽，以疏导水路，又命伯益教百姓种稻，命后稷把食物平均分配给各个部族。之后，禹又走遍九州，根据各地土产确定贡品内容，并视察其山川之便利。舜看到禹的治水

活动取得了成功,就赐给他玄圭,并向上天推荐禹作为自己的继承人。十七年后,舜去世,禹接替了舜,其子启开创了夏朝。

②说相殷(yīn)高:说,即傅说。殷高,即商王武丁,庙号高宗,故称"殷高"。据《史记·殷本纪》,武丁即位时,商朝已经衰落,武丁想要复兴殷商,却没有得力的辅臣,于是三年不说话,政事由冢宰(按,即太宰,为百官中地位最高者)决断,武丁静心观察国内的风气。后来,武丁梦见天帝赐给自己一位名叫说的贤臣,醒后将百官召来一一看过,皆非其人,于是派人到各地寻找,在一个叫傅险的地方找到了说,此时说正在替人做工以维持生计。使者将说带去见武丁,即是梦中所见的人,武丁与他交谈,认为他果然是圣人,就任命他为相,商朝因此大治。于是,武丁以傅险之地为说命氏,称之为傅说。

③韩侯敝裤:韩侯,指韩昭侯,战国时韩国国君。他任用申不害为相,崇尚以术治国,据说在位时韩国大治,诸侯不来侵伐。据《韩非子·内储说上》,韩昭侯有一条穿破了的裤子,吩咐侍从收藏起来。侍从说:"君亦不仁矣,弊裤不以赐左右而藏之。"韩昭侯说:"非子之所知也。吾闻明主之爱,一颦一笑,颦有为颦,而笑有为笑。今夫裤,岂特颦笑哉!裤之与颦笑相去远矣,吾必待有功者,故藏之未有予也。"意思是作为一国之君,表情的变化都要注意,以免下属误解,更何况是赏赐裤子这种大事;更不能随意,要等着奖给有功劳的人。

④张禄(lù)绨(tí)袍:张禄,即范雎,战国时秦相。绨,一种比绸子厚的丝织品。据《史记·范雎蔡泽列传》,范雎在魏国时,随大夫须贾使齐。齐襄王听说范雎有口才,派人送给他礼物。须贾认为范雎出卖了魏国的情报,回国后禀报国相魏齐,魏齐召来范雎,几乎将其打死,又将其扔到厕所中,宾客饮酒沉醉,就向他身上小便。范雎幸而逃脱,改名张禄,入秦为相,号为应侯。此时

魏国又遣须贾使秦，范雎穿着破衣服去见他，诈言自己靠接受雇佣做工过活，须贾哀怜他，留他一起吃饭，又说："范叔（按，范雎字叔）一寒如此哉！"送给他一件绨袍。后来须贾去拜见秦相张禄，发现对方竟是范雎，急忙谢罪，范雎说："公前以雎为有外心于齐而恶（毁谤）雎于魏齐，公之罪一也。当魏齐辱我于厕中，公不止（阻止），罪二也。更醉而溺我，公其何忍乎？罪三矣。然公之所以得无死者，以绨袍恋恋，有故人之意，故释公。"

【译文】

禹受舜之命治水有功，舜赐给他玄圭，又立他为自己的继承人，舜去世后，禹代之为帝；武丁梦见天帝赐给自己贤臣，派人四处寻找，终于在傅险找到名叫说的贤士，举以为相，称之为傅说。韩昭侯命近臣将自己穿破了的裤子收藏好，没有像近臣希望的那样随意赐给左右亲信，而是等臣下有功再赏赐；须贾错指范雎出卖魏国，致其几乎丧命，后范雎逃到秦为相，故意穿敝衣与出使秦国的须贾相见，须贾起了恻隐之心，送给范雎一件绨袍，范雎认为他还有故人之情，就没有杀死须贾报仇。

相如题柱①，韩愈焚膏②。捐生纪信③，争死孔褒④。

【注释】

①相如题柱：相如，即司马相如。题柱，在桥柱上题字。岑参《升仙（一作"迁"）桥》诗云："长桥题柱去，犹是未达时。及乘驷马车，却从桥上归。名共东流水，滔滔无尽期。"又杜甫《投赠哥舒开府翰二十韵》诗云："壮节初题柱，生涯独转蓬。"王洙注引《成都记》："升仙桥，司马相如初西去，题其柱曰：'不乘高车驷马，不过此桥。'果以传车至其处。"此《成都记》或即晚唐卢求所著者。按，据《华阳国志·蜀志》："蜀大城北十里有升仙桥，有送客观也。司马相如初入长安，题其门曰：'不乘赤车驷马，不过汝下'"

也。"则相如题字的对象是长安城门,非升仙桥的桥柱,两说不同。

②韩愈焚膏(gāo):膏,油脂,这里指灯油。韩愈为国子博士时作《进学解》,以"国子先生(即韩愈)"与生徒对话的形式,抒发自身怀才不遇的感慨。在文章开头,韩愈教导学生"业患不能精,无患有司之不明;行患不能成,无患有司之不公",遭学生反唇相讥:"先生口不绝吟于六艺之文,手不停披于百家之编。记事者必提其要,纂言者必钩其玄。贪多务得,细大不捐。焚膏油以继晷,恒兀兀以穷年。先生之业,可谓勤矣。……然而公不见信于人,私不见助于友。跋前踬后,动辄得咎。……不知虑此,而反教人为?"所谓"焚膏油以继晷,恒兀兀以穷年"者,实为韩愈借学生之口,展示自己在学习方面的勤奋。

③捐生纪信:捐生,抛弃生命。捐,弃。纪信,刘邦的部将。据《史记·项羽本纪》,汉三年(前204),项羽、范增围刘邦于荥阳,形势危急。汉将纪信献计,说:"事已急矣,请为王诳楚为王,王可以间出。"于是刘邦命女子两千人夜间披甲出荥阳城东门,楚军发现后四面围攻,纪信乘刘邦的黄屋车(以黄缯制成车盖的车子,为天子所用),傅左纛(古代皇帝车上的饰物,以牦牛尾制成,立在车衡之左),说:"城中食尽,汉王降。"楚军皆呼万岁。刘邦趁机率数十骑从城的西门出去,逃往成皋。项羽见到纪信,问他:"汉王安在?"纪信回答:"汉王已出矣。"项羽遂将纪信烧死。

④争死孔褒(bāo):孔褒,东汉人,孔融的哥哥。据《后汉书·孔融传》,名士张俭因为上书弹劾侯览及家属仗势作恶,得罪侯览。侯览诬陷张俭与同郡二十四人为部党,朝廷下令州郡追捕他。张俭与孔褒有旧,遂逃亡投奔孔褒。当时孔褒不在,孔融只有十六岁,张俭觉得他年轻,不敢如实相告。孔融见他形色窘迫,说:"兄虽在外,吾独不能为君主邪?"把张俭留在家中。事发之后,

张俭逃走,孔褒、孔融兄弟都被逮捕入狱,负责审问的官员不知该归罪于谁。孔融说:"保纳舍藏者,融也,当坐之。"孔褒说:"彼来求我,非弟之过,请甘其罪。"官员问孔氏兄弟的母亲,母亲说:"家事任长,妾当其辜(罪)。"竟形成了一门争死的局面。郡县官员疑不能决,于是将案件上报到朝廷,请求指示。皇帝下诏归罪于孔褒。孔融因此遂得高名。

【译文】

司马相如从成都去长安时,过升仙桥,在桥柱上写了"不乘高车驷马,不过此桥"的话,后来果然作为使者乘驿传车回到成都;韩愈作《进学解》,自言"贪多务得,细大不捐。焚膏油以继晷,恒兀兀以穷年"。项羽围刘邦于荥阳,刘邦大困,纪信假扮刘邦,乘车出城诈降,刘邦趁机逃脱,纪信则被项羽烧死;名士张俭被追捕,逃亡至孔褒家,孔褒不在,其弟孔融收留张俭,事发之后,孔褒、孔融兄弟都被逮捕,审讯时争相承担责任,希望以自己的死解脱兄弟。

孔璋文伯[①],梦得诗豪[②]。马援矍铄[③],巢父清高[④]。

【注释】

[①]孔璋(zhāng)文伯:孔璋,即陈琳,字孔璋。文伯,文坛的霸主。伯,通"霸"。据《三国志·吴书·张纮传》裴松之注引《吴书》,张纮看到陈琳所写的《武库赋》《应机论》,写信称赞他。陈琳回信答道:"自仆在河北,与天下隔,此间率少于文章,易为雄伯,故使仆受此过差之谭,非其实也。今景兴(按,即王朗)在此(指曹操政权),足下与子布(按,即张昭)在彼(指孙权政权),所谓小巫见大巫,神气尽矣。"按,陈琳与张纮同乡,俱广陵人;王朗,东海人;张昭,彭城人。四人俱徐州名士,皆有文学,年辈又近,故陈琳称誉王朗、二张,自谦以为不如。

②梦得诗豪：梦得，即刘禹锡，字梦得，唐代诗人。诗豪，诗坛的豪杰。白居易在《刘白唱和集解》中说："彭城刘梦得，诗豪者也。其锋森然，少敢当者。予不量力，往往犯之。夫合应者声同，交争者力敌，一往一复，欲罢不能。由是每制一篇，先于视草，视竟则兴作，兴作则文成。一二年来，日寻笔砚，同和赠答，不觉滋多。太和三年春以前，纸墨所存者，凡一百三十八首。"按，白居易与刘禹锡是暮年诗友，两人的交情自唐敬宗宝历二年（826）各罢刺史还洛、途中于扬州相遇订交始，直至唐武宗会昌二年（842）刘禹锡去世为止。而两人自相识至大和三年（831），五年之间，留有诗稿的唱和诗篇已有一百三十八首，其间刘、白还各有一段时间宦游在外，可见两人不仅感情深厚、在诗的创作方面也堪相匹敌。

③马援矍铄（jué shuò）：马援（前14—49），东汉开国功臣。矍铄，指老人精神健旺。据《后汉书·马援传》，汉光武帝建武二十四年（48），武威将军刘尚征讨武陵郡的五溪蛮夷（五溪蛮夷，居住在武陵五溪地区的少数民族。据郦道元《水经注》，五溪是雄溪、横溪、酉溪、潕溪、辰溪。按，此五溪都在今湖南怀化一带，为沅江的上游，也被视为整个沅江上中游水系的总称），兵败身死。马援闻讯请求出征，此时他已经六十二岁了。光武帝认为他已经年老，不肯让他出征。马援恳请说："臣尚能被甲上马。"光武帝让他试试看。马援上马后，坐在马鞍上回头看，以示自己尚且可用。光武帝笑道："矍铄哉，是翁也！"于是派他率中郎将马武、耿舒、刘匡、孙永等，将十二郡募士及弛刑徒四万余人征五溪。但由于五溪地区山川险阻，汉军初战获胜后，推进缓慢，被阻于壶头山（山名。在今湖南沅陵）。时逢盛暑，军士疾疫，马援也因此得病，死在前线。

④巢（cháo）父清高：巢父，古代隐士。据《太平御览·逸民部六》

引皇甫士安（按，即皇甫谧）《高士传》，巢父是帝尧时的隐士。年老，以树为巢而寝其上，故时人号曰巢父（按，"父"是古人对于老人的尊称）。尧要将帝位让给许由，许由将事情告诉巢父。巢父说："汝何不隐汝形，藏汝光？若非吾友也。"说着就打他的胸口，赶他下树。许由怅然不自得，于是走到水边，洗耳拭目，曰："向者闻言，负吾矣（友）。"于是离开巢父的住处，终身不再相见。按，关于巢父，古代文献有不同的说法，一说即许由本人，一说是许由之友，但在传说中的形象都是清高的隐士，尤以后一说更能体现其一意遁世、不务浮名的性格。

【译文】

陈琳给张纮写信，说从前河北文风不盛，"易为雄伯"，现在曹操政权有王朗，孙氏政权有张昭、张纮，自己就如小巫见大巫了；白居易与刘禹锡是互相唱和的诗友，两人所作诗结为《刘白唱和集》，白居易为之作《解》，称刘禹锡为"诗豪"。马援六十二岁时自请征五溪，汉光武帝担心他年老，他就披甲上马，以示可用，光武帝夸奖他"矍铄"，同意他领兵出征；巢父听朋友许由说拒绝了帝尧的让位，批评他不能隐身藏名，不足与自己为友，许由为之怅然若失。

伯伦鸡肋①，超宗凤毛②。服虔赁作③，车胤重劳④。

【注释】

①伯伦鸡肋：伯伦，即刘伶，字伯伦，西晋名士，"竹林七贤"之一。鸡肋，鸡的肋骨，这里比喻身体瘦弱。据《世说新语·文学》"刘伶著《酒德颂》"条刘孝标注引《竹林七贤论》，刘伶平素置身天地之间，悠悠荡荡，无所用心，曾与人发生冲突，对方非常愤怒，攘袂而起，想要殴打刘伶。刘伶却和颜悦色地说："鸡肋岂足以当尊拳。"对方的怒气发泄不出来，垂头丧气地回去了。

②超宗凤毛：超宗，即谢超宗，南朝文人。凤毛，凤凰的毛，古人以之比喻珍奇事物，又借以夸奖人有才华。据《南齐书·谢超宗传》记载，谢超宗好学有文辞，名声也很好，起家为奉朝请，转为新安王刘子鸾的常侍。刘子鸾是宋孝武帝宠爱的儿子，其母殷淑仪去世后，谢超宗奉命作诔文（叙述死者事迹的悼文），孝武帝非常欣赏，说："超宗殊有凤毛，恐灵运复出。"按，"凤毛"之语，东晋南朝时用以称赞子才似父，见《世说新语·容止》"王敬伦风姿似父"条余嘉锡笺疏。谢灵运是谢超宗的祖父，为晋末宋初著名文学家，孝武帝盖以谢超宗撰文典雅，类其祖父，故谓其有凤毛。又据《南史·谢超宗传》云，孝武帝赞赏谢超宗时，右卫将军刘道隆在场，出宫后去拜访谢超宗，问道："闻君有异物，可见乎?"谢超宗很奇怪，说："悬磬之室，复有异物邪?"刘道隆答道："旦侍宴，至尊说君有凤毛。"超宗听到此语，跣足走入内室。刘道隆以为他去取凤毛来，一直等到晚上，实在等不下去了，才离开谢家。此盖因谢超宗父名凤，刘道隆无意转述"凤毛"之语，犯其家讳。南北朝时特重避讳，故谢超宗一闻刘语，便仓皇起身入内。刘道隆出身武人，既不知孝武帝语意，又不知谢超宗家讳"凤"字，故懵懂而来，率尔而对，终成笑谈。

③服虔（qián）赁（lìn）作：服虔，东汉古文经学家，长于《左传》。赁作，被雇佣做工。据《世说新语·文学》，服虔精通《春秋》，将为之作注时，想要参考其他学者的不同意见。他听说崔烈正在给学生讲《左传》，于是就隐姓埋名，接受崔烈学生的雇佣，去给他们做饭，每到崔烈讲课的时候，就在旁边偷听。听了一段时间，服虔知道崔烈的讲学水平没能超过自己，就渐渐和其门生谈论其观点是非。崔烈得知此事后，不知这个雇工是什么人，但素闻服虔有盛名，心中就怀疑是他。第二天一早，崔烈来到服虔的住处，趁他未醒，连声呼喊"子慎，子慎"（按，服虔字子慎），服虔不

觉惊应，两人于是便成了朋友。

④车胤（yìn）重劳：车胤（？—401），东晋官员。重劳，过于辛苦。据《世说新语·言语》，东晋时，晋孝武帝要为大臣讲《孝经》（按，汉代以来，不时举行皇帝亲自为大臣讲儒家经典的仪式，以示尊经崇儒，此即其中之一，宋代以后称为"经筵"），宰相谢安把官员们组织起来研习经义。车胤有一些问题，又不好提出，对袁羊（即袁乔，东晋官员，小名"羊"，故称袁羊）说："不问则德音有遗，多问则重劳二谢（按，指谢安、谢石）。"袁乔说："必无此嫌。"车胤问他为何这样肯定，袁乔说："何尝见明镜疲于屡照，清流惮于惠风。"按，据本条刘孝标注引《续晋阳秋》云："宁康三年九月九日，帝讲《孝经》。仆射谢安侍坐，吏部尚书陆纳、兼侍中卞耽读，黄门侍郎谢石、吏部袁宏兼执经，中书郎车胤、丹阳尹王混摘句。"据此，则谢安、谢石、车胤等均为讲经活动的参与者，各有职司，故车胤一方面感觉有必要加深对《孝经》的理解，另一方面又怕过于辛苦谢安兄弟。又按，据《晋书·袁瑰传附袁乔传》，永和二年（346），袁乔从桓温平蜀，不久即逝，不可能参加宁康三年（375）晋孝武帝讲经的活动，余嘉锡《世说新语笺疏》引程炎震之说，认为此处之"袁羊"应为"袁虎"（即袁宏）之误，甚为合理。

【译文】

刘伶生性疏淡，曾与人发生冲突，对方想殴打他，刘伶和颜道"鸡肋岂足以当尊拳"，对方丧气而去；谢超宗为殷淑仪作诔文，宋孝武帝读后赞赏超宗"殊有凤毛"，认为他的文采像祖父谢灵运。服虔欲作《春秋》注，想要了解崔烈的观点，就更名微服，去为崔烈的门生做饭，借以偷听崔烈讲课，后被崔烈发现，两人结成朋友；车胤要参加晋孝武帝讲《孝经》的仪式，有经义未能通晓，想要请教谢安兄弟，又怕太过辛苦他们，袁宏则认为无需担忧，谢氏兄弟不会介意帮助他人。

张仪折竹①,任末燃蒿②。贺循冰玉③,公瑾醇醪④。

【注释】

①张仪折竹:张仪,战国时辩士,事秦惠文王,倡导连横之术,使六国事秦,以功拜为秦相。折,当作"析",即剖开。据《拾遗记》,张仪与苏秦志向相同,俱好学,两人轮番剪下头发贩卖,以供生活,有时也接受雇佣,为人抄书。二人非圣人之书不读,有时路遇《坟》《典》等先王之书,找不到东西抄录,就用墨写在手掌和大腿上,晚上回家再破开竹子做成竹简,抄录下来。两人有时在路上求食,而将树皮剥下来做成书囊,用来盛装天下有用的书籍。后来,两人在大树之下暂憩,遇见鬼谷先生,教给他们绝妙的辩术,又从胸口取出两卷书给他们,传授了辅佐君王之术。按,张仪与苏秦实非同时代人,由司马迁《史记》过信战国游士之说而误。

②任末燃蒿(hāo):任末,东汉经学家。据《拾遗记》,任末十四岁时,跟随多位老师学习,背着书箱去寻师求学,不避险阻,常说:"人而不学,则何以成?"他住在树林里,用茅草盖成房子,把荆条削成笔,取树汁作墨,到夜里还趁着月色星光学习,如天色昏暗就点起蒿草来照亮。看书看到符合自己想法的地方,就在衣服上记下来。门徒非常敬佩他的勤学,给他买来干净的衣服替换。不是圣人所著的书,就不看。临终前,任末留下遗言:"夫人好学,虽死若存;不学者虽存,谓之行尸走肉耳!"河图洛书谶纬之类,不在五经之列的,任末将其写在墙上、柱子上,乃至园林的树木上,好学的人到了任家,往往动手抄写,时人称任家为"经苑"。

③贺循冰玉:贺循(260—319),晋代官员。据《晋书·贺循传》,晋元帝以贺循为中书令、散骑常侍,贺循推让,改拜太常、散骑常侍,又让常侍,唯任太常。元帝因贺循清贫,下诏说:"循冰清玉洁,行为俗表,位处上卿,而居身服物盖周形而已,屋室财(按,通

"才")庇风雨。孤近造其庐,以为慨然。其赐六尺床荐席褥并钱二十万,以表至德,畅孤意焉。"贺循上表推让,晋元帝不许,才不得已收下,但并不使用。按,贺循出身江左大族会稽贺氏,本身又精通经学,为当世儒宗,兼有清廉之誉,在江东声望很高。晋元帝司马睿出镇扬州,在本地没有根基,故需拉拢本地大族名士为己所用。多方优礼贺循,即他在这方面的措施之一。

④公瑾醇醪(chún láo):公瑾,即周瑜(175—210),字公瑾,东汉末孙权部将。醇醪,没有经水稀释的美酒。据《三国志·吴书·周瑜传》裴松之注引《江表传》,程普自负年长,多次欺凌周瑜,周瑜放低身段,尽量宽容,不与程普计较。后来程普自发地对周瑜越来越亲近敬重,并对旁人说:"与周公瑾交,若饮醇醪,不觉自醉。"时人都说周瑜谦让而能服人,就是这个样子。

【译文】

张仪与苏秦家贫而好学,路遇好书而无法抄录,就先写在手掌和大腿上,晚上回家再剖开竹子做成竹简,抄到简上;任末求学时,住在树林里,用茅草盖房子,夜里借着星光学习,天阴昏暗时就点燃蒿草照明。贺循清贫,晋元帝称他"冰清玉洁,行为俗表",赐给他席褥等日常用品及二十万钱,贺循不得已收下,而从不使用;程普自负年长欺凌周瑜,周瑜不与他计较,后来程普逐渐敬服周瑜,说与周公瑾交若饮醇醪,不觉自醉。

庞公休畅①,刘子高操②。季札挂剑③,吕虔赠刀④。

【注释】

①庞公休畅:庞公,即庞德公。休畅,畅快。据《水经注·沔水》,沔水(即汉水,今名汉江)中有鱼梁洲,是庞德公所居,庞统住在汉水南岸,司马徽住在鱼梁洲之北。庞德公与司马徽两家友谊深厚,"望衡对宇,欢情自接,泛舟褰裳,率尔休畅",家既相近,常

常或泛舟，或涉水，来往交游，无拘无束，非常畅快。又据《襄阳记》，司马徽去拜访庞德公，恰逢庞德公渡沔水去扫墓，于是司马徽直接走到庞家室内，呼唤庞德公的妻儿，让他们赶紧做饭，说："徐元直向云，有客当来，就我与庞公谈。"于是庞家人罗列拜于堂下，受命之后，就开始奔走忙碌。不久庞德公回来，直接进屋和司马徽见面，旁人看来，几乎不知谁是主人，谁是客人。由此，可见庞德公与司马徽两家交谊之深。

②刘子高操：刘子，指刘歊（xiāo）、刘讦（xū）兄弟，南朝齐梁之际的隐士。高操，清高的操守。据《南史·刘讦传》，刺史张稷辟刘讦为主簿，主管官吏发文书去召刘讦，刘讦不肯接受，将文书挂在树上，自己逃走了。陈留人阮孝绪博学隐居，不与世人来往，有人去拜访，他也不见，而刘讦与阮孝绪见了一面之后，两人便成了神交的好友。刘讦的堂兄刘歊也有高操，与刘讦、阮孝绪天天来往，京城将他们三人合称为"三隐"。族祖刘孝标曾经给刘讦写信，称赞他们兄弟道："讦超超越俗，如半天朱霞；歊矫矫出尘，如云中白鹤。皆俭岁之粱稷，寒年之纤纩。"刘讦曾戴着谷皮巾，披百衲衣，每游山泽，常流连忘返，他气韵不凡，在林谷之间，更显旷远，见者往往以为遇见神人。梁武帝天监七年（508），刘讦在刘歊家中去世，临终时握着刘歊的手嘱咐道："气绝便敛，敛毕即埋，灵筵一不须立。勿设缞祀，无求继嗣。"刘歊按他的遗言做了。族人和好友为他刻石立铭，谥为玄贞处士。

③季札挂剑：季札，春秋时吴国公子。据《史记·吴太伯世家》，吴王余祭四年（即鲁襄公二十三年，公元前550年），季札奉兄长吴王余祭之命，出使鲁国，之后又历至齐、郑、卫、晋诸国，最后从晋国返吴。季札出发的时候，北行路过徐国，拜访了徐国国君。徐君喜欢季札的佩剑，不好意思出言索要。季札心里明白徐君的想法，但因为要出使中原上国，作为使者不能没有佩剑，所以没

有主动把剑送给徐君。等到出使回来，路经徐国，徐君已经去世，于是季札把佩剑系在徐君墓旁的树上，自己离去。随从说："徐君已死，尚谁予乎？"季札说："不然。始吾心已许之，岂以死倍（背）吾心哉！"《新序》亦记此事，情节大致相同，列之于《节士》篇，可见古人对季札行事的赞许。

④吕虔（qián）赠刀：吕虔，三国时魏国官员。据《晋书·王祥传》，吕虔做徐州刺史时，请王祥为别驾。当时徐州寇盗充斥，王祥率兵扫平祸乱，州界清静，政化大行。时人歌之曰："海沂之康，实赖王祥。邦国不空，别驾之功。"吕虔有一口佩刀，让相工相看（按，我国古代有相物之法，如相看宅邸、马匹等，以定其于主人是否有利，相刀剑者亦如此），都说必须是官至三公的人才能佩戴此刀。吕虔于是对王祥说："苟非其人，刀或为害。卿有公辅之量，故以相与。"王祥再三推辞，吕虔强制要送给他，才不得不收下。后来王祥在魏末拜司空，转太尉，西晋初，进位太保，为当时名臣，实现了"登三公"的预言。王祥临去世时，又把刀送给弟弟王览，说："汝后必兴，足称此刀。"王览的子孙果然历代都出现贤才，兴盛于江左。按，王导即王览之孙，佐司马睿立帝业于建康，时有"王与马共天下"之说，其后裔历仕刘宋、南齐、萧梁，皆至公卿。

【译文】

庞德公住在汉水中的鱼梁洲，司马徽与他隔水而居，两家相距很近，来往密切，不拘形迹，非常畅快；刘歊、刘讦俱有高操，与陈留阮孝绪为友，时称"三隐"。季札出使中原，路过徐国，徐君喜爱季札的佩剑，但不好意思索求，季札也因出使需要，不能将剑送给徐君，回程又经过徐国时，徐君已经去世，季札就把佩剑挂在徐君墓旁的树上，以示践行诺言；王祥做徐州别驾时，刺史吕虔有一口佩刀，相工说必登三公，才能佩此刀，吕虔认为王祥有公辅之量，就将刀赠给他，王祥后来果然官至三公，王祥临终又将刀赠给弟弟王览，王览的后裔也累至公卿。

来护卓荦^①，梁竦矜高^②。壮心处仲^③，操行陈陶^④

【注释】

①来护卓荦(luò)：来护，来护儿(？—618)，隋代将领。卓荦，卓越不凡。据《北史·来护儿传》，来护儿还不会认人的时候，其父就去世了，靠伯母吴氏抚养教育。他"幼而卓荦"(按，《隋书》本传作"幼而卓诡"，卓诡，意为高明奇异)，初读《诗经》，读到"击鼓其镗，踊跃用兵""羔裘豹饰，孔武有力"，放下书叹息道："大丈夫在世当如是，会为国灭贼以取功名，安能区区专事笔砚也！"同学都为他的言论所惊，但又为其壮志而感叹。成年之后，来护儿谋略出众，志气英发，涉猎书史，但又不像一般儒生那样专事章句之学。名将宇文忻、贺若弼先后镇守广陵，都对来护儿加以礼待，让他以大都督之职统领乡兵，迁仪同三司。隋朝灭陈时，来护儿也在军中，以军功进位上开府，后来又参与镇压灭陈后江南地区的叛乱，累立战功，成为隋朝的名将。按，仪同三司、开府仪同三司，本是魏晋以来赐予高级官员的加官，但北周和隋初将其作为"戎秩(用于奖励军功的官职)"，且增置上仪同三司、上开府仪同三司(即来护儿所任"上开府")两等，其中级别最高的上开府仪同三司也仅位列从三品，不能与魏晋时期位比三公的"开府仪同三司"相提并论。

②梁竦(sǒng)矜(jīn)高：梁竦(？—83)，东汉开国功臣梁统之子，汉和帝生母梁贵人之父。矜高，高傲自大。据《后汉书·梁统传附梁竦传》，梁竦少习《孟氏易》，弱冠能教授，因兄长梁松诽谤朝政事发，与弟弟梁恭一起被流放到九真郡(汉晋郡名。辖今越南中部，郡治胥浦，在今越南清化)，后遇赦，回到故乡安定郡(汉晋郡名。辖今宁夏南部、甘肃北部一带，郡治临泾，在今甘肃镇原)，闭门自养，以经籍为娱乐，著书数篇，名为《七序》。梁竦自幼生

活在京师,在家乡生活很不习惯,又自负才能,因此郁郁不得意。曾经登高远望,叹息道:"大丈夫居世,生当封侯,死当庙食。如其不然,闲居可以养志,《诗》《书》足以自娱。州郡之职,徒劳人耳。"后来州郡征辟他为吏,都拒不出仕,因此后人谓之"矜高"。

③壮心处仲(zhòng):处仲,即王敦,字处仲,东晋初大臣,曾两度发动叛乱,兵逼建康,最终在皇室与士族的联合抵抗下失败,郁郁而死。据《世说新语·豪爽》,王敦每当喝醉酒,就用铁如意敲着唾壶,唱曹操的《短歌行》:"老骥伏枥,志在千里;烈士暮年,壮心不已。"壶口都被打出缺口了。按,如意,本为搔背之日常用品,其形制,长三尺许,顶端作人手状,如今之"痒痒挠",以其可搔到手所不及之处,故有此名。汉晋以来,在玄学之士中广泛流行,为手执之器玩,清谈时可随兴指麾。此器通常为竹木骨角所制,间有玉制者,王敦所用者以铁制,则兼有防身之用。又,王敦虽为东晋叛臣,但晋宋时人多称许其豪爽,《世说新语·豪爽》所记共十三条,而前四条皆言王敦事;同书《排调》篇记晋孝武帝选婿,自述其择婿标准云:"王敦、桓温,磊砢(按,指豪放洒脱)之流,既不可复得;且小如意,亦好预人家事,酷非所须。"孝武帝虽云"酷非所须",表示不愿选王敦这样的人为婿,但他首先是认为这一等人"不可复得",可见当时对王敦的豪爽仍然有很高的评价。

④操行陈陶:陈陶,唐末五代隐士。据《唐诗纪事》,陈陶是剑浦(今福建南平)人,隐居在洪州的西山。严宇做镇南军节度使时,派了一名叫莲花的"小妓"去侍奉陈陶,陈陶一眼都不看她。莲花作诗道:"莲花为号玉为腮,珍重尚书遣妾来。处士不生巫峡梦,虚劳神女下阳台。"陈陶答道:"近来诗思清于水,老大心情薄似云。已向升天得门户,锦衾深愧卓文君。"所谓"深愧卓文君"者,盖反用卓文君夜奔相如之典故,以表示自己操行高洁,无意男女情事。按,陈陶是晚唐至五代时期的隐士,各书无异词,但其具

体生活年代，各家记载颇有差异。仅《唐诗纪事》所记，就颇有矛盾。该书"陶，剑浦人，居南昌之西山"条（北宋龙衮《江南野史·陈陶传》略同）云陈陶逢南唐后主李煜即位，知其国运已衰，作诗云："乾坤见了文章懒，龙虎成来印绶疏。"李煜即位在公元961年，为宋太祖建隆二年；然同书引《北梦琐言》云："大中年，陈陶歌诗，似负神仙之术，或露王霸之说。"大中是唐宣宗年号，行用时间自847年至859年，距李煜即位有百年之久，岂陈陶寿高百岁有余，尚能作诗？又同书引方干《哭江西处士陈陶》诗云："虽云挂剑来坟上，亦恐藏书在壁中。"方干为晚唐诗人，何光远《鉴诫录》云："唐末宰臣张文蔚、中书舍人封舜卿等奏：'前有名儒屈者十有五人，请赐孤魂及第。'方干秀才是其数矣。"据《旧唐书·哀帝纪》，张文蔚以天祐二年（905）三月拜相，可知方干必去世于此年以前，其悼陈陶之诗自应作于晚唐，与陶生逢李煜即位之说不符。窃疑唐末五代有两陈陶，故各家之说差互若是。

【译文】

来护儿幼年卓荦不凡，读《诗经》至"击鼓其镗，踊跃用兵""羔裘豹饰，孔武有力"，就感叹"大丈夫在世当如是"；梁竦自流放地赦归本郡，郁郁不乐，州郡召他为吏，都拒而不行，后人谓之"矜高"。王敦生性豪爽，每当醉酒后，常以铁如意敲打唾壶，唱"老骥伏枥，志在千里；烈士暮年，壮心不已"；陈陶隐居西山，镇南军节度使严宇遣小妓莲花去侍奉他，陈陶看都不看，作诗表示自己专心修持，操行高洁，无意于情爱。

子荆爽迈①，孝伯清操②。李订六逸③，石与三豪④。

【注释】

①子荆（jīng）爽迈：子荆，即孙楚（？—293），字子荆，西晋文学家。爽迈，豪爽高傲。据《晋书·孙楚传》，孙楚"才藻卓绝，爽迈不

群"，但待人常常表现得很傲慢，在家乡没有好名声。直到四十多岁时，才被任命为镇东将军石苞的参军。后来，孙楚迁为著作佐郎，石苞迁骠骑将军，朝廷又任命他做石苞的参军。孙楚自负才气，轻侮石苞，到任后向石苞作了一个长揖，说："天子命我参卿军事。"由此两人之间产生了嫌隙。最初，没有规定参军要向府主（汉制，三公可以开府，自己征辟属吏，后来将军及其他重要官员也渐渐得到开府之权，在府中设置长史、司马、参军、掾、属等属吏，属吏称开府者为府主）施敬，因孙楚不敬石苞，才制定了参军要对府主施敬的制度。按，石苞出身低微，而孙楚为太原大族，故轻侮石苞，对之长揖，又谓之为"卿"，石苞忿恨，当亦由此。

②孝伯清操：孝伯，即王恭，东晋官员。据《晋书·王恭传》，王恭"少有美誉，清操过人"，因才能和门第都很出众，常有将来位至宰辅的期望。与王忱齐名友善，仰慕刘惔（东晋中期名士）的为人。谢安常说："王恭人地，可以为将来伯舅（按，春秋时期，周天子称同姓诸侯为"伯父"或"叔父"，异姓诸侯为"伯舅"。王恭之妹王法慧为孝武帝皇后，王恭于孝武帝诸子为舅，又东晋各州都督、刺史权力很大，拟于诸侯，谢安盖以此期许王恭）。"王恭曾随其父从会稽郡到都城建康来（按，王恭之父王蕴时任会稽内史，王恭随父亲在任上，故常居会稽），王忱去拜访他，见王恭坐在一张六尺长的竹席上，王忱认为王恭一定还有同样的席子，就向他索求。王恭很痛快地将席子送给了王忱，自己就坐在草编成的垫子上。王忱听说之后大惊，王恭说："吾平生无长物。"其人简朴真率如此。按，《世说新语·德行》记王恭送席事，情节略同，但无"清操过人"语。

③李订六逸：李，即李白。逸，隐士。据《旧唐书·文苑传下》，李白与孔巢父、韩准、裴政、张叔明、陶沔结交，隐居在徂徕山中，酣歌纵酒，时称"竹溪六逸"。按，徂徕山有竹溪，故名。元人钱舜举画有《竹溪六逸图》，陈旅、丘濬俱有题诗。

④石与三豪：石，即石延年。石介有《三豪诗》，其小序云：“近世作者，石曼卿之诗，欧阳永叔之文辞，杜师雄之歌篇，豪于一代矣。师雄学于予，辞归，作《三豪诗》以送之。”《渑水燕谈录·歌咏》亦云：“石曼卿，天圣、宝元间以歌诗豪于一时。”盖袭石介之论。故后人沿《三豪诗》之说，以石延年、欧阳修、杜默（字师雄）为“三豪”。然苏轼极不喜杜默，尝云：“吾观杜默豪气，正是京东学究饮私酒、食瘴死牛肉，醉饱后发者也。”

【译文】

孙楚豪爽高傲，被任命为骠骑将军石苞的参军，参见时长揖不拜，晋朝因此订立制度，规定参军要向府主恭敬行礼；王恭清操过人，王忱去探望他，见他所坐的席子好，向他索求，王恭将席子送给王忱，自己无席可坐，自称“平生无长物”。李白与孔巢父、韩准、裴政、张叔明、陶沔同隐居于徂徕山，时人称之为“竹溪六逸”；石延年以歌诗称豪于宋仁宗时期，石介将他与欧阳修、杜默相提并论，作《三豪诗》。

郑弘还箭①，元性成刀②。刘殷七业③，何点三高④。

【注释】

①郑弘还箭：郑弘（？—86），东汉大臣。据《后汉书·郑弘传》注引孔灵符《会稽记》，“射的山南有白鹤山，此鹤为仙人取箭”。东汉太尉郑弘曾在山中打柴，捡到一支遗留的箭，不久有人来寻箭，郑弘就把箭还给了他。此人问郑弘想要什么，郑弘知道他是神人，就说：“常患若邪溪载薪为难，愿旦南风，暮北风。”后来果然如愿以偿。从此以后，若耶溪一带都是早上刮南风、晚上刮北风，民间称之为“郑公风”。

②元性成刀：元性，即蒲元，三国时蜀国官员，擅长冶铸技术。据《北堂书钞·武功部十一·刀三十五》引《蒲元别传》，蒲元于斜

谷为诸葛亮铸刀三千口，镕金造器，特异常法。刀铸成后，还特意从蜀江取水，为刀淬火。试刀时，蒲元在竹筒里装满铁珠，举刀砍下，应手而断，就像截断稻草一样，称绝当世，号为"神刀"。按，《蒲元别传》本云："君性多奇思。"意为蒲元天生多有奇思妙想，不知何书转引其文，改"君"为"元"或"蒲元"，作"元性多奇思"，又不标明出自《蒲元别传》或《元别传》，如董斯张《广博物志·武功下·刀》"蒲元性多奇思"之例。本书作者盖读此等辗转钞引之本，误以"性"字当属上读，遂误"蒲元"为"蒲元性"。

③刘殷七业：刘殷，前赵大臣。业，学业。据《晋书·孝友传》，刘殷遭永嘉之乱，归附刘聪，刘聪奇其才而任用他，官至侍中、太保、录尚书事。在朝廷中，与公卿相处，表现得非常诚实谦逊，总是把自己的利益放到后面。刘殷有七子，他让五个儿子分别学习五经（《易》《书》《诗》《礼》《春秋》），一个儿子学习《史记》，另一个儿子学习《汉书》，"一门之内，七业俱兴"。当时北方各州就学问而言，以刘殷一家为盛。

④何点三高：高，高士。据《南史·何尚之传附何胤传》，南齐时，何胤官至中书令，而寄情于隐居，时常想脱离政治生活。后来，何胤听说吴兴太守谢朏离职之后不再回到都城，担心自己落后于他，就上表辞职，不等朝廷回复，直接去职隐居。去官后，何胤得知会稽山多灵异，去那里游玩，就此在若邪山云门寺住了下来。早年，何胤的两位兄长何求、何点都遁迹林下，何求之前去世了，到这时何胤又做了隐士，世人称何点为"大山"，何胤为"小山"，也叫他"东山"。何氏三兄弟早期的事迹虽然不同，但最终都做了隐士，世间谓之"何氏三高"。按，何点为兄而何胤为弟，因此分别被称为"大山""小山"；又何点隐于都城建康，何胤居于会稽，会稽在建康以东，且当地确有东山，为谢安隐居之处，故亦谓何胤为"东山"。

【译文】

郑弘在山中打柴,捡到神人丢失的箭,还给失主,神人问他所欲,郑弘希望改变若耶溪上的风向,以便用船运柴,此后若耶溪上就早上刮南风,晚上刮北风,世人称为"郑公风";蒲元有奇思,为诸葛亮造刀,淬火后能斩断装满铁珠的竹筒,世称其刀为"神刀"。刘殷有子七人,他让五人分别学习五经,一人学《史记》,一人学《汉书》,一家人传习七种学业,极为兴盛;何求、何点、何胤三兄弟先后做了隐士,当时称为"何氏三高"。

五歌

二使入蜀①,五老游河②。孙登坐啸③,谭峭行歌④。

【注释】

①二使入蜀:蜀,春秋战国时期有蜀国,在今四川一带,后为秦所灭,以其地置蜀郡,因此遂称今四川及周边地区为蜀地。据《后汉书·方术传》,李郃(hé)是汉中南郑(今陕西南郑)人,通五经,擅长以河图、洛书之法推究风角星象,但外表质朴,人们都不了解他,县令召他任幕门候吏(掌管迎送宾客和道路治安的小吏)。汉和帝即位后,分遣使者微服到各州郡观风,并搜集当地言论。有两名使者将到益州刺史部(按,汉代设置十三刺史部,以刺史监察各郡官吏、豪强,益州刺史部辖今四川、重庆、云南、贵州,及陕西南部汉中一带),住在李郃负责的候舍里。当时正好是夏夜,李郃与使者一起坐在露天,仰观星象,问使者:"二君发京师时,宁知朝廷遣二使邪?"使者默然,惊愕地对视,说:"不闻也。"又问李郃何以知道有使者来,李郃指着星空说:"有二使星向益州分野,故知之耳。"按,汉中虽今属陕西省,但地接巴蜀,汉代将其与巴蜀诸郡同归于益州刺史部辖下,属于广义的蜀地范畴。故使者到汉中,李郃就说使星已入益州分野,而本书作

者谓之"入蜀"。

②五老游河：游河，在河水中的小块陆地游玩。据《太平御览·天部五·星上》引《论语谶》，孔子说："我听说帝尧带着舜等人到首山游玩，观赏河渚的景色，有五位老人正在河渚游玩。一位老人说：'河图将来告帝期。'第二位老人说：'河图将来告帝谋。'第三位老人说：'河图将来告帝书。'第四位老人说：'河图将来告帝图。'第五位老人说：'河图将来告帝符。'此时有龙衔着玉苞来到，用金泥（水银与金的混合物，即金汞齐）弥封着玉制的封箧，内盛河图。五老于是变成流星飞向天空，进入昴宿。"按，昴宿为我国古代二十八宿之一，在西方天文学中属于金牛座星区。

③孙登坐啸：孙登，曹魏时期隐士。啸，一种能发出悠长清亮声音的口技。据《水经注·洛水》引臧荣绪《晋书》，孙登曾经经过宜阳山，山中的烧炭人与他说话，孙登不应，烧炭人觉得他的神采非同常人，于是纷纷传说其人不凡。晋太祖（按，即司马昭，曹魏末期权臣，官相国，封晋王，其子司马炎建立晋朝，追尊为太祖文皇帝）知道后，让阮籍去看看孙登是何许人也，阮籍与孙登说话，孙登也不回应。于是阮籍对他长啸，孙登笑道："复作向（旧时、从前）声。"阮籍又为他作啸声，并请他一起出山，孙登不肯，阮籍就回去了。孙登攀上山峰，且行且啸，如同箫韶笙簧之音，声震山谷。阮籍听后感到奇怪，问烧炭人，烧炭人说："故是向人声。"阮籍再去寻找孙登，已经找不到了。

④谭峭（qiào）行歌：谭峭，晚唐五代时期隐士。行歌，边走边唱歌。据《续仙传》，谭峭幼而聪明，成年后颇涉经史，博闻强记，无所不知。他性好黄老、诸子之学，一心求道，从嵩山道士学仙十余年，得辟谷养气之法，夏服乌裘，冬则绿布衫，有时整日处于风雪中，旁人以为他已经死了，看时却发现他非常安乐。有人因此说他是疯子。谭峭经常边走边歌吟道："线作长江扇作天，靸鞋抛

向海东边。蓬莱信道无多路,只在谭生拄杖前。"后来,谭峭住在南岳衡山中,炼丹成,服之入水不濡,入火不灼、亦能隐形变化。之后他又入青城山隐居,从此就不再出现在世间了。

【译文】

李邻做本县的幕门候吏时,曾通过观察星象,知道有两位朝廷使者将要入蜀,令微服而来的使者非常惊讶;尧率领舜等人到首山,有五老在河渚游赏,向尧等预告河图将要降临,不久后果然有龙出现,衔来金泥玉箧,内盛河图,而五老则化为流星,飞入昴宿。孙登隐居宜阳山中,阮籍请他出山,孙登不应,遂登上山峰长啸,声如笙箫,震动山谷;谭峭入山修仙有成,经常边走边歌吟。

汉王封齿①,齐主烹阿②。丁兰刻木③,王质烂柯④。

【注释】

①汉王封齿:汉王,这里指刘邦。齿,雍齿,汉初将领。据《史记·留侯世家》,汉汉高祖六年(前201),刘邦击败项羽后,已将有大功的臣下二十多人封为侯,但其余功臣的功劳等次高低争论不决,迟迟没能定下封国户邑。高祖在洛阳南宫,从复道(架在空中,将不同楼阁连接在一起的通道,又称"阁道")上偶然看到部将往往三五成群坐在沙中谈天,于是问张良:"此何语?"张良说:"陛下不知乎? 此谋反耳。"高祖很奇怪,问:"天下属(适逢)安定,何故反乎?"张良答道:"陛下起布衣,以此属(辈)取天下,今陛下为天子,而所封皆萧、曹故人所亲爱,而所诛者皆生平所仇怨。今军吏计功,以天下不足遍封,此属畏陛下不能尽封,恐又见疑平生过失及诛,故即相聚谋反耳。"刘邦听了,感到忧虑,问:"为之奈何?"张良反问:"上平生所憎,群臣所共知,谁最甚者?"高祖答道:"雍齿与我故,数尝窘辱我。我欲杀之,为其功多,故

不忍。"张良遂献策道："今急先封雍齿以示群臣，群臣见雍齿封，则人人自坚矣。"于是高祖设下酒宴，封雍齿为什方侯，并催促丞相、御史大夫尽快定功行封。群臣在宴席后果然都说："雍齿尚为侯，我属（辈）无患矣。"按，雍齿是沛地的乡豪。刘邦初起时，命雍齿守丰邑，陈胜命魏人周市略地至丰，招降雍齿，刘邦之后三攻丰邑，才打败雍齿，迫其奔魏，故刘邦说雍齿"数尝窘辱我"。又据《史记·高祖功臣侯者年表》，汁（通"什"）方侯雍齿，"以赵将前三年从定诸侯，侯，二千五百户"，可知雍齿后来又回到刘邦麾下，参与了楚汉战争，有"定诸侯"之大功，刘邦说"其功多"，当即因此而发。

②齐主烹（pēng）阿：齐主，这里指齐威王，战国时齐国的君主。烹，用沸水或沸油煮。阿，即阿邑（今山东东阿），齐国都邑之一，这里代指阿大夫，阿地的长官。据《史记·田敬仲完世家》，齐威王即位以来，不致力治理国家，委政卿大夫，九年之间，诸侯都来侵伐，国内局势混乱。于是威王召来即墨大夫，对他说："自子之居即墨也，毁言日至。然吾使人视即墨，田野辟，民人给，官无留事，东方以宁。是子不事吾左右以求誉也。"封给他万家之邑。又召来阿大夫，对他说："自子之守阿，誉言日闻。然使使视阿，田野不辟，民贫苦。昔日赵攻甄，子弗能救。卫取薛陵，子弗知。是子以币厚吾左右以求誉也。"当日，即将阿大夫与左右曾称赞阿大夫的人也一起烹杀。又发兵西击赵、卫，破魏军于浊泽，而围魏惠王，逼迫魏惠王请献观邑而和解，赵国归还长城。此后，齐人不敢文过饰非，齐国大治，而诸侯莫敢加兵于齐，长达二十余年。又据《列女传·辩通传》，齐威王在位之初，有佞臣叫周破胡，谗言即墨大夫而赞誉阿大夫，威王的姬妾虞姬直言周破胡之奸，也几乎为他所害，后威王为虞姬劝谏而悟，遂烹杀周破胡与阿大夫，封即墨大夫以万户，此故事可能是增益齐威王烹阿大夫之事产生的。

③丁兰刻木：丁兰，汉代孝子。据《初学记·孝第四》引孙盛《逸人传》，丁兰是河内人，少年时父母双亡，未及侍奉，于是用木头刻成父母的样子，侍奉木人就像父母还活着一样，早晚问候。后来邻居张叔的妻子向丁兰的妻子借东西用，丁兰的妻子跪着向木人请示，见木人面色不悦，就拒绝了。张叔喝醉了，知道后到丁兰家来辱骂木人，又用手杖敲它们的头。丁兰回到家里，见木人面带怒容，又听妻子说了事情经过，就拔剑杀死张叔。县吏来逮捕丁兰，丁兰向木人辞行，木人看到丁兰，为他流泪。郡县赞叹丁兰的孝行能够上通神明，为他在云台画像。

④王质烂柯（kē）：王质，晋代人。柯，斧头的柄。据《述异记》，信安郡（南朝郡名。治信安县，即今浙江衢州）有石室山。晋代时，有一个叫王质的人到山中伐木，见几名童子一边下棋一边唱歌，王质就在一旁听着。其中一名童子给王质一个像枣核似的东西，王质含着，并不觉得饿。过了一会儿，童子对王质说："何不去？"王质站起身来，再看斧柄，已经烂尽了。等他回到家中，发现乡里已没有与他同一时代的人了。

【译文】

汉高祖刘邦为安抚不安的功臣，封被他痛恨但有功的雍齿为侯；齐威王察知阿地的大夫不务民生、专事交结贵幸，将他与交结的宠臣一并烹杀。丁兰用木头刻成父母的样子，像对父母一样侍奉，以表孝思；王质进山伐木，旁观山间的童子下棋，离去时斧柄已经烂掉，回到家乡，同代的乡邻都已经去世了。

霍光忠厚①，黄霸宽和②。桓谭非谶③，王商止讹④。

【注释】

①霍光忠厚：霍光（？—前68），西汉大臣。据《汉书·霍光传》，霍

光是霍去病的异母弟，霍去病出征匈奴归来，将他从故乡平阳（古县名。在今山西临汾）带到京师长安，汉武帝任命他为郎，迁为诸曹（汉代加官的一种，可以入禁中随侍皇帝，并协助皇帝处理尚书奏事）、侍中，霍去病去世后，又迁为奉车都尉、光禄大夫。霍光随侍汉武帝，出则奉车（为汉武帝驾车），入侍左右，出入宫禁二十多年，小心谨慎，从来不犯错误。汉武帝晚年，想要立小儿子刘弗陵做太子，要选择大臣辅佐他，察视群臣，只有霍光能承担重任，于是命画师画了周公背着周成王接受诸侯朝见的景象，赐给霍光。汉武帝后元二年（前87）春，武帝到五柞宫去，在那里病重，霍光哭着问："如有不讳，谁当嗣者？"汉武帝答道："君未谕（明白）前画意邪？立少子，君行周公之事。"霍光叩头推辞道："臣不如金日磾。"金日磾也推辞道："臣外国人（按，金日磾是匈奴降人），不如光。"于是，汉武帝以霍光为大司马大将军，金日磾为车骑将军，太仆上官桀为左将军，搜粟都尉桑弘羊为御史大夫，几人都跪在汉武帝卧室内床下，接受遗诏辅佐幼主。

②黄霸宽和：黄霸，西汉大臣，曾任丞相。据《汉书·循吏传》，黄霸为人明察，心计敏捷，又熟知文法，但性格温良谦让，足智多谋，善于领导下级。做河南太守丞时，计议既合乎法令，又顺应人心，太守倚任他，吏民敬爱他。汉朝自武帝末年以来，用法深刻。昭帝即位时年幼，大将军霍光秉政，大臣争权，上官桀等与燕王图谋作乱，霍光将他们诛杀，之后就遵照武帝时的法度，以刑罚严厉对待臣民，因此俗吏纷纷以严酷为能，而黄霸独以宽和为名。昭帝去世后，宣帝即位，他在民间时，知道百姓为官吏执法所苦，听说黄霸持法公平，就召黄霸为廷尉正，在任期间多次断决疑案，有公平之称。后来黄霸累迁扬州刺史、颍川太守、京兆尹、太子太傅、御史大夫，至宣帝五凤三年（前55），丞相丙吉去世，遂代为丞相。

③桓（huán）谭非谶（chèn）：桓谭，东汉学者。谶，亦称"谶语"，古代民间流传的预言，如"亡秦者胡也"之类。在西汉末期，谶语与纬书（辅助解释六经的书籍，带有浓厚神学色彩）结合在一起，合称"谶纬"；因谶纬往往与图画配合流传，又称"图谶""图纬"。据《后汉书·桓谭传》，汉光武帝刘秀深信谶语，常以谶决事，桓谭上书称"谶记"之事"欺惑贪邪，诖误人主，焉可不抑远之"，陛下"欲听纳谶记，又何误也！其事虽有时合，譬犹卜数只偶之类"。光武帝读后，深感不悦。后来朝廷商议在何处建造灵台（据《诗经·大雅·灵台》，周文王在位时曾建灵台，汉儒将其解释为用来观察天象妖祥的高台），光武帝对桓谭说："吾欲以谶决之，何如？"桓谭默然良久，答道："臣不读谶。"光武帝问其故，桓谭极力陈说谶语不合经义。光武帝大怒道："桓谭非圣无法，将下斩之。"桓谭叩头流血，才平息了光武帝的怒气。事后，桓谭被贬为六安（东汉初郡名。治今安徽六安，建武十三年（37）并入庐江郡）郡丞，心情恍惚不乐，于路病卒，年七十余。按，汉光武帝刘秀在王莽执政时曾入长安太学学习，此时谶纬之风大盛，刘秀耳濡目染，对谶语产生了相当程度的迷信。他平定河北后，在长安时的同学强华来谒，献上《赤伏符》，其文云："刘秀发兵捕不道，四夷云集龙斗野，四七之际火为主。"群臣以此为据劝进，刘秀遂称帝，因此谶语又是刘秀政权的合法性所在。故当桓谭直斥谶之非经时，于公于私，刘秀都难以容忍。

④王商止讹（é）：王商（？—前25），西汉大臣，汉宣帝舅父王武之子。据《汉书·王商传》，王商年轻时以肃敬敦厚、品行卓著见称，累迁右将军、光禄大夫。汉成帝继位后，以王商为左将军。当时成帝的舅父大司马大将军王凤专权，行为骄横僭越，王商对其行为常有非议，王凤知道后，也疏远了王商。建始三年（前30）秋天，京师百姓无缘无故互相惊吓，传言洪水将至，百姓奔走，甚

至互相踩踏，老弱哭喊，长安大乱。汉成帝知道后，亲御前殿，召集群臣商议。大将军王凤希望太后、成帝和后宫可以上船躲避，让京师官员和百姓都到长安城上避水。群臣都赞同王凤的意见，只有王商说："自古无道之国，水犹不冒城郭。今政治和平，世无兵革，上下相安，何因当有大水一日暴至？此必讹言也，不宜令上城，重惊百姓。"于是成帝就停止了避灾之举。过了一会儿，长安的局势渐渐安定，再去查问，确实没有洪水到来。成帝对王商能够坚持正确观点极为赞赏，事后多次称赞王商的建议，而王凤则非常惭愧，自恨失言。次年，王商代匡衡为丞相，在位期间深得成帝信任，但最终仍被王凤指使人诬陷免官，呕血而死。

【译文】

霍光做汉武帝的侍从，忠厚谨慎，武帝晚年命人画了周公背着成王接受诸侯朝见的画像赐给霍光，将幼子托付给他；黄霸熟知文法，但性格温和谦让，做事既符合法令，又顺应人心，以宽和得享大名。桓谭上书反对刘秀信谶，后来又当面向刘秀陈说谶语不合经义，几乎遭到杀身之祸，后被贬为六安郡丞，死在路上；王商做左将军时，京师长安传言洪水将至，城中大乱，大将军王凤建议组织全城官民避难，王商认为是谣言所致，让成帝停止避灾之举，后来果无洪水。

隐翁龚胜①，刺客荆轲②。老人结草③，饿夫倒戈④。

【注释】

①隐翁龚胜：隐翁，隐居的老人。龚胜（前68—11），西汉晚期名儒，官员。据《汉书·两龚（龚胜、龚舍）传》，龚胜在汉哀帝时自光禄大夫、诸吏给事中出为渤海太守，告病去职，哀帝又想以光禄大夫之职起用他，龚胜自称有病，命儿子上书为自己乞请致仕。王

莽篡位第二年,召龚胜为讲学祭酒,龚胜也托病辞免了。两年之后,王莽又遣使者带着玺书、太子师友祭酒印绶和安车驷马,迎接龚胜入朝,随着使者来到龚家的,有本郡太守、本县长吏、三老官属和诸生等超过一千人。使者想要龚胜出门迎接,龚胜称病,躺在房间里,把朝服盖在身上,使者进屋宣读诏书后,再拜奉上印绶,又将安车驷马纳入龚家,劝龚胜受诏出仕,龚胜固称有病将死。使者反复劝说,甚至要把印绶放在龚胜身上,造成他接受印绶的既成事实,龚胜每次都把印绶推走。使者见龚胜态度坚决,便上奏称天气方热,请求让龚胜待秋凉启程,王莽允许了。此后,使者每五天都去一次龚胜家,劝其两子和门人高晖等说:“朝廷虚心待君以茅土之封,虽疾病,宜动移至传舍,示有行意,必为子孙遗大业。”高晖等转告龚胜,龚胜知道子弟、门生们也希望他出去做官,就说:“吾受汉家厚恩,亡(无)以报,今年老矣,旦暮入地,谊岂以一身事二姓,下见故主哉?”于是闭口绝饮食十四日而死,时年七十九岁。

② 刺客荆轲(jīng kē):荆轲(? —前227),战国时卫人。据《史记·刺客列传》,荆轲为人深沉,好读书击剑,在各诸侯国游历,都与当地有声望的贤人长者结为好友,后入燕,受处士田光推荐,成为燕太子丹门下的上客。太子丹想要结交勇士刺杀秦王(即秦始皇),以避免燕国灭亡的危机,对荆轲特加礼遇。王翦灭赵后,秦军直抵燕国南界,太子丹恐惧,请荆轲入秦刺杀秦王。荆轲伪作燕国赴秦的使者,携带秦国叛将樊於期的人头和燕国督亢(今河北涿州东南一带,包括今定兴、固安、高碑店等县市)的地图为礼物。在秦王接见燕国使者的朝会上,荆轲献上督亢地图,秦王展视地图,展到卷末时露出匕首,荆轲一手抓住秦王的衣袖,一手持匕首刺向秦王。秦王挣脱,却一时拔不出佩剑,只能绕着殿柱躲避荆轲,群臣震恐,不知所为。有侍臣呼喊:“王负剑!”秦王遂

将所佩长剑推到背后，拔出剑来，砍断了荆轲的左腿。荆轲以匕首投向秦王，不中，秦王又砍伤荆轲身上多处。荆轲自知刺杀失败，于是倚着柱子，箕踞而坐，笑骂道："事所以不成者，以欲生劫之，必得约契以报太子也。"秦国群臣上殿斩杀荆轲，而秦王为此不悦良久。司马迁在《刺客列传》末称赞荆轲等刺客道："自曹沫至荆轲五人，此其义或成或不成，然其立意较然，不欺其志，名垂后世，岂妄也哉！"

③老人结草：结草，把草打成结。据《左传·宣公十五年》，本年七月，秦桓公进攻晋国，抵达辅氏（晋邑名。今陕西大荔东）。晋大夫魏颗在辅氏打败秦军，俘获秦国的力士杜回。据说魏颗的父亲魏武子（即魏犨，晋大夫，曾追随晋文公流亡）有一个爱妾，一直没有生育。魏犨晚年生病，对儿子魏颗说："必嫁是（一定要把她嫁出去）。"等到病情很重时，又说："必以为殉。"魏武子去世后，魏颗说："疾病（按，这里指病重）则乱，吾从其治（按，这里指平时有理智的时候）也。"就把这个妾嫁了出去。后来在辅氏与秦国交战时，魏颗看见一个老人把草打成结，绊倒了杜回，导致晋军将其俘获。当夜，魏颗梦见老人说："余，而所嫁妇人之父也。尔用先人之治命，余是以报。"按，我国古代有"人殉"的习俗，贵族去世后，使其生前的嬖宠、仆从等为殉，以求死者在黄泉之下仍能享受生前的富贵生活，至春秋时，此风犹存。仅就《左传》记载而论，即有秦穆公去世后以"三良"等一百七十人为殉、晋景公死后以小臣殉葬两事，而魏犨之妾无子，则魏犨死后以之殉葬，在当时也不足为怪。魏颗不从乱命，免其死而嫁之，故被古代史官视为盛德之举。

④饿夫倒戈：饿夫，饥饿的人。倒戈，掉转武器与原来的友方交战。据《左传·宣公二年》，晋国的执政上卿赵盾在首山（山名。在今山西永济南，今名中条山，一名雷首山、首阳山）打猎时，在一棵茂

盛的大桑树下休息，看到了饿得倒在那里的灵辄。赵盾问他哪里不舒服，灵辄答道："不食三日矣。"于是赵盾给他食物。灵辄吃的时候留下一半，赵盾问他为什么，灵辄答道："宦三年矣，未知母之存否。今近焉，请以遗之。"赵盾就让他把食物都吃掉，又用竹筐盛了饭和肉，装在袋子里给灵辄带回家。后来灵辄做了晋灵公的甲士，灵公请赵盾饮酒，安排甲士要杀赵盾，灵辄掉转长戟和其他甲士交战，救了赵盾的性命。赵盾问他相救之由，灵辄说："翳桑之饿人也。"问他的名字和住址，灵辄没有回答就走了。

【译文】

龚胜自汉哀帝时告病家居，朝廷屡次想要起用他，他都托病辞免，王莽称帝后，要强迫他入朝做官，龚胜认为自己不能以一身事二主，遂绝食而死；荆轲受燕太子丹的厚遇，诈为燕国献地的使者，入秦刺杀秦王，在殿上行刺不成，箕踞倚柱，笑骂秦王而死。魏颗未遵从父亲要让宠妾殉葬的乱命，让其出嫁了，后来与秦国交战时，敌将被打结的草绊倒，据说是宠妾的父亲来报恩的缘故；赵盾在首山打猎时，曾给饿倒在树下的灵辄食物，后来灵辄做了晋灵公的甲士，晋灵公要杀赵盾，灵辄就掉转长戟和其他甲士交战，救了赵盾。

弈宽李讷①，碑赚孙何②。子猷啸咏③，斯立吟哦④。

【注释】

①弈（yì）宽李讷（nè）：弈，下棋。李讷，唐朝官员。据《南部新书》，李讷性情急躁，但酷爱下棋，而且下起棋来，落子时举止安详，性情也变得宽缓。当他躁怒的时候，家人往往会偷偷把棋具放到他面前，李讷看到棋盘，脸色就好看起来，随即拿起棋子，开始在棋盘上布局推算，之前为之生气的事情，也就忘在脑后了。按，李讷性情急躁，于史有征。裴庭裕《东观奏记》云："浙东观察使、

兼御史中丞李讷为军士噪逐,坐贬朗州刺史,驰驿赴任。讷性褊狷,遇军士不以礼,人皆怨之,遂及于难。"此系唐宣宗大中九年事。《太平广记·褊急》引《玉泉子》,也记载李讷赴任浙东时,因楚州刺史卢罕派来迎接的军吏名字犯其父讳,遂大怒,次日清晨即行,卢罕追上道歉,也未能挽回。李讷性情之褊躁,于此可见一斑。

②碑赚孙何:赚,哄骗。孙何(961—1004),北宋官员。据《涑水记闻》,孙何生性落拓不羁,而喜好古文字。他做转运使时,行事颇为苛细峻急,属下州县都很怕他。后来,州县的吏员知道他有古文方面的嗜好,就找了一些字迹非常模糊的碑刻拓本,钉在孙何将要居住的驿馆之中。孙何到州县巡视,住下后看到这些文字残损的拓本,心思就全放在读碑辨识文字上,不再仔细查究当地的文案了。按,北宋在各路设置转运使,其职责除经管地方财赋外,还兼有监察、考核地方官吏的权责,至孙何任职的宋真宗初年,已实际成为一路长官,故孙何有权到州县巡视,并核查其公文档案。又按,《涑水记闻》中的另一条逸闻说孙何到地方巡视时,让人背着小石子随行,每到一处,都将石子铺在地上,州县吏员对答有失误,就命人将吏员放在石子地上,倒曳而行,以为惩罚,而孙何的随从也凭仗其威严,在地方作威作福,故"所至搔扰(按,通'骚扰'),人不称贤"。

③子猷(yóu)啸咏:子猷,即王徽之(?—386),字子猷,东晋名士。啸咏,即歌咏。据《世说新语·任诞》,王徽之曾暂时在一所空宅里寄居,刚住进去,就让仆人种竹子。有人问他:"暂住,何烦尔?(暂时住一下而已,何必这样麻烦?)"王徽之"啸咏良久",指着竹子说:"何可一日无此君!"按,王徽之酷好竹,性情又极放诞。据《世说新语·简傲》,王徽之路过吴郡时,听说一位士人家有好竹,就径行造访。士人知道王徽之要来,命人洒扫摆设,自己在

正厅坐候，而王徽之却直奔竹子，在竹下歌吟良久，尽兴之后，不见主人，便径自离去。主人大怒，命人将家门关闭，不让王徽之离开，王徽之却由此觉得主人不同寻常，便留下与主人坐谈，尽欢而散。由此，可知其嗜竹与任诞，皆出本心，并非矫饰。

④斯立吟哦：斯立，即崔立之，字斯立，唐代官员。吟哦，即吟诗。据韩愈《蓝田县丞厅壁记》，崔立之以大理评事上疏言事，遭到贬黜，后来又被逐渐提升为蓝田县丞。唐代县丞名义上是县令的副手，可以参与县里所有的事务，但是在实际工作中，由于主簿统管县内诸司行政事务，县尉负地方治安之责，其上又有县令主持全面工作，县丞反而要"避嫌"，不能对本县的工作发表意见，只有在文书上循例署名的权力。崔立之升迁到这样一个位置，不得施展其才，喟叹道："丞哉，丞哉！余不负丞，而丞负余。"于是尽销棱角，随旧例而行。他无事可做，便整修了蓝田县的县丞厅事（办公处所），院中旧有"老槐四行，巨竹千挺"，阶下有溪水，崔立之将院落洒扫整治一新，又种了两棵松树，每天在其间吟诗。有问者，他就说："余方有公事，子姑去。"以此表示对县丞不得参与政事这一陋例的嘲讽和抗议。

【译文】

李讷性格急躁，但下起棋来非常宽缓，因此当他发脾气时，家人就在他面前偷偷摆下棋具，李讷把注意力转移到棋盘上，渐渐就不生气了；孙何做转运使时，属下州县都很怕他，后来州县知道他嗜好辨识古文，就特意把残损的碑刻拓片钉在驿馆之中，孙何入住之后，一心辨识拓片，对州县文书则置而不问。王徽之性好竹，哪怕暂时寄居，也要栽种竹子，有人问他何必这样麻烦，他啸咏良久，道"何可一日无此君"；崔立之做蓝田县丞时，因县丞当时是个空头职务，故只能用心于整修办公处所，每日在松竹溪水之间吟哦诗句。

奕世貂珥^①，闾里鸣珂^②。昙辍丝竹^③，哀废《蓼莪》^④。

【注释】

①奕（yì）世貂珥（ěr）：奕世，连续几代。貂，指貂尾，汉代侍中、中常侍戴武冠，加黄金珰，附蝉为文，貂尾为饰。珥，这里指将饰物插在帽子上。左思《咏史》诗云："金张藉旧业，七叶珥汉貂。"据《汉书·金日磾传》，金日磾本为匈奴休屠王之子，昆邪王杀其父，以昆邪、休屠两部之众降汉，金日磾入汉后被没为官奴，为汉武帝养马，渐因忠勤受到武帝重视，拜侍中、驸马都尉、光禄大夫。武帝临终，以金日磾为车骑将军，与霍光同受遗诏，辅佐昭帝。昭帝追述金日磾在武帝晚年阻止莽何罗谋逆之功，封为秺侯。其子金赏是昭帝幼年时的玩伴，八九岁时即官至侍中、奉车都尉，袭父爵，累官太仆、光禄勋。其侄金安上，及安上子金敞，孙金涉、金钦，曾孙金汤、金融，都曾担任侍中，其他子孙也经常担任诸曹、中郎将、光禄大夫等近侍职务，世有忠孝之名。在西汉中晚期，金氏家族历事武帝、昭帝、宣帝、元帝、成帝、哀帝、平帝七朝，号称"七世内侍"。《汉书·张汤传》也说："功臣之世，唯有金氏、张氏（张安世家族），亲近宠贵，比于外戚。"

②闾（lǘ）里鸣珂（kē）：闾里，即乡里，古代居民若干家聚居于一处，外筑围墙，称为里，里墙有门，称为闾，故有"倚闾而望""各守其闾"之说；后又借用为基层编户单位名。如《周礼·天官·小宰》："听闾里以版图。"贾公彦疏："在六乡则二十五家为闾，在六遂则二十五家为里。"珂，玉名。据《新唐书·张嘉贞传附弟嘉祐传》，唐玄宗时，张嘉贞任中书令，其弟张嘉祐任右金吾卫将军。每到上朝时，两人出行的车马、仪仗、导从挤满了闾巷，时人称张氏兄弟所住的里坊为"鸣珂里"。按，《山西通志》《大清一统志》等书均言鸣珂里在蒲州府猗氏县（今陕西临猗）城内，然据本传，

"轩盖驺导盈间巷"的景象显然应发生在唐都长安,由此推之,"鸣珂里"之地望也应在长安城内,而非张氏兄弟的故乡猗氏。

③昙(tán)辍(chuò)丝竹:昙,即羊昙,东晋官员。辍,停止。丝竹,代指音乐。据《晋书·谢安传》,羊昙是谢安的外甥,又是东晋晚期的知名之士,谢安很爱重他。谢安去世后,羊昙经年不听音乐,也不肯再经过西州路(按,西州,即扬州刺史的官署。谢安曾任扬州刺史十三年,羊昙不愿引起哀思,故尽量避开此处)。后来有一次,羊昙在石头城喝得大醉,沿路歌唱,不知不觉就走到西州附近。随从对羊昙说:"此西州门。"羊昙听到后悲痛不已,用马鞭敲着州门,吟咏曹植的诗:"生存华屋处,零落归山丘。"之后痛哭着离去。按,据《仪礼·丧服》,舅父去世,外甥应服缌麻,即以细熟麻布为丧服,丧期三月。羊昙在谢安去世后一年还不听音乐,实际是取《礼记·檀弓》"心丧"之说,以不表现于外的方式为舅父持丧。

④裒(póu)废《蓼莪(lù é)》:裒,即王裒,西晋人。废,放弃。《蓼莪》,《诗经·小雅》中的篇名,作者在诗中抒发了不能奉养父母的自责与哀痛。据《晋书·孝友传》,王裒的父亲王仪被魏末权臣司马昭杀害,王裒为父亲无辜被害而哀痛,因此当司马昭之子司马炎建立晋朝后,王裒隐居教授,各级官府多次征辟他,皆不就征。平时坐下的时候不面向西方(按,王裒是城阳营陵人,西晋京城洛阳在其家乡之西),表示不肯臣服于晋朝。他在父母墓旁建了屋舍守孝,一早一晚,都到墓前跪拜,攀着墓上的柏树悲号,涕泪沾在树上,据说柏树也为之枯萎。每当读到《诗经·小雅·蓼莪》中"哀哀父母,生我劬劳"一句时,王裒总是哭着反复诵读,以至于门下的学生怕触动老师的哀思,都将这首诗略过不读。

【译文】

金日磾一族历事自武帝至平帝七代汉朝皇帝,累世出任在官帽上佩戴貂尾的侍中，号称"七世内侍"；张嘉贞、张嘉祐兄弟在唐玄宗时分任文武要职，上朝时车马仪仗挤满里巷，时人称其里坊为"鸣珂里"。羊昙为舅父谢安所看重，谢安去世后，羊昙悲伤不已，不听音乐，不肯行经谢安曾任职的西州官署以免引起哀思；王裒因父亲被司马昭杀害，隐居不仕，每当读到《蓼莪》中的"哀哀父母，生我劬劳"，都哭着反复诵读，门下弟子怕老师伤心，读《诗经》时都略过此篇不读。

箕陈五福①，华祝三多②。

【注释】

①箕（jī）陈五福：箕，即箕子。商纣王的叔父，商末的贤人，曾被纣王囚禁（一说被贬为奴隶），商朝灭亡后被周武王释放，据说此后受封于朝鲜。陈，陈述，宣讲。五福，《尚书·洪范》中提到的五种幸福。据《尚书·洪范》，周武王灭商后，向被释放的箕子请教治国之道。箕子应武王的要求，为他讲述了"洪范九畴（九种统治人民的重要法度）"，其中第九项是"向用五福，威用六极"，即以五福引导百姓，使人向善；以六极使百姓畏惧，不敢作恶。所谓的五福，一曰寿，二曰富，三曰康宁，四曰攸好德（按，指性情仁善宽厚），五曰考终命（按，指善终）。按，洪，意为大；范，意为法。洪范，即"大法"之意。

②华祝三多：华，即华封人；封人是掌管地区事务的官名。华封人即名为"华"的地区的地方官。华地，今不知地望所在。据《庄子·天地》，帝尧到华地去巡视，华地的封人祝福他，说："嘻，圣人！请祝圣人，使圣人寿。"尧答道："辞（按，即表示辞让不敢当之意）。"华封人又祝愿道："使圣人富。"尧又说："辞。"华封人又说："使圣人多男子。"尧再次回答："辞。"华封人问道："寿、富、多男子，人之所欲也。汝独不欲，何邪？"尧答道："多男子则多惧，

富则多事,寿则多辱。是三者,非所以养德也,故辞。"华封人反驳道:"始也我以汝为圣人邪,今然君子也。天生万民,必授之职。多男子而授之职,则何惧之有?富而使人分之,则何事之有?夫圣人鹑居而鷇食,鸟行而无彰。天下有道,则与物皆昌;天下无道,则修德就闲;千岁厌世,去而上仙;乘彼白云,至于帝乡。三患莫至,身常无殃,则何辱之有?"说完就离开了。尧听到华封人的话,跟在他身后,说:"请问。"华封人则拒绝道:"退已(回去吧)!"

【译文】

箕子向周武王陈说统治人民的重要法度"洪范九畴",其中有一项叫"向用五福,威用六极",五福指寿、富、康宁、攸好德、考终命;华封人祝帝尧"寿、富、多男子",尧表示拒绝,认为"多男子则多惧,富则多事,寿则多辱",遭到华封人的反驳。

六麻

万石秦氏①,三戟崔家②。退之驱鳄③,叔敖埋蛇④。

【注释】

① 万石秦氏:石,古代重量单位。汉代衡制,三十斤为钧,四钧为石,西汉一斤约相当今制二百四十八克,东汉一斤约相当今二百二十克。秦汉时期,官员的俸禄也以"石"计算,后遂以此标志官员的级别,称为"禄秩",如六百石、二千石等。据《后汉书·循吏传》,秦彭出身于扶风茂陵(今陕西兴平)一个官僚世家,他的六世祖秦袭曾任颍川太守,与秦袭同时,还有四个堂兄弟也官至二千石。当时,三辅(按,汉代合称京兆尹、左冯翊、右扶风三个在京城长安及周边的行政区为三辅,三者地位基本相当于郡)把秦家五兄弟的禄秩加到一起,称秦家为"万石秦氏"。按,秩二千石

的官员,在地方则为郡太守,在中央可任太子太傅、将作大匠、詹事、大长秋、典属国、三辅长官等高官,故三辅以秦家一代之中有五个二千石为荣。又按,《史记·万石张叔列传》中提到西汉前期石奋及四个儿子皆官至二千石,因此汉景帝称石奋为"万石君",也是采取了同样的计算方法。

②三戟(jǐ)崔家:戟,即棨戟,古时作为仪仗的一种木戟,只有高官才有资格在门口摆放,称为"列戟"或"门戟"。据《旧唐书·崔神庆传》,唐玄宗时,崔神庆的儿子崔琳任太子少保,其弟崔珪官至太子詹事、崔瑶任光禄大夫,三家的门庭都有资格排设棨戟,当时称为"三戟崔家"。按,唐承隋制,三品以上官员方许在门前摆放棨戟,而唐玄宗时期的太子少保、光禄大夫皆位从二品,太子詹事位从三品,故有资格列戟于门。

③退之驱鳄(è):退之,即韩愈。据《旧唐书·韩愈传》,韩愈被贬到潮州当刺史,问老百姓当地有什么困难,百姓都说城西的湫水里有鳄鱼,经常吃民间的牲畜,导致百姓贫困。过了几天,韩愈到湫水前视察,命判官秦济炮制了一头猪、一头羊,投入湫水,并写了一篇《祭鳄鱼文》,在湫水前宣读,勒令鳄鱼尽快离开,否则就要组织人捕杀。据说,就在韩愈祭鳄鱼的当晚,有暴风雷霆起于湫水中,过了几天,湫水干涸了,鳄鱼都搬到了六十里外的地方,潮州百姓从此得以安宁。

④叔敖(áo)埋蛇:叔敖,即孙叔敖,春秋时楚国令尹。据《新书·春秋》,楚相孙叔敖小时候出游回来,担忧得吃不下饭。母亲问他何以如此,孙叔敖哭着对母亲说:"今日吾见两头蛇,恐去死无日矣。"母亲又问:"今蛇安在?"孙叔敖答道:"吾闻见两头蛇者死,吾恐他人又见,吾已埋之也。"母亲安慰他道:"无忧,汝不死。吾闻之:'有阴德者,天报以福。'"后来楚人听说此事,都知道孙叔敖能做到"仁"。等到他做令尹时,没有施政就获得了国人的信任。

【译文】

西汉后期,扶风茂陵秦氏一族出了五个二千石,被称为"万石秦氏";唐玄宗时,崔琳和弟弟崔珪、崔瑶官至二品或三品,按朝廷制度,都有资格在门前立戟,时称"三戟崔家"。韩愈在潮州当刺史时,当地鳄鱼为患,韩愈命属下以一猪一羊祭祀鳄鱼,并作《祭鳄鱼文》,据说几天后鳄鱼就迁徙到六十里外的地方去了;孙叔敖幼年出游,见到时人以为见之必死的两头蛇,怕其他人再看到,就杀了蛇埋到地里,后来孙叔敖不但没有死,还成为了楚国令尹。

虞诩易服^①,道济量沙^②。伋辞馈肉^③,琼却饷瓜^④。

【注释】

①虞(yú)诩(xǔ)易服:虞诩(?—137),东汉官员。据《后汉书·虞诩传》,汉安帝时,羌人攻打武都郡(汉郡名。包括今甘肃南部),执政的邓太后认为虞诩有将帅之略,将他提拔为武都太守,在宫中的嘉德殿召见他,厚加赏赐。虞诩到郡城后,城中兵力不满三千,而羌兵万人围攻赤亭(城名。今甘肃成县西北),局势危急。虞诩先是命令部队用弱弩射敌,羌人发现汉军弓弩的射程不足,全力攻城。此时,虞诩命每二十张强弩射一个人,发无不中,羌人被震慑,遂退兵。虞诩趁势出城猛攻,杀伤了很多羌人。次日,虞诩下令让城内的全部军队从外城的东门出城,又从北门进来,每次都改换衣服,这样反复出入了好几次。往返几次之后,羌人不知城里有多少兵,自相惊吓,人心浮动。虞诩预计羌兵即将撤退,提前安排五百人埋伏在浅水处,等候羌人撤离,羌人果然大溃,虞诩借势掩袭,又进兵追击,斩获甚多。此战之后,羌人败散,南入益州,虞诩在武都建设堡垒,招聚流民,武都因此获得安定。

②道济量沙：道济，即檀道济（？—436），南朝刘宋名将。据《南史·檀道济传》，刘宋元嘉八年（431），檀道济都督征讨诸军事，率宋军北征，所部与北魏交战三十余次，大多取胜，兵至历城（今山东济南），因粮食将尽，不得不撤退。此时宋军有人降魏，把军中缺粮的事告诉魏军，宋军士卒忧愁畏惧，意志不坚。檀道济得知后，安排人在夜间将沙子当成粮食，一边称量一边报数，又将少数的粮食铺在沙土上面，以显示宋军粮食充足。如此量了一夜，第二天早上，魏军认为檀道济还有很多粮食，就不再追击，又以叛徒虚报军情，把他杀掉了。此时宋军兵力仍弱，檀道济就命将士都穿好盔甲，自己穿着平民的衣服，乘着二人抬的板舆，放缓速度离开堡垒。魏军怕中埋伏，没敢追击，宋军遂平安撤回。檀道济虽然没能克定河南之地，但在北魏优势兵力尾追之下，仍能全军撤回，因此威名大震。北魏境内甚至画了他的像用来驱赶鬼魅。

③伋（jí）辞馈（kuì）肉：伋，即孔伋，字子思，孔子的孙子，孟子是他的再传弟子。馈，赠送。据《孟子·万章》，万章向孟子请教："君馈之粟，则受之乎？"孟子回答："受之。"认为国君有周济贫穷士人的责任。万章又问："周（这里指遇到危难时的周济）之则受，赐（这里指平时无缘无故的赐予）之则不受，何也？"孟子说："不敢也。"认为士人本应以在国内任职换取禄赐，无功受禄，是为不恭。万章继续询问："君馈之，则受之，不识可常继乎？"孟子就举了孔伋的一件轶事来解释："缪公（按，即鲁穆公，古时'缪'与'穆'通）之于子思也，亟（多次）问，亟馈鼎肉。子思不悦，于卒也，摽使者出诸大门之外，北面稽首再拜而不受，曰：'今而后知君之犬马畜伋。'盖自是台无馈也。悦贤不能举，又不能养也，可谓悦贤乎？"孟子认为，鲁穆公多次派遣使者向子思赠送肉食，使子思不胜其烦，这不是悦贤养老之道，故子思不受其肉。

④琼却饷（xiǎng）瓜：琼，即苏琼，北齐官员。据《北齐书·循吏传》，
苏琼在南清河郡（今山东高唐南）做太守时，本郡有个曾任乐陵
太守的退休官员叫赵颖，八十岁致仕回到家乡。到了五月初，赵
颖带着两个刚摘下的瓜来见苏琼，仗着自己年老，苦苦请求苏琼
收下。苏琼无奈接受了，但把瓜放在办公场所的房梁上，并没有
切开吃。郡民听说苏琼接受了赵颖赠送的瓜，纷纷带着鲜果来
给他送礼。但等到了府门时，他们听说赵颖送的瓜还放在房梁
上，就互相看看，又都回去了。

【译文】

虞诩做武都太守时，羌人来袭，虞诩让城内军队改换衣服，循环数
次出入不同城门，羌人以为城内兵多，就撤退了，虞诩趁势追击，获得大
胜；檀道济北伐北魏，在撤军途中粮食不足，檀道济命人在夜间将沙土
当成粮食称量报数，迷惑了敌军，平安撤回。鲁穆公派人向孔伋询问问
题，每次咨询之后都向他赠送肉食，孔伋不胜其烦，将使者赶出大门，拒
绝接受馈肉；苏琼在南清河郡做太守时，不受赠礼，本郡退休官员赵颖
带着两个瓜送给他，苏琼无奈接受，但把瓜放在房梁上不吃，以示不收
赠礼的决心。

祭遵俎豆①，柴绍琵琶②。法常评酒③，鸿渐论茶④。

【注释】

①祭（zhài）遵俎（zǔ）豆：祭遵（？—33），东汉开国功臣。俎豆，皆
　祭器名，俎为载牲（盛放用于祭祀的牲畜）之器，豆为盛肉之器，
　故后人以"俎豆"代指祭祀，又引申为其他典礼仪节的代称。据
　《后汉书·祭遵传》，祭遵去世后，博士范升上疏称颂祭遵的功绩和
　德行，其疏中有云："遵为将军，取士皆用儒术，对酒设乐，必雅歌投
　壶。又建为孔子立后，奏置五经大夫。虽在军旅，不忘俎豆，可谓

好礼悦乐，守死善道者也。"范升称赞祭遵"虽在军旅，不忘俎豆"，显然不是说他在军中也不忘祭祀，而是说他作为高级将领，能保持经生本色，守礼崇儒。据本传，祭遵少年时期喜好经学，家富而秉性恭俭，颇具儒者风范，且终生不变，故范升谓之"守死善道"。

②柴绍琵琶：柴绍（？—638），唐代开国功臣。据《旧唐书·柴绍传》，唐高祖武德年间，吐谷浑与党项一同入侵唐境，高祖命柴绍率军讨伐。交战时，敌军居高临下，放箭乱射唐军，箭下如雨。柴绍于是命人弹起胡琵琶，又使两个女子相对起舞。敌军看到唐军在交战时还有人演奏音乐、观赏舞蹈，颇感惊异，渐渐就停止射箭，聚在一起观看唐军的乐舞了。柴绍抓住敌军阵形混乱的机会，暗中调遣精锐骑兵，从敌军背后发起突袭，一举将其击溃，斩首五百余级。按，胡琵琶，即今日琵琶的雏形，大约是南北朝后期通过中亚传入我国的。我国古代原有一种被称为"琵琶"的弹拨乐器，以两者技法、音律皆有相似之处，故称新传入者为"胡琵琶"。后来"胡琵琶"经过与"琵琶"融合、改良，逐渐盛行于世，反而攘"琵琶"之名为己有，而原本的"琵琶"却被称为"阮"了。

③法常评酒：法常，即释法常，五代或宋初僧人。据《清异录》，河阳（今河南孟州）僧人释法常嗜酒，无论寒暑风雨，经常喝醉，醉了就熟睡，醒来则朗声吟诗道："优游曲世界，烂漫枕神仙。"他曾对同伴说："酒天虚无，酒地绵邈，酒国安恬，无君臣贵贱之拘，无财利之图，无刑罚之避。陶陶焉，荡荡焉，乐其可得而量也。转而入于飞蝶都，则又蒙腾浩渺，而不思觉也。"

④鸿渐论茶：鸿渐，即陆羽，字鸿渐，唐代隐士。据《新唐书·隐逸传》，陆羽本是孤儿，不知其父母，有人说他是僧人在水边捡到，抚养成人的。成年之后，陆羽以《周易》为自己占卜，卜得《蹇》之《渐》，卦辞是："鸿渐于陆，其羽可用为仪。"于是，他根据卦辞的含义，以陆为氏，取名为羽，字鸿渐。陆羽性嗜饮茶，著有《茶经》

三篇,分别谈论茶之原、茶之法、茶之具,非常详细。《茶经》行世后,天下人越来越重视饮茶。

【译文】

东汉开国功臣祭遵虽为将领,但能保持经生本色,被称赞为"虽在军旅,不忘俎豆";柴绍领兵讨伐吐谷浑,交战时命人弹奏胡琵琶,并安排两名舞女相对起舞,敌军因之分神,柴绍趁机发起突袭,一举将其击溃。僧人释法常嗜酒,有"酒天虚无,酒地绵邈,酒国安恬"的评论;陆羽性嗜饮茶,作《茶经》三篇,论述饮茶的起源、方法和器具,书成之后,天下人都更加重视饮茶。

陶怡松菊①,田乐烟霞②。孟邺九穗③,郑珏一麻④。

【注释】

① 陶怡松菊:陶,即陶潜。怡,快乐,这里作动词用。陶潜从彭泽县令任上弃职隐居,曾作《归去来辞》,其辞有"乃瞻衡宇,载欣载奔。僮仆来迎,稚子候门。三径就荒,松菊犹存。携幼入室,有酒盈樽。引壶觞以自酌,眄庭柯以怡颜,倚南窗以寄傲,审容膝之易安"的句子,所谓"怡松菊"者,盖由"松菊犹存"和"眄庭柯以怡颜"化出,是陶潜对回家后快乐情绪的抒发。

② 田乐烟霞:田,即田游岩,唐代隐士。据《旧唐书·隐逸传》,田游岩曾到太白山游历,他的母亲、妻子都有出尘之志,与田游岩一起游历山水,前后二十余年。后来田游岩隐居在箕山之中,自号"许由东邻"。此后,唐高宗到嵩山,遣中书侍郎薛元超去问候田母,田游岩穿了隐士的服饰,出来下拜,高宗命左右扶住他,并问:"先生养道山中,比得佳否?"田游岩答道:"臣泉石膏肓,烟霞痼疾,既逢圣代,幸得逍遥。"高宗又说:"朕今得卿,何异汉获四皓乎?"薛元超说:"汉高祖欲废嫡立庶,黄、绮方来,岂如陛下崇

重隐沦，亲问岩穴！"高宗听到此话，非常高兴，携田游岩到行宫居住，命他全家乘驿到京城，并任命田游岩为崇文馆学士。

③孟邺（yè）九穗：孟邺，即孟业，北齐官员。据《北齐书·循吏传》，孟业性行廉谨，由司州法曹参军迁为东郡（古代郡名。秦置，辖今河南东北部、山东西部，郡治在今河南濮阳）太守，在当地以宽厚慈惠著称。他上任那一年，东郡出现了好几株一根茎秆上长有多穗的麦子，其中多者有一茎五穗的，其余或三穗、或四穗，共生于一茎，本郡人民都认为这是孟业的治绩感动上天的结果。

④郑珏（jué）一麻：郑珏，五代时大臣，历事后梁、后唐。据《类说》引《纪异录》，五代时，郑珏与李愚同为翰林学士，郑珏所居的阁子忽然长出一棵麻来，李愚说："承旨入相矣。余愿当制，得尽荒虚。"当时天气亢旱许久，麻却长得很茂盛。等到下霜，麻都被霜染白了，成为所谓"白麻"，当时更被认为是要做宰相的预兆。果然，当夜皇帝发出诏书，任命郑珏为宰相。按，五代承唐之制，拜相的诏书用白麻纸书写，故李愚认为"白麻"是郑珏要做宰相的预兆。

【译文】

陶潜从彭泽令任上弃职还家，作《归去来辞》，抒发自己回归田园生活的欢乐之情；田游岩见唐高宗，自称"泉石膏肓，烟霞痼疾"，获得高宗的厚待。孟邺在东郡任太守时，当地产麦有一茎数穗者，由于他为官宽厚仁慈，这被看做上天对其治绩的感应；郑珏做翰林学士时，所居的阁子突然长出一棵麻，同僚李愚认为这是郑珏将要拜相的象征，同年郑珏果然拜相。

颜回练马①，乐广杯蛇②。罗向持节③，王播笼纱④。

【注释】

①颜回练马：颜回，即颜渊，孔子的弟子。练，一种丝织品。据《论

衡·书虚》，有书记载，孔子与颜回一起登上太山（按，即泰山），向东南望去，看到吴国的昌门之外拴着一匹白马。孔子问颜回："若见吴昌门乎？"颜回说："见之。"孔子又问："门外何有？"颜回说："有若系练之状。"孔子用手抚摸颜回的眼睛，不让他继续看了，带他一起下山。下山之后，颜回发白齿落，很快就因病去世了。按，昌门，即"阊门"，吴都姑苏（今江苏苏州）的西门，与泰山相去甚远，在泰山上自然是看不到阊门外拴着白马的。在儒家发展过程中，曾有将孔子及其弟子神化的倾向，《论衡·书虚》所引"传书"说孔子能看到千里之外的白马，颜回次于孔子，能看到阊门外有白物，但将白马看成了展开的白练，并且因此耗竭精力而死，显然也是受这种倾向影响而编造出的神话故事。王充在《书虚》篇力辟其说，认为颜回应该是"发白齿落，用精于学，勤力不休，气力竭尽，故至于死"，与目视千里之外无关，并主张："使颜渊处昌门之外，望太山之形，终不能见，况从太山之上，察白马之色？色不能见，明矣。非颜渊不能见，孔子亦不能见也。"这无疑是很有见识的。

② 乐广杯蛇：乐广（？—304），西晋官员。据《晋书·乐广传》，乐广做河南尹（按，西晋定都洛阳，以河南尹为洛阳及属县的行政长官）时，曾有一位亲密的朋友，忽然很久没来乐广处做客，乐广问他缘故，他说："前在坐，蒙赐酒，方欲饮，见杯中有蛇，意甚恶之，既饮而疾。"当时河南尹的厅事壁上挂着一张角弓，"漆画作蛇"，乐广料想朋友看到的蛇应该就是角弓的影子，于是按照之前的位置重新摆设酒宴，问朋友："酒中复有所见不？"朋友答道："所见如初。"乐广就告诉他看到"蛇影"的缘故，朋友心怀豁然，顾虑尽消，病也就好了。按，类似的故事早见于东汉末应劭所著《风俗通义·怪神》，主角是应劭的祖父汲令应郴和汲县主簿杜宣，杜宣饮酒时，看见厅事所悬赤弩倒映于杯中，以为是蛇，无奈强

饮,回家后便觉腹痛,后因应郴点破实为弩影而痊愈。乐广的这一轶事,或由应郴之事附会而来。

③罗向持节:罗向,唐代官员。持节,汉代朝廷派遣使者出使异国、征发军队、断决刑狱,皆持节而往,魏晋以后,刺史领兵者亦往往建节,称"使持节都督某州诸军事",隋唐刺史沿之,通常加"使持节某州诸军事"之号,故唐人称出任刺史亦谓之"持节"。据《诗话总龟》引《鉴戒录》,罗向是庐州(今安徽合肥)人,不事产业而慕声名,以至于困穷,犹不退缩,投奔福泉寺,寄居于僧房,每天随着和尚吃饭,未尝废学。二十年后,罗向回到故乡任刺史,入境之后,专门去了一趟福泉寺,在寺中连住两夜,并题诗于壁道:"二十年前此布衣,鹿鸣西上虎符归。行时宾从过前事,到处杉松长旧围。野老共遮官路拜,沙鸥遥避隼旗飞。春风一宿琉璃殿,惟有泉声惬素机。"按,罗向之名,《诗话总龟》作"罗使君向",然《鉴戒录》今尚存,检其书卷八,仅作"罗使君",不言名"向",不知是《诗话总龟》编者阮阅误增此字,还是《鉴戒录》旧有此字,传刻脱漏。

④王播笼纱:王播(759—830),唐代大臣,曾任宰相。据《唐摭言》,王播少年孤贫,在扬州惠昭寺木兰院寄居,随着僧人一起吃斋饭,后来寺里的和尚们嫌弃他,提前吃饭,王播去吃饭时已经什么都没有了。二十四年后,王播自宰相出镇扬州,任淮南节度使,因而去访问木兰院,发现自己早年在墙上题的诗已经用碧纱保护起来。于是作诗两首道:"二十年前此院游,木兰花发院新修。而今再到经行处,树老无花僧白头。""上堂已了各西东,惭愧阇黎饭后钟。二十年来尘扑面,如今始得碧纱笼。"

【译文】

孔子与颜回同登泰山,孔子看到吴国昌门之外有一匹白马,颜回却只能看到门外有白色的东西,以为是一匹白练;乐广和朋友饮酒,朋友见到杯中有蛇,回家后便觉得腹痛,后来乐广向他解释"蛇"实际是弓的倒影,朋友的病就痊愈了。罗向穷困时,曾在故乡福泉寺寄居读书,后来罗向步入仕途,回到故乡任刺史,又到福泉寺居住,并题诗"二十年前此布衣,鹿鸣西上虎符归";王播登第前,在扬州的寺院随僧人就食,被寺僧嫌弃,后来王播以宰相出镇扬州,再去寺院时,发现早年在殿壁上的题诗已被碧纱笼罩保护起来。

能言李泌①,敢谏香居②。韩愈辟佛③,傅奕除邪④。

【注释】

①能言李泌(bì):能言,擅长辩论,有独到的见解。据《邺侯外传》,建宁王李倓(唐肃宗之子)在肃宗即位过程中有定策之功,但被人诬告要谋害兄长李俶(后来的唐代宗),为肃宗所杀。事后,肃宗追思李倓,觉得他是无罪被害,李泌担心此事又波及诸王,就找机会向肃宗进谏说:"昔高宗有子八人,皇祖睿宗最幼。武后生者,自为行第,故皇祖第四。长曰孝敬皇帝,监国而仁明,为武后所忌而鸩之。次曰雍王贤,为太子。中宗、睿宗常所不安,晨夕忧惧,虽父母之前,无由敢言。乃作《黄台瓜词》,令乐人歌之,欲微悟父母之意,冀天皇、天后闻之。歌曰:'种瓜黄台下,瓜熟子离离。一摘使瓜好,再摘令瓜稀。三摘犹尚可,四摘抱蔓归。'然太子竟亦流废,终于黔州。建宁之事,已一摘矣,慎无再摘。"唐肃宗听了之后,回答道:"先生忠于宗社,忧朕家事,言皆为国龟镜,岂可暂离朕耶!"按,天皇、天后,即唐高宗李治和皇后武则天。咸亨五年(674)八月,唐高宗下诏,皇帝称天皇,皇后称天后,并改咸亨五年为上元元年,大赦。此后,直到唐高宗去世前,两人一直使用这一称号。

②敢谏(jiàn)香居:香居,战国时齐国大夫。据《新序·刺奢》,齐宣王要盖一座大房子,占地多达百亩,堂上可以住三百户人家,以

齐国之大，建了三年还没盖好，群臣不敢劝谏。香居问齐宣王：
"荆王（即楚王，秦庄襄王名子楚，故秦国避讳"楚"字，秦汉时期
抄写的文献往往因之改"楚"为"荆"）释先王之礼乐而为淫乐，敢
问荆邦为有主乎？"齐王说："为无主。""敢问荆邦为有臣乎？"齐
王回答："为无臣。"香居又问："今王为大室，三年不能成，而群臣
莫敢谏者，敢问王为有臣乎？"齐王说："为无臣。"香居说："臣请避
矣。"就快步跑出朝堂去了。齐王连忙说："香子留，何谏寡人之晚
也，寡人请今止之。"于是召来尚书（按，此尚书是战国时期负责为
诸侯记事的官员，职掌近乎史官，与汉晋以后管理部曹政务的尚书
名同而实异），对他说："书之。寡人不肖，为大室，香子止寡人也。"

③ 韩愈辟（pì）佛：辟佛，排斥佛教。据《旧唐书·韩愈传》，凤翔
（今陕西扶风）法门寺有护国真身塔，塔内有传说为释迦牟尼的
指骨一节，此塔三十年一开，据说开则岁丰人泰。元和十四年
（819）正月，唐宪宗令中使杜英奇带领宫人三十人，持香花迎佛
骨入大内供养，留禁中三日，又送到各寺巡展。当时京城的王公
士庶，奔走施舍，唯恐在后，百姓甚至有破家舍业、烧顶灼臂而求
供养者。韩愈时任刑部侍郎，见状遂上《论佛骨表》，表中有"汉
明帝时始有佛法，明帝在位才十八年耳。其后乱亡相继，运祚不
长，宋、齐、梁、陈、元魏已下，事佛渐谨，年代尤促。唯梁武帝在
位四十八年，前后三度舍身施佛，宗庙之祭，不用牲牢，昼日一
食，止于菜果。其后竟为侯景所逼，饿死台城，国亦寻灭，事佛求
福，乃更得祸。由此观之，佛不足信，亦可知矣"的话，因而触怒
宪宗，被贬为潮州刺史。

④ 傅奕（yì）除邪：傅奕（555—639），唐代官员、学者。除邪，除去
邪物，这里指施展咒术的胡僧。据《隋唐嘉话》，唐太宗时，西域
进献一名胡僧，宣称善于咒术，能够靠念咒把人杀死，再念咒还
能把人救活。唐太宗从飞骑（唐代禁军）中选择壮勇之士来试

验，果然如言而死，如言而苏。太宗将此事告诉时任太常卿的傅奕，傅奕说："此邪法也。臣闻邪不犯正，若使咒臣，必不得行。"太宗就让胡僧向傅奕施展咒术，傅奕面对胡僧，毫无所觉。过了没一会儿，胡僧忽然自己倒在地上，就像被人击倒一样，而且再也没醒过来。

【译文】

唐肃宗杀死儿子李俶后又后悔，李泌怕他迁怒诸王，就以武则天鸩杀孝敬太子李弘后，被立为太子的雍王李贤作《黄台瓜词》以讽喻的故事来劝谏他；香居想要阻止齐宣王建造大屋，又无法直言，就先从楚王破坏礼乐、群臣不敢劝谏入手，使齐王感悟。韩愈反对唐宪宗从法门寺迎佛骨到京城供养，上《论佛骨表》，触怒宪宗，被贬至潮州；傅奕不信西域胡僧有咒术，让胡僧对自己念咒，结果傅奕安然无恙，胡僧倒地不醒。

春藏足垢①，邕嗜疮痂②。薛笺成彩③，江笔生花④。

【注释】

①春藏足垢（gòu）：春，即阴子春，南朝梁将领。据《南史·阴子春传》，阴子春为官以廉洁著称，但家人不甚遵守礼教，身上穿的衣服经常是脏的，脚几年一洗，自称每次洗脚都会或失去财物，或导致做事失败，并说之前在梁州做刺史时，就因为洗脚导致打了败仗。

②邕（yōng）嗜（shì）疮痂（chuāng jiā）：邕，即刘邕，刘宋人。据《宋书·刘穆之传附刘邕传》，刘邕喜欢吃伤口上结的痂，说味道像是鳆鱼（按，这里指鲍鱼）。有一次，刘邕去探望孟灵休，孟灵休身上长了疮，有些痂脱落了，掉在席子上，刘邕就捡起来吃掉。孟灵休大惊，于是把身上没有脱落的疮痂也揭下来给刘邕吃。刘邕走

后，孟灵休给何勖写信说："刘邕向顾见啖，遂举体流血。"刘邕袭封南康郡公，封国有配给的吏人二百余名，刘邕因嗜食疮痂，便不问他们有罪无罪，逐个鞭打他们，等伤口结痂，取以供食。

③薛笺（jiān）成彩：薛笺，即薛涛笺，一种小而窄的彩色笺纸。薛涛，唐代名妓，擅长作诗。据《续博物志》，唐宪宗元和年间，元稹出使蜀地，薛涛造十色彩笺，寄送给元稹。元稹在松华纸上写诗，回寄给薛涛。又据《南部新书》，元和初年，薛涛好写小诗（按，应指绝句），觉得通常所用的纸幅太宽，写完诗还剩很多空白，就特制了一种狭小的笺纸。蜀中才子认为这样很方便，于是效仿之，将其他笺纸的尺幅也减小了，称之为"薛涛笺"。

④江笔生花：江笔，江淹的笔，江淹（444—505），南朝文学家。生花，笔头上长出花来。据钟嵘《诗品》，江淹从宣城太守任上离职，宿于冶亭，梦见一个美貌男子前来，自称东晋文学家郭璞，对他说："吾有笔在卿处多年矣，可以见还。"江淹从怀中取出一支五色笔还给他，此后作诗再无佳句，世谓"江郎才尽"。类似的故事也见于《南史·江淹传》，只不过把五色笔变成了一匹锦，来索取的人由郭璞变成了张协（西晋文学家）。按，梦笔生花是《开元天宝遗事》记李白少年时的故事："李太白少时，梦所用之笔头上生花，后天才赡逸，名闻天下。"《龙文鞭影》的作者将其和江淹梦失五色笔之事混为一谈了。梦到得笔而文才大进的故事，在古代颇为常见，除江淹之外，有王珣梦得大笔、纪少瑜梦陆倕赠青镂笔、李峤梦人赠以双笔、和凝梦中得赠五色笔、范质母在孕时梦中获五色笔等。

【译文】

阴子春常穿破旧的衣服，脚数年一洗，并说洗脚之后常遇到不利的事情；刘邕喜欢吃疮痂，认为有鳆鱼的味道，去探望生疮的朋友时，发现席子上有脱落的疮痂，就捡起来吃掉。薛涛作十色彩笺，尺幅狭小，时人称之为"薛涛笺";江淹梦到郭璞来索取五色笔,此后再无佳句,李白梦到所用笔头上长出花来,从此文思大进。

班昭汉史^①,蔡琰胡笳^②。凤凰律吕^③,鹦鹉琵琶^④。

【注释】

①班昭汉史:班昭,东汉女学者,班固的妹妹。据《后汉书·列女传》,班固著《汉书》,去世时八表(《汉书》仿《史记》之体,有表八篇,分别是《异姓诸侯王表》《诸侯王表》《王子侯表》《高惠高后文功臣表》《景武昭宣元成功臣表》《外戚恩泽侯表》《百官公卿表》《古今人表》)及《天文志》还没来得及完成,于是汉和帝让班昭到东观的藏书阁续写。汉和帝死后,其妻邓太后执政,班昭出入宫内,与闻政事。当时《汉书》新出,学者多不能通晓,大儒马融就伏身于藏书阁下,向班昭学读《汉书》,后来邓太后又命马融之兄马续继班昭而最终完成《汉书》。按,东晋袁宏所著《后汉纪》称:"马融兄续,博览古今。同郡班固著《汉书》,缺其七表及天文志,有录无书。续尽踵而成之。"但西晋司马彪在《续汉书·天文志》中说:"孝明帝使班固叙《汉书》,而马续述《天文志》。"综观上述三家之说,大概《汉书》经过班昭的续写,在她生前已基本完成,只有《天文志》主要是马续完成的,但对于《汉书》八表,马续可能也做了一些补缀的工作。

②蔡琰(yǎn)胡笳(jiā):蔡琰,东汉女诗人。胡笳,一种少数民族乐器。据《乐府诗集·琴曲歌辞三·胡笳十八拍》的小序,唐刘商有《胡笳曲序》,其文略云:"蔡文姬善琴,能为《离鸾别鹤之操》。胡虏犯中原,为胡人所掠,入番为王后,王甚重之。武帝与邕有旧,敕大将军赎以归汉。胡人思慕文姬,乃卷芦叶为吹笳,奏哀怨之音。后董生以琴写胡笳声为十八拍,今之《胡笳弄》是也。"

又引《琴集》曰："大胡笳十八拍，小胡笳十九拍，并蔡琰作。"世人沿刘商、《琴集》之说，皆云蔡琰作《胡笳十八拍》，但《后汉书·列女传》只说蔡琰被赎归汉朝后"感伤乱离，追怀悲愤，作诗二章"，不言诗名《胡笳十八拍》，或因其诗第二章中有"胡笳动兮边马鸣，孤雁归兮声嘤嘤"的句子，故以之为题。

③凤凰律吕：律吕，中国古代音乐学名词。指一个八度中不完全相等的十二个半音，即黄钟、大吕、太簇、夹钟、姑冼、中吕、蕤宾、林钟、夷则、南吕、无射、应钟，按照数字排列，在奇数位的六个半音称为"律"，又称"阳律"，包括黄钟、太簇、姑冼、蕤宾、夷则、无射；在偶数位的六个半音称为"吕"，又称"阴律"，包括大吕、夹钟、中吕、林钟、南吕、应钟。据《吕氏春秋·仲夏纪》，黄帝让伶伦制定音律，伶伦从大夏之西走到阮隃之阴，从嶰溪之谷采来竹子，通过吹管定出标准音"黄钟"，然后根据凤凰的叫声制定十二律，其中取自雄鸟（凤）的叫声为六个半音，雌鸟（凰）的叫声也有六个半音，即为六律六吕。

④鹦鹉琵琶：琵琶，宋代宰相蔡确的侍女。据《侯鲭录》，蔡确被贬到新州（今广东新兴），有一个擅长弹琵琶的侍女（因之就被称为"琵琶"）随行，家中还养了一只非常聪明的鹦鹉。每次蔡确想要呼唤琵琶的时候，就叩击一块响板，鹦鹉听到后会喊琵琶的名字，叫她来见蔡确。琵琶去世后，有一天，蔡确误叩响板，鹦鹉仍然大叫"琵琶"，蔡确非常伤感，因之一病不起。据说蔡确曾作诗道："鹦鹉言犹在，琵琶事已非。伤心瘴江水，同渡不同归。"

【译文】

班固去世后，汉和帝命其妹班昭续成《汉书》，和帝去世后，邓太后执政，又命班昭向马融传授《汉书》；蔡琰被掳掠到匈奴，后被曹操赎回，感怀身世，作诗以言志，据说就是著名的《胡笳十八拍》。伶伦仿照凤凰的鸣叫声制定音律，分为六律六吕；蔡确贬谪新州，携有婢女琵琶和一只鹦鹉同行，每当蔡确叩击响板，鹦鹉就会叫琵琶的名字，琵琶去世后，蔡确误触响板，鹦鹉又叫"琵琶"，蔡确伤心之下，一病不起。

渡传桃叶^①，村名杏花^②。

【注释】

①渡传桃叶：桃叶，据说是东晋王献之的爱妾。据《六朝事迹编类》引《金陵图经》，桃叶渡在江宁县南一里秦淮河口，王献之有爱妾名桃叶，其妹名桃根。献之有诗曰："桃叶复桃叶，渡江不用楫。但渡无所苦，我自迎接汝。"并曾经亲自到这个渡口，歌其诗而送桃叶渡江，"桃叶渡"因而得名。杨修有诗云："桃叶桃根柳岸头，献之才调颇风流。相看不语横波急，艇子翻成送莫愁。"

②村名杏花：杏花，即杏花村，地名。据《江南通志·舆地志·古迹五·池州府》，杏花村在池州府城秀山门外一里多的地方，因杜牧"借问酒家何处有，牧童遥指杏花村"之句而得名。然而《四库全书总目·史部·地理类存目六·杏花村志》批评了这种附会的行为，云："杜牧之为池阳守，清明日出游，诗有'借问酒家何处有，牧童遥指杏花村'句，盖泛言风景之词，犹之杨柳岸、芦荻洲耳。必指一村以实之，则活句反为滞相矣。"其说亦甚有理据。按，池阳，即池州的别称，杜牧以唐武宗会昌四年（844）九月迁池州刺史。

【译文】

桃叶渡因王献之曾送爱妾桃叶渡江，并作诗"桃叶复桃叶，渡江不用楫。但渡无所苦，我自迎接汝"而得名；池州旧传府城秀山门外有杏花村，即杜牧诗句"牧童遥指杏花村"之处。

七阳

君起盘古①,人始亚当②。唐宗花萼③,灵运池塘④。

【注释】

①君起盘古:盘古,我国古代传说中开天辟地之神,后来又被传为最早的古代帝王。据《太平御览·天部上》引《三五历纪》,天地最初是混沌如一体的,盘古生于其中,经历一万八千年,天地才分开,阳清之气上升为天,阴浊之气下降为地,而盘古在其中,一日九变。天每日升高一丈,地每日变厚一丈,盘古也每日增长一丈。就这样,又过了一万八千年,天极高,地极深,而盘古的身高也无可计数,在这之后,才有了三皇(我国传说中的上古帝王,各家记载名氏不同,较为流行的说法有伏羲、神农、黄帝/伏羲、女娲、神农/燧人、伏羲、神农/天皇、地皇、人皇等几种)。《三五历纪》是孙吴政权学者徐整所著,其关于盘古的记载显然来自秦汉神话。又南宋学者胡宏在所著《皇王大纪·三皇纪·盘古氏》中说:"盘古氏生于大荒,莫知其始,仰观天倪,俯察地轴,明天地之道,达阴阳之变,为三才首君。于是宇宙光辉,而混茫开矣。"又说:"鸿荒(按,'鸿'通'洪','鸿荒'即'洪荒',代指上古原始社会时期),文明,天行也。鸿荒之世,结绳而治,理则昭然,其事不可详矣。世传天地之初如鸡子,盘古氏以身变化天地、日月、山河、草木于其中,所谓讹失其真。而盘姓为万姓之先,则不可没者也。"胡宏称盘古为"三才首君",认为他是人类可知历史上的第一个君王,又认为盘古化身天地万物的说法"讹失其真",主张盘古不是开天辟地的神,而是打破人类蒙昧状态的圣王,这是儒家学者对传统神话的改造。

②人始亚当:亚当,犹太教、基督教传说中的世界上最早的人类,伊

斯兰教也有类似的传说人物,称"阿丹",其人物形象和相关故事情节与犹太教、基督教传说大同小异。据《旧约·创世记》,耶和华在创世时,想要照着自己的形象造人,"使他们管理海里的鱼、空中的鸟、地上的牲畜",于是就用地上的尘土造出了人,将气吹到人的鼻孔里,使人成为有灵魂的活人,给他起名叫亚当,后来又为他造了配偶,即世界上第一个女人夏娃。

③唐宗花萼(è):唐宗,即唐玄宗,去世后被谥为"至道大圣大明孝皇帝",后因避讳改称为"唐明皇"。花萼,花的萼片,由于萼片相连,古人多用以形容兄弟友爱。据《旧唐书·睿宗诸子传》,唐睿宗生有六子,除最幼的隋王李隆悌早逝外,其余五子为长子宁王李宪、次子申王李撝、三子玄宗李隆基、四子岐王李范、五子薛王李业。武后大足元年(701),玄宗兄弟随武后到西京长安,赐宅于兴庆坊,号"五王宅"。玄宗登基后,兴庆坊五王宅因为是"龙潜旧邸",改称兴庆宫,宁王等都迁离其处。玄宗在兴庆宫西侧的安兴、胜业二坊为四位兄弟起建宅邸,使"邸第相望,环于宫侧",又在兴庆宫的西南两面建楼,西面的一座叫花萼相辉之楼,南面的楼叫勤政务本之楼。玄宗每当登楼,如果听见诸王在家中奏乐,就把他们召进宫来一起饮宴调笑,有时也去诸王府中做客,每次都赏赐大量金帛。诸王每天都在侧门朝见玄宗,回家后,就奏乐饮酒、击球斗鸡,或出城打猎、纵情山水,以此消磨时光。每当诸王出外游玩,宫中前往慰问的使者都络绎不绝,时人都说玄宗与兄弟之间的友爱之情"近古莫比",亲密无间。按,唐玄宗与四位兄弟的关系固然有友爱的一面,但他对兄弟与朝臣的来往也是防备极其森严的,即所谓"上禁约王公,不令与外人交结"。开元年间,驸马都尉裴虚己、万年县尉刘庭琦、太祝张谔都因为与岐王李范饮酒游宴,分别被流放、贬黜;薛王李业的妻舅韦宾因与殿中监皇甫恂在玄宗生病期间"私议休咎(私下议论

皇帝后事)”，导致韦宾被杖杀，皇甫恂被贬为锦州（唐代州名。州治在今贵州铜仁）刺史。虽然这两次风波都没有连及李范、李业，甚至玄宗在处理事件的同时还对兄弟表现出了脉脉温情，但是他对兄弟的防闲之意，经由上述两案，已经表露无遗了。

④灵运池塘：灵运，即谢灵运（385—433），东晋末刘宋初的文学家。池塘，这里指谢灵运所作诗句“池塘生春草，园柳变鸣禽”（见《登池上楼》）。据钟嵘《诗品》引《谢氏家录》，谢灵运与族弟谢惠连在一起时，常能创作出佳句。他曾在永嘉郡（东晋、南朝时期的郡名。郡境包括今浙江温州、丽水两市的大部，谢灵运曾于公元422年被贬为永嘉太守）的西堂作诗，费时一整天，都没能写成。后来，他在梦中忽然见到谢惠连，醒来就写出了“池塘生春草”这样的名句。谢灵运对此诗句非常满意，说：“此语有神助，非吾语也。”按，“池塘生春草，园柳变鸣禽”之句，论诗者往往评为妙品，但究竟好在何处，各家说法却有不同。王安石引述权德舆之说，认为本诗以池塘生草、鸣禽改音来托寓作者对晋室覆灭、刘宋代兴的不满，可见用典工妙委婉。此说对作者心态的探究固然穷尽委曲，但却未免失之穿凿。叶梦得在《石林诗话》中认为：“世多不解此语为工，盖欲以奇求之耳。此语之工，在无所用意，猝然与景相遇，备以成章，不假绳削。诗家妙处，当须以此为根本。”这是说此句妙处在于出语自然、不事雕琢，其说较为可靠。

【译文】

盘古是我国古代传说中开天辟地之神，后来又有书说他是人类第一个圣王；犹太教、基督教则说亚当是上帝造出来的世界上最早的人类。唐玄宗建花萼相辉之楼，每当登楼听到兄弟在府邸中奏乐，就召他们入宫宴饮，以加深兄弟友爱之情；谢灵运有“池塘生春草，园柳变鸣禽”之佳句，自言是梦到族弟谢惠连才创作出来的。

神威翼德①，义勇云长②。羿雄射日③，衍愤飞霜④。

【注释】

①神威翼德：神威，威严若神明。翼德，即张飞，三国时期蜀汉名将。据《三国志·蜀书·张飞传》，曹操进攻荆州时，刘备逃奔江南，曹操率军追赶，行军一日一夜，在当阳（今湖北当阳）的长坂（地名。即三国故事所谓"长坂坡"）追及刘备所部。刘备听说曹操所部将至，抛弃妻儿逃走，命张飞率二十骑断后。张飞据守河边，拆断桥梁，瞪大眼睛，横矛大呼："身是张益德也，可来共决死！"曹军都不敢逼近，于是得以脱险。所谓"神威"，殆指此事。按，据《三国志·蜀书·张飞传》，张飞本字"益德"，但或因《三国志平话》《三国演义》一系故事在民间的影响，导致明清以来，虽文人墨客亦往往将其误为"翼德"。

②义勇云长：义勇，忠义而勇猛。云长，即关羽，字云长，三国时期蜀汉名将。据《三国志·蜀书·关羽传》，建安五年（200），曹操东征徐州，迫使刘备败投袁绍，擒获关羽，拜为偏将军，颇加礼遇。袁绍遣大将颜良率军进攻白马（古县名。以县内有黄河渡口白马津而得名，在今河南滑县），曹操就派遣张辽、关羽为先锋攻击颜良。关羽望见颜良的麾盖（麾，旌旗；盖，车盖。泛指古代高级将领的仪仗），策马而出，于万军之中击杀颜良，斩取他的首级返回，袁绍的部将无人能够抵挡，白马之围遂解。战后，关羽被曹操封为汉寿亭侯。此前，曹操很看重关羽的为人，而详察其心意，认为他没有久留于部下的想法，就对张辽说："卿试以情问之。"张辽如言询问关羽，关羽叹息答道："吾极知曹公待我厚，然吾受刘将军厚恩，誓以共死，不可背之。吾终不留，吾要当立效以报曹公乃去。"张辽将关羽之言汇报给曹操，曹操更加认为关羽是忠义之士。等到关羽杀死颜良之后，曹操知道关羽将要

离去，对他重加赏赐。关羽不为所动，将收到的赏赐全都封锁起来，写信向曹操告辞，便去投靠在袁军中的刘备了。曹操左右有人想要追捕关羽，曹操说："彼各为其主，勿追也。"这段史实就是《三国演义》中"斩颜良，诛文丑，千里走单骑"故事的雏形。随着三国故事的逐渐丰富，关羽也成为人所共知的义勇的化身。

③羿（yì）雄射日：羿，传说中上古时期的神箭手，又称夷羿、后羿。据《淮南子·本经训》，在尧的时代，天上十日并出，庄稼、草木都被烤焦了，百姓没有食物可吃，当时又有猰貐、凿齿、九婴、大风、封豨、修蛇等凶禽恶兽出现，危害人民。尧命羿在畴华之野诛灭凿齿，在凶水之上斩杀九婴，在青丘之泽用缴（本义为丝绳，古人将丝绳缀于箭尾，以射飞鸟，称为"缴射"，也称"弋射"）射落大风，上射十日而下杀猰貐，在洞庭杀死修蛇，在桑林捉住封豨，万民无不喜悦，共同拥立尧为天子。

④衍（yǎn）愤飞霜：衍，即邹衍，战国时著名学者。据《后汉书·刘瑜传》李贤注引《淮南子》，邹衍事燕惠王，竭尽忠义，惠王听信左右的谗言，把邹衍关在牢狱中。邹衍无法为自己辩白，仰天痛哭，当时正是夏季五月，上天为之降霜。按，这是儒家公羊学派所谓"天人感应"的说法，即认为君王对国家治理好坏，会以自然现象发生变化的方式表现出来。如董仲舒在《春秋繁露·必仁且智》中就认为："天地之物有不常之变者，谓之异，小者谓之灾。灾常先至而异乃随之。灾者，天之谴也；异者，天之威也。……凡灾异之本，尽生于国家之失。国家之失乃始萌芽，而天出灾害以谴告之；谴告之而不知变，乃见怪异以惊骇之，惊骇之尚不知畏恐，其殃咎乃至。"董仲舒在回答汉武帝策问的《天人三策》中又说："霜者天之所以杀也，刑者君之所以罚也。"从"灾异之本生于国家之失"的逻辑来推断，霜是代表"刑杀"的自然现象（按，霜

降之后，天气渐冷，草木或死亡、或落叶，故古人视之为"杀"），霜降不时，就代表刑罚有失当之处，所以五月降霜，被视为上天就邹衍含冤下狱一事对燕王的警示。

【译文】

张飞骁勇善战，在当阳长坂为刘备断后，横矛拒桥，呼敌决战，曹操所部都不敢逼近；关羽忠义勇武，被曹操俘虏后，曹操对他重加赏赐，但关羽还是毅然前往投奔旧主刘备。帝尧时代，天上十日并出，地上怪物作乱，尧命后羿上射十日，下杀凶兽，遂被推戴为天子；邹衍被诬陷下狱，仰天痛哭，据说上天感受到他的悲愤，为他在五月降霜以示警。

王祥求鲤①，叔向埋羊②。亮方管乐③，勒比高光④。

【注释】

①王祥求鲤：王祥，曹魏、西晋大臣，古代有名的孝子。据《搜神记》，王祥性至孝，继母朱氏对他并不慈爱，多次说他的坏话，导致王祥失去父亲的欢心，被父亲安排去打扫牛粪（按，魏晋南北朝时期，大小官员多乘牛车，故需有人打扫牛粪）。但王祥在父母生病时，仍然衣不解带，专心侍奉。有一次母亲想吃鱼，当时天气寒冷，河水都冻成冰了，王祥就脱了衣服，准备剖开冰捞鱼。这时冰忽然自行裂开，有两条鲤鱼从冰里跳出来，落在王祥面前，王祥将鱼带回了家。后来母亲又想吃烤黄雀，这时又有几十只黄雀飞到王祥的帘幔里，王祥就以这些黄雀供给母亲。同乡得知后，都认为这是王祥的孝心感动上天所致。

②叔向埋羊：叔向，即春秋时晋国大夫羊舌肸（xī）。据《列女传·仁智传》，羊叔姬（按，即嫁给羊舌氏的叔姬，"羊"是"羊舌氏"的简称）嫁给羊舌子，生下叔向、叔鱼（即羊舌肸的弟弟羊舌鲋）。羊舌子为人正直，不容于晋国，就移居到三室之邑。当地人一起偷

了一只羊，送给羊舌子，羊舌子不肯接受，叔姬说："夫子（春秋战国时期女子对丈夫的敬称）居晋不容，去之三室之邑，又不容于三室之邑，是于夫子不容也，不如受之。"于是羊舌子就接受了羊，说："为胏与鲋亨（通'烹'）之。"叔姬又说："不可。南方有鸟，名曰干吉，食其子不择肉，子常不遂。今胏与鲋，童子也。随大夫而化者，不可食以不义之肉。不若埋之，以明不与。"于是就把羊盛在瓮里，埋在炉灶边上。两年之后，盗羊案发，有刑吏前来查问，羊舌子说："吾受之，不敢食也。"挖出瓮来查看，羊骨还都在，刑吏说："君子哉，羊舌子！不与攘羊之事矣。"称赞羊舌子能够做到防害远疑。按，据《列女传》之文，埋羊之事与叔向无关，是叔向父母的故事，之所以被嫁接到叔向名下，可能是因为本篇后文有叔姬和儿子叔向的对话，且叔向是春秋中后期著名的贤人，所以后人误以为"羊舌子"即指叔向。

③亮方管乐：亮，即诸葛亮。管乐，即管仲、乐毅的合称。管仲，见前"江左夷吾"注；乐毅，战国时期军事家，事燕昭王，曾率五国联军攻齐，几乎灭了齐国。据《三国志·蜀书·诸葛亮传》，诸葛亮的叔父诸葛玄到豫章郡做太守，诸葛亮和弟弟诸葛均随行，后来诸葛玄被朱皓取代，不得不投奔旧友荆州牧刘表。诸葛玄去世后，诸葛亮过着下田耕种的生活，却很有雄心壮志，经常自比管仲、乐毅。时人大多不认同他有这样的才华，只有博陵（东汉郡名。今河北博野）崔州平（即崔钧，东汉太尉崔烈之子）、颍川徐元直（即徐庶）是诸葛亮的挚友，认为他所言并不夸张。

④勒比高光：勒，即石勒（274—333），十六国后赵政权的建立者。高光，即汉高祖和汉光武帝。据《晋书·石勒载记》，石勒曾宴请高句丽和宇文屋孤的使者，酣饮之际，询问中书令徐光："朕方自古开基（按，指创业）何等主也？"徐光答道："陛下神武筹略迈于高皇（按，指汉高祖刘邦），雄艺卓荦超绝魏祖（按，指被追尊为魏

太祖武皇帝的曹操），自三王已来无可比也，其轩辕之亚乎！"石勒笑着说："人岂不自知，卿言亦以太过。朕若逢高皇，当北面而事之，与韩、彭竞鞭而争先耳。脱遇光武，当并驱于中原，未知鹿死谁手。大丈夫行事当礌礌落落，如日月皎然，终不能如曹孟德、司马仲达父子，欺他孤儿寡妇，狐媚以取天下也。朕当在二刘之间耳，轩辕岂所拟乎！"

【译文】

王祥侍奉后母，尽心竭力，后母想在冬天吃鱼，王祥就去剖冰打鱼，这时冰突然裂开，有两条鲤鱼跳到冰上，人们都说这是王祥的孝心感动上天所致；有人送给叔向的父亲羊舌子偷来的羊，羊舌子在妻子的建议下，接受了羊但没有吃，而是将羊装瓮埋起来，这样既不得罪偷羊的人，又没有触犯法律。诸葛亮少年有壮志，自比管仲、乐毅，时人多不认可，只有崔钧和徐庶了解他，认为其所言不虚；石勒与群臣谈论自己应与哪位古代帝王相比，认为自己不如汉高祖刘邦，但可以和汉光武帝刘秀一争高下。

世南书监^①，晁错智囊^②。昌囚羑里^③，收遁首阳^④。

【注释】

①世南书监：世南，即虞世南（558—638），隋唐时期官员，唐初凌烟阁二十四功臣之一。书监，即秘书监，官职名。自东汉后期起设置，掌国家藏书，隋唐两代皆设置秘书省，以秘书监为长官，除掌经籍图书之事外，尚有统领著作、太史二局之责。据《旧唐书·虞世南传》，唐太宗即位后，以虞世南为秘书少监（秘书监的副职），转秘书监，赐爵永兴县子。太宗很重视虞世南的博学多识，在处理国务之暇，经常与他谈论经史。虞世南容貌文弱，但性情刚烈亢直，每与太宗论及前代帝王为政得失，言语之中必然蕴含

规劝之意，常能对太宗有所补益。太宗曾称赞虞世南有五绝：一曰德行，二曰忠直，三曰博学，四曰文辞，五曰书翰。又据《大唐新语·聪敏第十七》，太宗出行时，有关部门请求带上图书随行，太宗说："不须，虞世南在，此行秘书也。"虞世南做秘书监时，曾在秘书省的后堂纂集经史书籍中的精要，都是写文章所需要的，起名为《北堂书钞》。按，《北堂书钞》，《新（旧）唐书·艺文志》和《郡斋读书志》均作一百七十三卷，今本一百六十卷，分帝王、后妃、政术、刑法、封爵、设官、礼仪、艺文、乐、武功、衣冠、仪饰、服饰、舟、车、酒食、天、岁时、地等十九部，采录古书中与各类目有关的材料，分门著录，是我国现存最早的类书。虞世南以一人之力撰成此书，其读书之广博，由此可见一斑。

②晁（cháo）错智囊：晁错（前200—前154），西汉官员。智囊，装智谋的袋子，形容人足智多谋。据《史记·袁盎晁错列传》，晁错性情峻直而深沉严酷。汉文帝时，天下没有治《尚书》之学的学者，文帝听说济南人伏生曾在秦朝任博士，治《尚书》学，时年已九十多岁，不可能到都城长安来，就命太常（官名。始置于秦，称奉常，掌管宗庙礼仪。汉代掌管官学的博士也是太常的属官）派人去求学，太常派遣时任掌故（太常属官名。掌管礼乐制度）的晁错前往。晁错学成返回，上疏汉文帝论述时事要务，征引《尚书》之说，文帝任命他为太子舍人，后来又迁为太子门大夫、太子家令，始终在太子（即后来的汉景帝）身边供职。由于晁错能言善辩，很快得到太子的宠信，太子家（按，此处的"家"是指为太子服务的官僚机构成员，即所谓东宫官属，非指太子及其家庭）称其为"智囊"。此后晁错屡次上书，谈论削弱诸侯之事，文帝虽然不用其言，但颇奇其才，将他提拔为中大夫。汉景帝即位后，以晁错为内史，宠幸超过九卿，主持更定法令，又升迁为御史大夫。晁错向景帝提出搜求诸侯罪过而削其国土的策略，意在剥夺诸侯王的

政治特权以攻固中央集权，损害了诸侯利益。景帝命公卿、列侯、宗室举行讨论。不久，吴、楚等七个诸侯国以"诛晁错、清君侧"为名联合反叛，汉景帝欲安抚叛乱诸侯，听从袁盎之计，遂将晁错斩首于长安城的东市。

③昌囚羑（yǒu）里：昌，即周文王，姬姓，名昌，因曾受命为西伯，又称"西伯昌"。羑里，古地名。在今河南汤阴。据《史记·周本纪》，崇侯虎（按，即崇国的诸侯，名虎；崇国是商周之际的诸侯国，地望可能在今陕西西安鄠邑区一带）向商纣王诬蔑西伯说："西伯积善累德，诸侯皆乡（通'向'）之，将不利于帝。"于是纣王把周文王囚禁在羑里。周的大臣闳夭等担心西伯的安危，于是搜集了有莘氏的美女、骊戎的文马（传说中一种长着赤色鬣毛、通体雪白、目如黄金的名马）、有熊氏的九驷（古以四马并驾一车为一驷），以及其他奇怪之物，通过纣王的宠臣费仲献给纣王。纣王大悦，说："此一物足以释西伯，况其多乎？"于是赦免西伯，赐给他弓矢和斧钺，允许他任意征伐，并说："谮西伯者，崇侯虎也。"后来西伯消灭了崇国，以其地建立丰邑，并从旧都岐下迁都于丰。

④收遁（dùn）首阳：收，即薛收（592—624），唐代官员。首阳，即首阳山，我国名为"首阳"之山甚多，以薛收本籍蒲州汾阴县（今山西万荣）而言，此首阳山当是今山西永济首阳山。据《旧唐书·薛收传》，薛收因父亲薛道衡被隋炀帝杀害，不肯在隋为官，得知唐高祖李渊在太原起兵的消息后，遁入首阳山，打算响应高祖。蒲州（今山西永济）通守（隋炀帝在各郡置通守一人，位太守下、郡丞上，与太守同为本郡长官）尧君素得知薛收有起兵的打算，就将薛收的生母干氏拘押在城中，薛收无奈返回。后来尧君素要响应王世充，薛收就翻越城墙，投奔了唐政权。秦王李世民的记室参军房玄龄向府主推荐薛收，李世民即日召见薛收，向他询问经略，薛收答辩自如，言辞很合李世民的心意。于是李世民任

命薛收为主簿,追随秦王讨伐王世充,在军中主管起草文书,很受器重。按,隋炀帝大业三年(607)改州为郡,蒲州改称为河东郡,到唐高祖武德元年(618)复罢郡为州。据此,尧君素应为河东通守。君素本传见《隋书·诚节传》,正作"署领河东通守",可证。《旧唐书》称"蒲州通守",盖以唐之州名代隋之郡号。

【译文】

唐太宗即位后任命虞世南为秘书少监,迁秘书监,虞世南博学能文,性情刚正,常能举古代帝王事迹以劝谏太宗;晁错被汉文帝迁为太子舍人,累迁太子家令,以能言善辩得到太子宠信,被称为"智囊"。纣王把西伯昌囚禁在羑里,周的大臣们搜集了种种奇珍异宝,献给纣王,西伯遂得到赦免;薛收听说唐高祖李渊起兵于太原,就遁入首阳山,想要响应,后因母亲被隋朝官吏拘留,无奈返回。

轼攻正叔①,浚沮李纲②。降金刘豫③,顺虏邦昌④。

【注释】

①轼攻正叔:轼,即苏轼。正叔,即程颐,字正叔。据《邵氏闻见后录》,程颐受司马光举荐,为宋哲宗讲学于禁中,不久罢去。当时苏轼、刘挚、孔文仲、刘安世等都激烈抨击程颐,苏轼的奏章中甚至有"臣素疾程颐之奸,形于言色"这样的话。苏轼做礼部尚书时,又抨击程颐所修学制,处处讥讽贬斥,诋毁殆尽。《邵氏闻见后录》的作者邵博评论此事说:"如苏子瞻(苏轼)、刘莘老(刘挚)、孔文仲、刘器之(刘安世),皆世之君子,其于伊川先生不同如此,至斥党锢,则同在祸中。悲夫!"按,此即北宋哲宗朝著名的"洛蜀党争"。宋哲宗即位之初,太皇太后高氏执政,以司马光为相,起用苏轼、程颐等在宋神宗时期受排斥的士人,但苏轼与程颐性格、政见、学术见解皆有不合之处,时生龃龉。司马光去

世后,程颐的弟子朱光庭、贾易等借端抨击苏轼,与苏轼友善的吕陶、上官均等为苏轼辩诬,反过来抨击程颐及其弟子,由于程颐长期居住洛阳,他这一派被称为"洛党";苏轼是四川人,他这一派被称为"蜀党"。至于刘挚、刘安世等,则为洛、蜀两派之外的另一派系,时称"朔党",盖因党魁刘挚出身河北而得名。洛党、蜀党交讧之后,程颐罢崇政殿说书,出为管勾西京(洛阳)国子监,苏轼以龙图阁学士出知杭州,二党两败俱伤。

②浚(jùn)沮(jǔ)李纲:浚,即张浚(1097—1164),宋代大臣。李纲(1083—1140),宋代大臣,是两宋之交的抗金名臣之一。据《建炎以来系年要录》,建炎元年(1127)八月,执政汪伯彦、黄潜善打击在宰相李纲支持下建立的河北招抚司、河东经制司,建议宋真宗撤销河北招抚司,召还河东经制副使傅亮。李纲力争不果,上章求去,宋高宗犹豫不允。此时,殿中侍御史张浚参劾李纲,言李纲虽有才气,负时望,但以私意杀侍从(按,指右谏议大夫宋齐愈,宋代以在京职事官如六部尚书、侍郎、中书舍人及学士等为侍从,又称"从官",谏议大夫位列其中),典刑不当,有伤新政,不可居相位;又攻击李纲"杜绝言路,独擅朝政。士夫侧立,不敢仰视,事之大小,随意必行,买马之扰,招军之暴,劝纳之虐,优立赏格,公吏为奸,擅易诏令,窃庇姻亲"。宋高宗见表之后,再召李纲入对,李纲坚持不肯改变立场,再次上章求罢,遂被宋高宗以"狂诞罔悛,谋谟弗效"的罪名,罢为观文殿大学士,提举杭州洞霄宫。其后,张浚又连章弹劾李纲,导致李纲被罢去观文殿大学士,依旧提举杭州洞霄宫,鄂州居住。张浚之所以坚持抨击李纲,是因为李纲之前指责宋齐愈首建拥立张邦昌之谋,导致宋高宗深恨宋齐愈,将其以谋叛罪名腰斩于市,而张浚既是宋齐愈的好友,又出自黄潜善门下,故累上弹章,不遗余力。但张浚在坚持抗金方面,又与李纲是完全一致的,一度被视为抗金派朝臣的

领袖。因此,南宋学者吕中在所著《大事记》中也为张浚弹劾李纲感到遗憾:"张浚平生忠肝义胆,不与秦桧共事,不与金人俱生,而初年之见,反党汪、黄而攻李纲不已。何哉? 使其移攻李之笔而攻汪、黄,岂不大快公议哉?"

③降(xiáng)金刘豫:刘豫,宋代官员,后降金,在金人扶持下建立伪齐政权,在位数年,又被金朝所废。据《宋史·叛臣传上》(《金史·刘豫传》略同),在宋徽宗宣和末年(宣和,宋徽宗年号,1119—1125),刘豫曾担任河北西路提点刑狱(按,宋代在各路置提点刑狱司,以提点刑狱为长官,负责监察本路狱讼、巡历审问各州囚徒、详覆案牍、追捕盗贼等职责),金人南侵时,刘豫弃官逃走,避难于仪真(今江苏仪征)。宋高宗建炎二年(1128),由于刘豫与中书侍郎张悫友善,经张悫推荐,朝廷遣刘豫知济南府。当时山东是宋金交战的前线,局面混乱,盗贼蜂起,刘豫不敢赴任,祈请改换东南一郡任职,但执政不许,刘豫愤恨而去。当年冬天,金军攻打济南,刘豫遣其子刘麟出战,被金人围困数重,幸而通判张柬来援,才得以解围。事后,金朝遣人劝诱刘豫投降,刘豫对之前被迫出知济南怀恨在心,便杀了守将关胜,想要率百姓降金,百姓不愿听从,刘豫就用绳索从城墙缒下,出城投降。次年三月,兀术任命刘豫知东平府,充任京东西、淮南等路安抚使,节制大名、开德府,濮、滨、博、棣、德、沧等州,以刘麟知济南府,将攻取的黄河以南宋朝旧土交给刘豫管理。建炎四年(1130),金朝又立刘豫为"大齐皇帝",作为傀儡政权。刘豫的伪齐政权因获得了金人支持,势力扩张很快,一度向南扩张到淮河、汉水流域,向西伸展到陇右地区。但是,刘豫对百姓赋敛极为苛酷,又屡屡签发河南百姓为兵,进攻南宋,造成了民不聊生的局面。绍兴七年(1137),金人因刘豫屡次为南宋所败,伪齐政权统治区民怨沸腾,将刘豫废为蜀王,迁往上京临潢府(今内蒙古巴林左旗)居

住。绍兴十三年（1143，此据《宋史》记载）或绍兴十六年（1146，此据《金史》记载），刘豫死在上京。

④顺虏（lǔ）邦昌：邦昌，即张邦昌（1081—1127），北宋末宰相，北宋灭亡时，在金人支持下建立伪楚政权。据《宋史·叛臣传》，靖康元年（1126），金人围攻北宋京师开封，宋钦宗派遣时任少宰（宋宰相官名，政和二年改尚书右仆射置）的张邦昌和康王赵构（按，后为宋高宗）到金营中做人质。同年冬季，金人攻陷京师，扣押宋钦宗。第二年春季，宋臣吴开、莫俦自金营持文书回到京师，令在京官员推选"异姓堪为人主者"，将册立为帝。东京留守孙傅等人上表请求仍立赵氏，金人命吴开、莫俦催逼，并召集百官合议。在京官员计无所出，于是说："今日当勉强应命，举在军前者一人。"尚书员外郎宋齐愈从城外来，众人问金人想要立谁，宋齐愈写下"张邦昌"三字，遂定议以张邦昌治国事。孙傅、张叔夜不肯，被金人拘捕。王时雍代孙傅为留守，再召百官集议，逼迫他们在拥立张邦昌的书状上署名。此后，张邦昌入居尚书省，金人遣使催他当皇帝，张邦昌想要自杀，有人对他说："相公不前死城外，今欲涂炭一城耶？"金国使者又带来册命诏书和玉玺，张邦昌就向北拜受，即位称帝，建立伪楚政权。金人挟宋徽宗、宋钦宗父子和宗室北去之后，张邦昌经吕好问、马伸等人再三劝谏，遣使与康王赵构联系，推戴他即位，后又请元祐皇后（哲宗废后孟氏）垂帘听政，遣使奉送御用物品到南京（按，宋以应天府为南京，即今河南商丘），献给康王。张邦昌自己不久也前往南京，表示顺从。高宗即位后，以李纲为相，徙张邦昌为太保、奉国军节度使，封同安郡王。李纲上疏抨击张邦昌，认为当将其明正典刑，以为乱臣贼子之戒，又说："邦昌已僭逆，岂可留之朝廷，使道路目为故天子哉？"于是高宗下诏，贬张邦昌为昭化军节度副使，潭州安置。后又发现张邦昌在称帝期间居于宫寝，与女官华国

靖恭夫人李氏勾结,李氏以养女陈氏私侍张邦昌,并说过指斥皇帝的话,高宗遂赐死张邦昌于潭州。

【译文】

苏轼与程颐互相排斥,两人各率徒党,以奏疏相攻击,掀起“洛蜀党争”,最终导致两人分别出外任职;张浚抨击李纲杜绝言路,独擅朝政,以私意杀侍从,导致李纲被罢相,后又落职居住。刘豫出知济南府,投降金人,被立为伪齐傀儡政权的皇帝,后因攻宋不利,又被废为蜀王,北迁上京居住;金人攻陷东京开封府之后,立宰相张邦昌为伪楚政权皇帝,张邦昌堂而皇之受诏称帝,入居宫寝,后被宋高宗贬斥赐死。

瑜烧赤壁[1],轼谪黄冈[2]。马融绛帐[3],李贺锦囊[4]。

【注释】

[1]瑜烧赤壁:瑜,即周瑜。赤壁,古地名。在湖北赤壁西北。据《三国志·吴书·周瑜传》,建安十三年(208)九月,曹操入荆州,荆州牧刘琮举众投降,曹操获得了荆州的水军,水、步两军合计,号称达数十万之多,孙、吴将士闻知,都很恐慌。孙权召集部下商议,询问计策,众人都认为不如迎降,周瑜却坚持抵抗,说:“将军禽操,宜在今日。瑜请得精兵三万人,进住夏口(今湖北武汉),保为将军破之。”孙权对周瑜非常支持,让周瑜、程普率军与南奔夏口的刘备合力抵挡曹操,两军在赤壁相遇。当时曹操的军队中已经有不少人生病,初次交战,曹军战败,退到江北,周瑜等屯兵南岸。周瑜的部将黄盖分析局势,说:“今寇众我寡,难与持久。然观操军船舰首尾相接,可烧而走也。”于是搜集了数十艘蒙冲(古代一种船体狭长的快速战船),在船舱中装满柴草,浇上油脂,用帷幕裹好,船上竖起旗号,预先写信通知曹操,说自己想要投降,又在大船后系上小艇,依次出发。曹操所部将士都延颈

观望,指着南岸来船,说是黄盖前来投降。这时黄盖发动带来的舰船直冲曹军,各船同时点火,当时风势很猛,从曹军战舰延烧到岸上的军营,没过多久便火光连天,烧死溺死的人马很多,曹军于是败退,回师据守南郡(秦汉时期郡名。郡治江陵,即今湖北荆州)。刘备、周瑜等又合兵追击,曹操留曹仁等守江陵城,自己率主力北归。

②轼谪(zhé)黄冈:轼,即苏轼。谪,贬斥。黄冈,地名。今为湖北省地级市,北宋在当地置黄州,治黄冈县。据《宋史·苏轼传》,苏轼因对王安石变法的措施不满,自朝廷出外,通判杭州,又改知密州、徐州,徙知湖州。到湖州任后,苏轼照例上表谢恩,之前他对朝政有不满之处,不敢直言,就在作诗时暗含讽刺,这时被御史李定、舒亶、何正臣挑拣出谢表中暗含不满的话,又牵连苏轼平日所作之诗,说他讪谤朝廷,遂因此逮赴御史台狱。李定等人想要置苏轼于死地,极力罗织他的罪名,久而不决。然而宋神宗却偏偏对苏轼有怜惜之意,仅将他贬为黄州团练副使,了结此事。此即著名的“乌台诗案”。按,本条可与前文“苏轼奇才”条相参看。又按,苏轼下狱时,太皇太后曹氏,以及朝廷大僚王安石、吴充、章惇等,皆劝谏神宗勿杀苏轼,神宗从轻发落苏轼,一定程度上是受了这些重要人物的影响。

③马融绛(jiàng)帐:马融(79—166),东汉经学大师。据《后汉书·马融传》,马融文才出众、博学洽闻,是当世著名的“通儒”,随他学习的门生常有千余人,涿郡卢植、北海郑玄,都是他的门生。马融又善鼓琴,好吹笛,举止放达,不拘儒者之节。他居住的房屋,使用的器物服饰,大多有奢侈的装饰。在讲学时,马融常坐在高堂之上,用绛纱制成帐幕,马融在帐前讲学,帐后则有乐师歌女奏乐歌舞,弟子以次序互相传授,很少能进入马融授经的室内。按,《后汉书·郑玄传》也说:“(郑玄)以山东无足问者,

乃西入关,因涿郡卢植,事扶风马融。融门徒四百余人,升堂进者五十余生。融素骄贵,玄在门下,三年不得见,乃使高业弟子传授于玄。"可见《马融传》所谓"弟子以次相传",是指马融平时只为有资格登堂的弟子讲学,之后再由这些弟子分别向普通弟子传道授业,即《郑玄传》所载"使高业弟子传授于玄"。

④李贺锦囊:李贺,中唐时期著名诗人,约逝于元和末年,年仅二十七岁。据李商隐所撰《李长吉小传》,李贺受韩愈知遇,与他来往的,有王参元、杨敬之、权璩、崔植等人,皆为当时名士。李贺经常带着一个小男仆,骑着驴子,背着一个破旧的锦囊,想到好的句子,就写下来放在囊中。等到晚上回家,母亲郑夫人让婢女接过锦囊,把囊中的纸倒出来,看到这一天写下的诗句很多,往往会说:"是儿要当呕出心乃已尔!"便点起灯来,给李贺拿来食物。饭后,李贺向婢女要来这一天积累的诗句,研墨叠纸,写成全篇,投入另一个锦囊。只要不是大醉归来,或者去亲友家中吊丧的日子,天天如此作诗。过后,李贺就不再看自己写成的这些诗了。王参元、杨敬之等人不时来李贺家,从囊中取出诗篇,抄写而去。李贺有时单骑往返于长安、洛阳之间,路上往往作诗,也随作随弃。因此,李贺去世后,他的诗集只剩下收藏在沈子明家的四卷而已。

【译文】

曹操平定荆州后,周瑜力劝孙权抵抗,被任命为吴军主将,率军抵御曹操,在赤壁用火攻烧毁曹军船只、营寨,曹军烧溺死者甚多,遂败归江陵;苏轼因被指摘诗文中有诽谤朝政的文字,被捕下狱,后被贬谪到黄州任团练副使。马融在讲学时,坐在高堂之上,用绛纱制成帐幕,自己在帐前讲学,帐后有乐师歌女奏乐歌舞;李贺每日出外,骑着驴背着锦囊,想到好的诗句就写下来放进去,每晚再整理出来,投入另一个锦囊,日复一日,习以为常。

昙迁营葬①,脂习临丧②。仁裕诗窖③,刘式墨庄④。

【注释】

①昙(tán)迁营葬:昙迁,刘宋、南齐之际的僧人。据《高僧传·经师》,昙迁生在月氏(古代游牧民族名。因受匈奴攻击,分裂为大月氏和小月氏,大月氏西迁至中亚阿姆河流域,后建立贵霜王国;小月氏留居甘肃河西走廊一带,与羌人杂居。昙迁可能出自崇信佛教的贵霜王国),寓居于建康,是一位兼通儒学、玄学和佛学的名僧,善于诵经,号称"有无穷声韵"。当时的朝廷显贵彭城王刘义康、范晔、王昙首等人都与他相互往来,关系亲密。范晔因谋反罪名被诛,范氏一门同时有十二场丧事,没有人敢接近范家,只有昙迁卖掉自己的衣物,把所有的钱都用在给范家办丧事上。宋孝武帝听说后,对昙迁顾念交谊的行为非常赞赏,对徐爰说:"卿著《宋书》,勿遗此士。"

②脂习临丧:脂习,东汉末、曹魏初官员。据《三国志·魏书·王修传》裴注引《魏略·纯固传》,脂习字元升,京兆郡人,汉灵帝中平年间(184—189),曾任本郡的郡吏,后被三公辟为掾属,因工作成绩突出被举用,迁为太医令。脂习与孔融是好友,曹操任司空之后,威权日盛,孔融自恃与曹操有旧交,书信往来之际,言语依然倨傲。脂习常为此批评孔融,想让他改变做法,孔融不肯听从。后来孔融被曹操处死,许县百官不乏之前与孔融亲善者,但没有人敢替他收尸或表示哀痛,只有脂习到刑场,抚尸而哭道:"文举,卿舍我死,我当复与谁语者?"哀叹不已。曹操得知后,下令收捕脂习,想治他的罪,但不久后又觉得脂习这样做有道理,就饶恕了他。后来脂习去见曹操,为自己哀悼孔融、触犯曹操的行为表示道歉,曹操喊着他的字,说:"元升,卿故慷慨!"于是问脂习住在哪里,得知他刚刚搬家,就赐给他谷物百斛。曹丕称帝

之后，曾下诏任用脂习，因他当时已经年老，就没有实行，但还是称赞脂习重视交谊，节操有如栾布，遂拜他为中散大夫（汉代官名。为皇帝的侍从，无固定员额和明确职掌），归家养老，直到八十多岁时去世。按，栾布，西汉初期官员，始事梁王彭越，奉命出使齐国，归来时彭越已因谋反罪被处死，悬首洛阳市下，栾布不顾被捕身死的危险，在彭越头下奏报出使经过，祭而哭之，事见《史记·季布栾布列传》。脂习不顾风险的行为与栾布有相似之处，故曹丕称赞他"有栾布之节"。

③仁裕诗窖（jiào）：仁裕，即王仁裕（880—956），五代时文人、官员。诗窖，藏诗的地窖，形容王仁裕作诗之多。据《海录碎事》引高若拙《后史补》，王仁裕一生作诗万首，当时称为"诗窖子"。又据《十国春秋·王仁裕传》，王仁裕喜作诗，少时梦见剖开肠胃，以西江水冲洗，之后再看江中的砂石，都变成篆籀文字的模样，此后文思日进，遂作诗达万首之多。

④刘式墨庄：刘式，北宋官员，生平略见《宋史·魏羽传附刘式传》。墨庄，墨做的田庄，代指大量藏书。据朱熹《刘氏墨庄记》，宋孝宗乾道四年（1168），朱熹的朋友刘清之到潭溪（地名。在今福建武夷山市五夫镇）来看望朱熹，谈及先祖刘式去世后，家里没有多余的资产，只留下数千卷书。他的妻子陈氏指着书对儿子们说："此乃父所谓墨庄也。"此后，刘家子孙连续三代都以文章才识著称于世，成为当代名人。

【译文】

范晔因谋反罪名被处死，一门之中死丧重叠，无人敢于接近，只有僧人昙迁不顾风险，典卖衣物，为范家办丧事；孔融被曹操诛杀，许县百官都不敢为他收尸，唯独太医令脂习到刑场抚尸而哭，被曹操评价为"慷慨"。王仁裕一生作诗万首，时人谓之"诗窖子"；刘式去世后，留下数千卷藏书，其妻对儿子称这些书为"墨庄"，鼓励他们读书上进。

刘琨啸月^①,伯奇履霜^②。塞翁失马^③,臧谷亡羊^④。

【注释】

①刘琨（kūn）啸（xiào）月：刘琨（271—318），西晋末年大臣。据《晋书·刘琨传》,刘琨以并州刺史镇晋阳（今山西太原）,曾被胡骑（即匈奴人刘渊所建汉政权的军队）紧密包围在城里,城中窘迫无计。刘琨乘着月色登上城楼长啸,外面的敌军听到,都凄然长叹。等到半夜,刘琨又吹奏胡笳,匈奴人听到,莫不流涕唏嘘,勾起了思乡之情；第二天拂晓,刘琨再次吹起胡笳,匈奴人就放弃围城,从晋阳城下撤退了。其事又见《北堂书钞·乐部七·笳二十三》引《世说》,然今本《世说新语》未记此事。按,据《太平御览·乐部十九·笳》引《晋先蚕仪注》云：“笳者,胡人卷芦叶吹之以作乐也,故曰胡笳。”汉晋时期所称“胡人”,以匈奴人为多,故刘琨吹笳,能引起匈奴人对故乡的哀思。

②伯奇履（lǚ）霜：伯奇,传为西周大臣尹吉甫的儿子。据《初学记·天部下·霜第三》引《琴操》,《履霜操》是伯奇所作。尹吉甫听信后妻的话,怀疑本来孝顺的儿子伯奇,将他逐出家门,伯奇将荷叶编成衣服,采苹花（《乐府诗集》引《琴操》作“樗花”,即棠梨的花）以充饥,早晨起来,踏在霜上,自己感伤无罪而遭放逐,于是拿过琴来弹奏,创作了《履霜操》。又《文选·长笛赋》“彭胥伯奇,哀姜孝己”句李善注引《琴操》曰：“尹吉甫,周上卿人也,有子伯奇。伯奇母死,更娶后妻,生伯邦,乃谮伯奇于吉甫曰：‘见妾有美色,然有欲心。’吉甫曰：‘伯奇为人慈仁,岂有此也？’妻曰：‘试置妾空房中,君登楼而察之。’后妻知伯奇仁孝,乃取毒蜂缀衣领,伯奇前持之。于是吉甫大怒,放伯奇于野。宣王出游,吉甫从,伯奇乃作歌感之于宣王。宣王曰：‘此放子辞。’吉甫乃收伯奇,射杀后妻。”可与《初学记》所引《琴操》之文互为补充。

③塞翁失马：塞翁，住在边塞的老人。据《淮南子·人间训》，塞上有一个通道术（按，此指道家清虚无为之术，非法术之谓）的人家，家中的马无缘无故跑到胡地去了，邻居都来慰问，家中的老人说："此何遽不为福乎？"过几个月，马带着胡地的骏马回来，大家都来道贺，老人却说："此何遽不能为祸乎？"果然，老人的儿子喜欢骑马，不料从马上掉下来，把大腿摔断了，邻居又来慰问，老人说："此何遽不为福乎？"又过了一年，胡人大规模入塞侵掠，边塞的青壮年都拿起弓去抵抗，十有八九都战死了，老人的儿子却因为跛足没法参战，父子都安然无恙。《淮南子》的作者讲这个故事，是为了说明"祸福之转而相生，其变难见"的道理。

④臧（zàng）谷亡羊：臧、谷，人名。《庄子》中的两个牧童。据《庄子·骈拇》，臧与谷一起去牧羊，都把羊给丢了。问臧当时在做什么，臧说自己在读书；问谷在做什么，谷说自己在玩赌博游戏。两个人做的事情不一样，但丢了羊则是一样的。

【译文】

刘琨在晋阳时，匈奴来袭，刘琨乘着月色登上城墙长啸，又吹笳以感动其乡思，次日拂晓，匈奴人就撤退了；伯奇被父亲尹吉甫怀疑，逐出家门，作《履霜操》以言志，父亲得知后便召回伯奇，而射杀后妻。塞上老人丢失了一匹马，不久马从胡地回归，又带回了一匹好马，其子骑马摔伤了腿，却又因此避免从军，祸福就是这样反复相生，难以预料；两个牧童臧和谷同去牧羊，一个因为读书，一个因为赌博，都把羊弄丢了，虽然两人丢羊的缘由不同，造成的结果却没有差异。

寇公枯竹①，召伯甘棠②。匡衡凿壁③，孙敬悬梁④。

【注释】

①寇（kòu）公枯竹：寇公，即寇准。据《宋史·寇准传》，寇准被丁

谓贬到雷州,过了一年多的谪居生活,还没有接到内徙衡州司马的诏令,就去世了。诏书到雷州后,寇准得以归葬西京洛阳。灵柩路过荆南(按,即江陵府,今湖北荆州。唐肃宗时,在荆州置荆南节度使,又改荆州为江陵府,五代、北宋沿之。北宋时期,个别政区不用本名,而以该地节度使的军号称呼,如京兆府称永兴军、魏州称天雄军,江陵府亦沿此例,习称荆南)的公安县(今湖北公安),当地人都设下祭祀,在路边哭送,并折下竹子插在地上,用来悬挂纸钱。过了一个多月再去看,插在地上的枯竹纷纷生根,长出笋来。于是当地人就为寇准立庙,岁时享祭。

②召(shào)伯甘棠:召伯,即召公,西周初期的大臣。《诗经·国风·召南》中有一首名为《甘棠》的诗:"蔽芾(按,意为'小')甘棠,勿翦勿伐,召伯所茇。蔽芾甘棠,勿翦勿败,召伯所憩。蔽芾甘棠,勿翦勿拜,召伯所说。"《毛诗序》解释本诗创作的缘由,说:"《甘棠》,美召伯也。召伯之教,明于南国。"《史记·燕召公世家》也说:"召公之治西方,甚得兆民和。召公巡行乡邑,有棠树,决狱政事其下,自侯伯至庶人各得其所,无失职者。召公卒,而民人思召公之政,怀棠树不敢伐,哥(按,通'歌')咏之,作《甘棠》之诗。"后世遂将对官员的怀念称为"甘棠之思"。

③匡(kuāng)衡凿壁:匡衡,西汉大臣。据《西京杂记》,匡衡勤学,但家中无烛,邻舍有烛,又无法借用,于是匡衡在墙壁上凿孔,让隔壁的烛光透过来,以便夜读。本地有一大户人家,富裕而多书,匡衡就去为他做工,却不要工钱。大户很奇怪,问他想要什么酬劳,匡衡说:"愿得主人书,遍读之。"大户为之感叹,于是允许匡衡读自家的藏书,匡衡因此成了有大学问的人。又,《艺文类聚·杂文部一·读书》引《汉书》:"匡衡凿壁,引邻家火光,孔中读书。"与《西京杂记》所记略同,但此语不见于今本《汉书·匡衡传》。

④孙敬悬梁:孙敬,东汉学者。据《艺文类聚·杂文部一·读书》引

《后汉书》，孙敬字文质，生性好学，闭门读书，为瞌睡所困扰，于是就将头发用绳子系在房梁上。一旦睡着，头低下来，就会被绳子拉住头发惊醒，然后继续读书，时人谓之"闭户先生"。按，范晔《后汉书》无《孙敬传》，此引文盖出自其他已佚之《后汉书》，周天游《八家后汉书辑注》入之"无名氏《后汉书》"条目下，盖著者已无可考证。又，《太平御览·学部五·勤学》引《楚国先贤传》，其文大意略同。

【译文】

寇准从雷州归葬洛阳，路过江陵的公安县，当地人设祭哭送，插在地上悬挂纸钱的竹子纷纷生根抽笋；召公巡视乡邑，在棠树下听讼决狱，受到百姓爱戴，为他作《甘棠》之诗。匡衡夜间读书无烛，于是在墙上凿孔，让烛光透过来，借以达到夜读的目的；孙敬闭门读书，为睡意所困，于是将头发用绳子绑在房梁上，一旦睡着低头，就会被绳子拉住，从而醒来继续读书。

衣芦闵损^①，扇枕黄香^②。婴扶赵武^③，籍杀怀王^④。

【注释】

①衣芦闵（mǐn）损：衣芦，穿着填塞芦花的衣服。芦苇秋季开花，花轴上密生白色絮毛，形似丝绵，实际不能保暖。闵损，字子骞，孔子的弟子。据《太平御览·时序部十九·寒》引《孝子传》，闵子骞幼年时被继母虐待，继母甚至在他冬天穿的衣服里面塞上芦花，以代丝绵。后来闵子骞给父亲驾车，手冻僵了，握不住缰绳，父亲生气地答责他，后来摸到闵子骞的后背，发现他穿的衣服不保暖，就想要休弃妻子，闵子骞替继母求情，说："母在一子寒，母去三子单。"按，《太平御览·布帛部八·绵》亦引《孝子传》此文，未提及子骞"御车，寒失绁"，但有闵子骞劝谏父亲后，"父乃止"

的情节,两者可互相补充。

② 扇枕黄香:黄香(? —122),东汉官员。据《初学记·孝第四》引《东观汉记》,黄香的父亲黄况被举为孝廉,家中没有奴仆,黄香亲力亲为,尽心供养,即使自己没有完整的衣服穿,也要让父亲吃到美味的食物,夏天则为枕席扇风,驱除暑意,冬天则自己躺在席上,让体温将席子温热。又据《后汉书·文苑传上》,黄香九岁丧母,哀痛憔悴,几乎死去,乡人称其至孝。由此可知,黄香的母亲在他幼年已经去世,故文献多言黄香孝父之举,却很少提到他对母亲的孝顺。

③ 婴扶赵武:婴,即程婴,春秋时晋国人,赵氏的门客。赵武(? —前541),春秋时晋国大夫,曾任正卿。据《史记·赵世家》,晋景公三年(前597),晋国司寇(按,主管司法的官员)屠岸贾想要消灭赵氏,于是不经向景公请命,即率领多家大夫围攻赵氏,诛杀赵朔一族。大夫韩厥提前知道此事,劝赵朔逃亡,赵朔不允,以"不绝赵祀"相托,韩厥应许,称疾不出。赵朔的妻子庄姬是景公的姑姑,此时怀孕,逃到景公宫中,生下遗腹子赵武。程婴与另一门客公孙杵臼定计,取他人之子,伪为赵氏孤儿,由公孙杵臼抚养,而让程婴向屠岸贾和各家大夫告发,公孙杵臼与假孤儿皆因此而死,程婴则携赵武隐居于山中。十五年后,景公生病,巫师占卜,说是被灭族的功臣鬼魂作祟,韩厥趁机劝景公复立赵武,于是景公借助韩厥的家兵威胁诸大夫,使他们随程婴、赵武反攻屠岸贾,恢复赵氏旧日的封邑。等到赵武成人后,程婴向赵武和诸大夫告别,说将要到地下向赵盾和公孙杵臼报告,遂自刎而死。赵武哀痛不已,为程婴服丧三年,并拨出田邑用于祭祀程婴,每年春秋两季祭祀,世世不绝。按,《左传》与《史记·晋世家》所记赵氏被灭、复立赵武之事,与《赵世家》情节差异极大,屠岸贾之名也不见于《左传》和《晋世家》。以此而论,《赵世家》所

记程婴扶助赵氏孤儿的故事实际是可疑的。但是，经过两千年的流传和演化，《赵氏孤儿》的故事已经成为我国传统道德的一个经典载体。从这一点来说，其事究竟是否确有，反而不重要了。

④籍杀怀王：籍，即项羽，本名籍，字羽。怀王，即楚怀王。历史上有两个楚怀王，前者是战国中后期楚国的国君（？—前296），为秦昭襄王所欺骗，被劫入关，客死秦地；后者是前者的孙子，名心（？—前206），楚亡后，流落民间，为人牧羊，项梁、项羽起兵反秦之后，在民间找到他，拥立为王，因知楚人怀念被秦欺骗的怀王，故也称楚怀王，以资号召。这里指后者。据《史记·项羽本纪》，项梁在定陶战死后，楚怀王合并项羽、吕臣两军，自己统率，命宋义率项羽、范增、英布、蒲将军等救赵。项羽杀宋义，击破章邯、王离所率秦军，率诸侯联军进取关中。抵达函谷关时，刘邦已下咸阳，项羽命英布等破关，入驻鸿门，屠咸阳，杀秦王子婴，焚秦宫室，派人将灭秦的消息禀告怀王。怀王坚持"先入关中者王之"的事先约定，项羽遂尊怀王为义帝，又说："灭秦定天下者，皆将相诸君与籍之力也。义帝虽无功，故当分其地而王之。"乃擅自分封诸侯王，将义帝迁徙到长沙郡的郴县（今湖南郴州），又命衡山王吴芮、临江王共敖在江中击杀怀王。按，《史记·黥布列传》又说"项氏立怀王为义帝，徙都长沙，乃阴令九江王布等行击之。其八月，布使将击义帝，追杀之郴县"，则杀死义帝的也可能是英布的部属。

【译文】

闵子骞被后母虐待，给他穿絮着芦花而非丝绵的冬衣，父亲发现后要赶走后母，闵子骞反而替后母求情；黄香孝顺父亲，夏天为他所睡的枕席扇风以求凉，冬天则用体温将父亲的席子温热。程婴与公孙杵臼定计救助赵朔的遗腹子赵武，将他养育成人，等到晋侯复立赵氏之后，程婴自刎而死；项羽灭秦后，名义上尊楚怀王为义帝，却将他远徙郴县，又命英布、共敖、吴芮等在江中杀之。

魏徵妩媚①，阮籍猖狂②。雕龙刘勰③，愍骥应玚④。

【注释】

①魏徵（zhēng）妩媚：妩媚，美好，这里指能称人心意。据《旧唐书·魏徵传》，唐太宗在丹霄楼举行宴会，宴饮之间，对长孙无忌说："魏徵、王珪，从前在东宫尽心所事，当时诚亦可恶。我能拔擢用之，以至今日，足为无愧古人。但是魏徵每次进谏我不听从时，我再说话魏徵就不回应了，这是为什么呢？"魏徵答道："我以为事情有不可行的地方，所以陈述己见。如果皇上没听从我便顺应皇上，我就会担心这件事立刻要进行了。"太宗又问："当时暂且回应，以后再另找机会陈述观点，难道不可以吗？"魏徵解释道："从前舜帝告诫群臣说：'尔无面从，退有后言（你们不要当面顺从，背后进行非议）。'若臣当面顺从陛下方始谏，这就是'退有后言'，岂是稷、契事尧、舜之意？"太宗大笑道："人言魏徵举动疏慢，我但觉妩媚，适为此耳。"按，太宗称魏徵妩媚，又见《隋唐嘉话》，但未记丹霄楼问对之举。

②阮（ruǎn）籍猖狂：猖狂，随心所欲，不受束缚。王勃《滕王阁序》有"阮籍猖狂，岂效穷途之哭"的句子。据《三国志·魏书·王粲传附阮籍传》裴松之注引《魏氏春秋》，阮籍生性旷达不羁，不拘礼俗，因身处魏末多事之秋，做官只求保全自己、远离祸患。后来，阮籍听说步兵校尉出缺，而官厨有大量美酒，步兵营中又有人善于酿酒，于是想方设法求任该职，到任后纵酒酣醉，不问世事。他有时自己驾一辆车，随心所欲，不循路径，到处乱走，走到不能走的地方，就痛哭一场后回家。王勃"阮籍猖狂""穷途之

哭"的说法，即出自此处。按，自曹魏中后期开始，司马懿、司马师、司马昭父子相继，掌握朝廷大权，对不肯依附顺从者大加杀戮，动辄破家夷族，阮籍在这样的环境下，只能借酒佯狂，以放达而无用的面貌出现，以求自保。《魏氏春秋》说他行到无路之处，则恸哭而返，实际是将心灵苦闷宣泄于外的表现。

③雕龙刘勰（xié）：雕龙，形容精细而美妙的工艺，这里指梁朝文学评论家刘勰所著的《文心雕龙》。《文心雕龙》是我国第一部体系严密的文学理论著作，全面而深入地讨论了我国古代文学发展变化的过程，以及在文学创作中产生的各种问题，提出了文学批评的原则与方法。刘勰，南朝文学家、文论家。据《梁书·刘勰传》，刘勰撰《文心雕龙》五十篇，论述古今文体，成书之后，并没能获得时人的称誉。刘勰自己对这部著作是非常看重的，想要得到沈约的评价，但沈约当时地位尊贵，刘勰没有机会将书送给他，于是就背着书，等待沈约出门，像卖书的人一样，直接来到沈约乘坐的车前。沈约命人将书取来阅读，读过之后大为赞赏，认为它"深得文理"，此后便经常将《文心雕龙》放在桌案之上。

④愍（mǐn）骥（jì）应玚（yáng）：愍，哀怜。应玚，东汉末文学家，曹丕在《典论·论文》中将他列为"今之文人"的"建安七子"之一。应玚生于书香门第，其祖父应奉才思敏捷，有《后序》十余篇。其伯父应劭博学多识，著述甚丰，有《风俗通》百余篇。其父亲应珣也以才学著名，任司空掾官职。应玚受家庭氛围熏陶，也长于文赋。但生逢乱世，流离失所，虽踌躇满志而壮志难酬。应玚曾创作《愍骥赋》，其文云："愍良骥之不遇兮，何屯否之弘多。抱天飞之神号兮，悲当世之莫知。赴玄谷之渐途兮，陟高冈之峻崖。惧仆夫之严策兮，载悚栗而奔驰。怀殊姿而困遇兮，愿远迹而自舒。"从文意来看，此赋应为应玚感叹怀才不遇、渴求知己的"夫子自道"。

【译文】

魏徵尽力匡正唐太宗，每进谏言，刚直不阿，太宗称之为"妩媚"；阮籍身处魏末多事之秋，借酒酣醉，不问世事，有时乘车走到无路之处，痛哭而返，王勃有"阮籍猖狂，岂效穷途之哭"的句子。刘勰作《文心雕龙》，携书谒沈约于车前，沈约读后大加赞赏；应场作《愍骥赋》，抒发自己怀才不遇的苦闷。

御车泰豆①，习射纪昌②。异人彦博③，男子天祥④。

【注释】

①御车泰豆：泰豆，即泰豆氏，传说是我国西周时期著名驭手造父的老师。据《列子·汤问》，造父刚向泰豆学习驾车的时候，执礼甚恭，但泰豆三年都没有向他传授驾车的精要，造父对老师更加恭谨，泰豆才对造父说："汝先观吾趣（按，通'趋'，即小步快走）。趣如吾，然后六辔可持，六马可御。"于是泰豆在路上栽满木桩，木桩之间的空隙只能插进一只脚。泰豆示范如何在木桩之间熟练穿行后，让造父练习，造父仿效泰豆之法，只花了三天时间，就与泰豆一样巧妙。泰豆感叹道："子何其敏也？得之捷乎！凡所御者，亦如此也。曩汝之行，得之于足，应之于心。推于御也……内得于中心，而外合于马志，是故能进退履绳，而旋曲中规矩，取道致远，而气力有余，诚得其术也。"认为造父做到了得心应手、人与马同心一意的程度，以这样的技巧去驾车，"舆轮之外可使无余辙，马蹄之外可使无余地；未尝觉山谷之险，原隰之夷，视之一也"，已经尽得自己的真传了。

②习射纪昌：纪昌，传说中的神射手。据《列子·汤问》，纪昌向飞卫学射箭，飞卫说："尔先学不瞬（按，指眨眼），而后可言射矣。"于是纪昌回家躺在妻子的织机下，眼睛盯着织机的踏板看，锻炼

不眨眼的能力。两年后，纪昌锻炼得即使锥子扎到眼角了都不会动一下。于是他再去找飞卫，飞卫说："未也（还不行），必学视而后可。视小如大，视微如著，而后告我。"于是纪昌捉来虱子，用牛毛拴在窗户上，每天向着南面盯着看，如此过了十天，就越来越感觉虱子变大了，如此看了三年后，他眼中的虱子就像车轮一样大，再看其他事物，就都大得像山一样。于是纪昌用弓箭射虱子，能够射中虱子的心，而不至于弄断牛毛。他把自己锻炼的结果告诉飞卫，飞卫跳起来拍着胸膛说："汝得之矣！"按，以盯着不断起伏的踏板来锻炼不眨眼的能力，以及试图通过长期盯着虱子看做到"视小如大"，都是古人的幻想，没有科学依据。

③异人彦博：彦博，即文彦博（1006—1097），北宋大臣。据苏轼《德威堂铭》，宋哲宗元祐元年，起复文彦博为平章军国重事。契丹（按，即辽国，初建国号契丹，辽太宗耶律德光改国号为辽，辽圣宗复改为契丹，辽道宗时再改称辽，苏轼盖用旧称）派遣耶律永昌、刘霄出使宋朝，朝廷派苏轼充当馆伴使，陪伴使者入朝。使者望见文彦博站在殿门外，问道："此潞公也耶？所谓以德服人者。"问了文彦博的年龄，又感叹道："何壮也！"苏轼说："使者见其容，未闻其语。其综理庶务，酬酢事物，虽精练少年有不如。贯穿古今，洽闻强记，虽专门名家有不逮。"使者听罢，拱手赞叹道："天下异人也。"按，据《续资治通鉴长编》，文彦博以元祐元年（1086）五月起复为太师、平章军国重事，十二月，辽国遣耶律永昌来贺兴龙节，文彦博此时已年过八旬，故无论辽国使者还是苏轼都感叹文彦博精力过人。

④男子天祥：男子，男子汉。天祥，即文天祥（1236—1283），南宋末年大臣。据《渊鉴类函・人部二十九・忠二》引《文天祥集》，元世祖忽必烈召见被俘至大都的文天祥，说："汝移所以事宋者事我，当以汝为相。"文天祥回答："愿赐一死。"临刑时，文天祥从容

地对现场的元朝吏卒说："吾事毕矣。"于是向南面再拜（按，南宋以杭州为行在所，在大都之南，故文天祥面南下拜），就刑于柴市。不久，元世祖有诏书来，要求停止行刑，然而诏书到时，行刑已经结束了。元世祖上朝时感叹道："文丞相真男子，本朝将相皆不能及，可惜也。"

【译文】

造父向泰豆学习驾车，泰豆让他在路上栽满木桩，练习穿行，又告诫他要做到人与马同心一意，造父遂成著名的驭手；飞卫教纪昌射箭，让他先学不眨眼，后练习视小如大、视微如著，纪昌做到后，能够用箭射中虱子的心，而不伤及拴着虱子的牛毛。文彦博在宋哲宗元祐初年担任平章军国重事，时年已过八旬，仍然头脑清晰、精力过人，被辽国使者称为"天下异人"；文天祥坚拒元世祖忽必烈劝降，被赞叹为"真男子"。

忠贞古弼^①，奇节任棠^②。何晏谈《易》^③，郭象注《庄》^④。

【注释】

① 忠贞古弼（bì）：古弼（？—452），北魏大臣。据《魏书·古弼传》记载，古弼少时为人忠谨，好读书，善骑射，为北魏明元帝所亲任。太武帝即位后，古弼累迁为尚书令。当时上谷郡（郡名。秦置，至北魏后期废弃，辖今北京延庆、河北张家口一带）的百姓上书，说郡内的皇家苑囿规模过大，百姓无处耕种，希望能够缩减规模，将其中大部分赐给贫民耕种。古弼看到奏疏后入内，想要面奏太武帝，正逢太武帝与给事中刘树下棋，无心听取奏报。古弼在皇帝身边侍坐良久，没有上奏的机会，于是起身，当着太武帝的面抓住刘树的头，将他拉下坐床，一手拽住他的耳朵，一手握拳痛殴其背，说："朝廷不治，实尔之罪！"太武帝为之失色，放下棋说："不听奏事，实在朕躬，树何罪？置之。"于是古弼向太武

帝禀奏上谷郡民的上书,太武帝听后,觉得古弼一心为公,举止直率,就同意他的意见,将苑围分给百姓。古弼说:"为臣而逞其志于君前者,非无罪也。"于是前往公车署(汉晋时期,以公车令掌守卫宫南阙门和宫内夜间巡逻,凡吏民上书及受朝廷征召的,都由公车令负责处理;北魏设立公车署,以公车令为长官,掌受吏民章奏、平理冤事),摘下帽子,脱下鞋子,弹劾自己在皇帝面前不敬的行为,请求接受惩罚。太武帝遣使者召见古弼,说:"卿有何罪? 自今以后,苟利社稷,益国便民者,虽复颠沛造次,卿则为之,无所顾也。"

②奇节任棠(táng):任棠,东汉隐士。据《后汉书·庞参传》,汉安帝时,以庞参为汉阳(东汉郡名。汉明帝时改天水郡置,辖今甘肃天水、定西一带)太守。汉阳郡人任棠号称有奇节,隐居不肯出仕,以教书为生。庞参到任之后,先去拜见任棠。任棠没有与他交谈,而是将一大棵薤(蔬菜名,即今称"藠头"者)、一盂水放在门口影壁处,自己抱着孙儿跪伏在门前。主簿禀告庞参,说任棠举止倨傲。庞参思考任棠行为中的深意,过了很久,说:"棠是欲晓太守也。水者,欲吾清也。拔大本薤者,欲吾击强宗也。抱儿当户,欲吾开门恤孤也。"于是叹息而归。后来庞参在职期间,果然能抑强扶弱,以惠政得到百姓拥护。按,皇甫谧《高士传》所记略同。

③何晏(yàn)谈《易》:何晏(? —249),字平叔,三国时曹魏官员、著名玄学家。据《世说新语·文学》"何晏为吏部尚书"条刘孝标注引《魏氏春秋》曰:"晏少有异才,善谈《易》《老》。"又据《三国志·魏书·方技传》引《管辂别传》,管辂被冀州刺史裴徽举为秀才,将出发赴京城洛阳前,管辂去向裴徽告辞,裴徽叮嘱他:"何、邓(按,指何晏、邓飏)二尚书,有经国才略,于物理无不精也。何尚书神明精微,言皆巧妙,巧妙之志,殆破秋毫,君当慎

之！自言不解《易》中九事（按，指《易经》理论中的九个难点，具体内容不详），必当相问。比至洛，宜善精其理。"管辂入洛之后，何晏请管辂相见，论及《易》之九事，管辂都一一解释明白。后裴徽问管辂："何平叔一代才名，其实何如？"管辂认为何晏"说《老》《庄》则巧而多华，说《易》生义则美而多伪"，其言辞优美，但实际才学有所不足。裴徽也说："吾数与平叔共说《老》《庄》及《易》，常觉其辞妙于理，不能折之。"

④郭象注《庄》：郭象，西晋官员、文人。据《世说新语·文学》，旧有《庄子》注数十家，都不得要领。向秀在《庄子》旧注之外另作解义，分析玄妙，言语皆有奇致，对于发扬玄学义理极有作用。但还差《秋水》《至乐》二篇没有完成，向秀就去世了。向秀去世时，儿子尚且年幼，《庄子注》由此失落，但还保留了一个副本。郭象品行不端，但才学出众，看到向秀的《庄子注》不为世人所知，就将其窃取过来，自己补注了向秀没完成的两篇，又改换了《马蹄》篇的注，其余各篇的注解都不过是更改一些文句而已。后来向秀《庄子注》的副本也出现在世人面前，所以到晋末宋初时，《庄子注》有向、郭两家，但其宗旨实际是一致的。按，余嘉锡《世说新语笺疏》本条笺云："嘉锡案：向秀《庄子注》今已不传，无以考见向、郭异同。《四库总目》一百四十六《庄子提要》尝就《列子》张湛注、陆氏《释文》所引秀义，以校郭注。有向有郭无者，有绝不相同者，有互相出入者，有郭与向全同者，有郭增减字句大同小异者。知郭点定文句，殆非无证。"但郭象是尽窃向秀注为己有，还是在向秀注的基础上对《庄子》之义加以发挥，当前学界尚有争议，未能达成共识。

【译文】

古弼想要呈奏上谷郡民请求缩减皇家苑囿规模的上书，见魏太武帝只顾下棋，心不在焉，就将与太武帝对弈的官员刘树拖下坐床痛殴，太武帝为之惊诧，就听取了古弼的呈奏；汉阳太守庞参去拜访号称有奇节的本郡隐士任棠，任棠抱着孙子跪伏在门前，并放了一棵薤、一盂水，示意太守应该为官清廉、锄强扶弱。何晏善谈《周易》，时人以为"神明精微，言皆巧妙"，唯有九事不解，后来遇到管辂，才为他解释明白；郭象注《庄子》，据说窃取向秀注本为蓝本，唯《秋水》《至乐》二篇为自注，又改写《马蹄》篇注文，其余不过是点定文句而已。

卧游宗子①，坐隐王郎②。盗酒毕卓③，割肉东方④。

【注释】

①卧游宗子：宗子，即宗炳（375—443），晋宋之际的隐士。据《宋书·隐逸传》，宗炳好山水，爱远游，他从江陵（今湖北荆州）出发，西游曾到荆山、巫峡，南行登上过衡山，因而在衡山建筑住所，想要像尚平（按，即《后汉书·逸民传》所载之向长，字子平，中华书局点校本《宋书》校勘记列举诸书称"尚平"不作"向平"者，可参看）一样隐居山中。后来，宗炳因为生病，又回到江陵，叹息道："老疾俱至，名山恐难遍睹，唯当澄怀观道，卧以游之。"于是把生平所游览过的地方都画在住处的墙上，对人说："抚琴动操，欲令众山皆响。"

②坐隐王郎：坐隐，指下棋时专心致志，不会思考外界的俗事，好像脱略尘俗的隐士一样。王郎，这里指王坦之（330—375），东晋大臣。据《世说新语·巧艺》，"王中郎以围棋是坐隐，支公以围棋为手谈。"王坦之在晋简文帝和桓温去世之后，迁为中书令，领丹阳尹，不久出任都督徐、兖、青三州诸军事、北中郎将、徐、兖二州刺史，镇广陵（今江苏扬州），故世称"王中郎"或"王北中郎"。按，本条刘孝标注引《语林》："王以围棋为手谈，故其在哀制中，祥（按，古代丧礼，以一周年后的祭祀为小祥，两周年后的祭祀为

大祥）后客来，方幅（按，即'公然'之意）会戏。"可见王坦之对围棋确有深好。

③盗酒毕卓：毕卓，东晋名士。据《晋书·毕卓传》，毕卓年轻时喜好放达之风，做吏部郎时，经常因为饮酒而耽误履行职责。住在毕卓隔壁的另一郎官使人酿酒，毕卓酒醉之后，夜至酒瓮之间偷酒喝，被管酒的人抓住捆了起来。天亮以后一看，才知道偷酒的原来是毕卓，赶紧将捆他的绳索解开。毕卓就拉着酒主一起在瓮边喝起酒来，喝到醉了才离去。毕卓曾经对人说："得酒满数百斛船，四时甘味置两头，右手持酒杯，左手持蟹螯，拍浮酒船中，便足了一生矣。"

④割肉东方：东方，即东方朔。据《汉书·东方朔传》记载，汉武帝以东方朔为常侍郎，颇为宠幸。时至伏日（古代到三伏时例有祭祀，故以此日为伏日），按惯例将赐给从官祭祀的肉，等到太阳偏西，主持分发祭肉的大官丞（按，即"太官丞"，太官令的副职。太官掌皇帝膳食、燕享等事）还没有到来，于是东方朔拔出剑来，从祭肉上割下一块，对同僚说："伏日当蚤归，请受赐。"就带走了。太官丞知道后，就将事情奏报给皇帝。等到东方朔入宫时，武帝对东方朔说："昨赐肉，不待诏，以剑割肉而去之，何也？"东方朔免冠谢罪。武帝对他本无治罪之意，就说："先生起，自责也！"东方朔于是再拜，道："朔来！朔来！受赐不待诏，何无礼也！拔剑割肉，一何壮也！割之不多，又何廉也！归遗细君（东方朔妻子之名），又何仁也！"武帝听了笑着说："使先生自责，乃反自誉！"于是又赐给他酒一石、肉百斤，让他带回去给妻子。

【译文】

宗炳好游览山水，曾隐居衡山，后因生病回到故乡江陵，把生平所至之处都画在卧室墙上，称为"卧而游之"；王坦之喜欢下围棋，称之为"坐隐"，不把下棋看作娱乐的方式。毕卓做吏部郎时，曾去偷邻居的酒，被抓了起来，次日才获释，毕卓也不以为意，而是拉着酒主在瓮边饮酒至醉；东方朔事汉武帝，以伏日分祭肉，主持人迟迟不至，遂自行拔剑割肉带走，事后武帝让他自责，他又借机自我夸耀，武帝未加罪于他，反而赏赐他大量酒肉，让他带回家。

李膺破柱①，卫瓘抚床②。营军细柳③，校猎长杨④。

【注释】

①李膺（yīng）破柱：李膺（？—169），东汉官员。据《后汉书·党锢列传》，李膺做司隶校尉时，大宦官张让的弟弟张朔担任野王（今河南沁阳）县令，贪残无道，甚至杀害孕妇。他听说李膺执法威严，害怕李膺追查他的罪行，就逃回京城洛阳，躲在张让另一个弟弟家的空心柱子里。李膺得知后，率领属下吏卒打开柱子，把张朔抓出来，交付洛阳狱，取得供词后，就将其处死了。张让向汉桓帝诉冤，于是桓帝召李膺入殿，亲自询问他何以不经奏请便诛杀张朔。李膺答道："昔仲尼为鲁司寇，七日而诛少正卯。今臣到官已积一旬，私惧以稽留为愆，不意获速疾之罪（私下担心错在迟疑拖延，却不料落下办案太快的罪名）。诚自知衅责，死不旋踵，特乞留五日，克殄元恶（能够消灭元凶），退就鼎镬（回来受死），始生之愿也。"桓帝无言以对，转头对张让说："此汝弟之罪，司隶何愆（错）？"从此宦官们举止谨慎了许多，休沐放假时甚至不敢出宫。汉桓帝很奇怪，问他们为什么，宦官们都叩头哭泣，说："畏李校尉。"

②卫瓘（guàn）抚床：卫瓘（220—291），魏末晋初大臣。据《金楼子·箴戒篇》，晋惠帝司马衷为太子时，晋武帝在式乾殿大宴群臣，气氛非常欢快。卫瓘在座，喝了不少酒，拍着晋武帝的御座，说："此座可惜。"晋武帝心中明白他的意思，佯装不解，说："公醉

耶?"后来群臣多言司马衷不可立。晋武帝去世后,惠帝即位,一度被赵王司马伦(晋宣帝司马懿第九子,晋武帝之叔)篡位。按,卫瓘扪御座事,《晋书·卫瓘传》亦载,情节略同。晋惠帝司马衷自幼不慧,《晋书·惠帝纪》言:"帝之为太子也,朝廷咸知不堪政事。"故卫瓘以微言劝谏晋武帝易储。

③营军细柳:军,驻扎。细柳,地名。在今陕西咸阳西南。据《史记·绛侯周勃世家》,汉文帝后元六年(前158),匈奴大规模入侵边塞,文帝以宗正刘礼、祝兹侯徐厉、河内守周亚夫三人为将军,分驻霸上、棘门、细柳三地,以防匈奴深入,且亲自到三地劳军。文帝到霸上、棘门军营时,直接从营门驰入,自将军以下都骑马迎送。到细柳军营时,军中将士都披甲持刃,张弓待敌。先导人员到营门就被挡住,不能进入,对营门守卫说:"天子且至!"军门都尉答道:"将军令曰:'军中闻将军令,不闻天子之诏。'"不久,文帝抵达,又被挡在门外。于是文帝派人持节传达诏命:"吾欲入劳军。"周亚夫乃传令打开营门。营门的将士又对随行车骑说:"将军约,军中不得驱驰。"文帝遂让人放缓辔头,慢速行进。到军营中,周亚夫手持武器,对文帝作揖,说:"介胄之士不拜,请以军礼见。"文帝为之动容,在车上行"式"礼(按,古代乘车者欲表示敬意,则抓住车前横木"轼",向对方低头致意,谓之"式"),并让人称谢:"皇帝敬劳将军。"行过礼后就离开了。出营门后,群臣皆惊。文帝感叹道:"嗟乎,此真将军矣!曩者霸上、棘门军,若儿戏耳,其将固可袭而虏也。至于亚夫,可得而犯邪!"称善者久之。过了一个多月,三处军营都被撤销。文帝下诏拜周亚夫为中尉(秦汉官名。掌管巡逻京师,以备非常,汉武帝时改为执金吾)。

④校猎长杨:校猎,遮拦禽兽以猎取它们,也泛指打猎。长杨,秦汉时期宫名。在今陕西周至东南。据《汉书·扬雄传》,汉成帝要

向胡人夸耀汉地富有飞禽走兽，命右扶风征发民众入南山，西起褒谷、斜谷，东至弘农郡，南抵汉中郡，张设罗网，捕捉各种大小野兽，载以槛车（有栏杆的车），送到长杨的射熊馆，在空地周边拉上网，形成围墙，将禽兽放置其中，命胡人搏击猎取，所获猎物都归捕获者所有，成帝亲自前往观看。当时民众为了服役，甚至来不及收获庄稼。扬雄随着成帝前往射熊馆，回来后写了一篇《长杨赋》献给皇帝，借"子墨客卿"与"翰林主人"的对答，批评大猎长杨"颇扰于农民""三旬有余，其廑至矣，而功不图"。虽然《长杨赋》最终让"翰林主人"为成帝解嘲，说"客徒爱胡人之获我禽兽，曾不知我亦已获其王侯"，认为长杨之猎是向胡人宣示汉家威严的必要举措，并以此说服了"子墨客卿"，但这只是汉赋"归之于雅正"的传统，其用意仍在于讽谏成帝。

【译文】

李膺做司隶校尉时，宦官张让的弟弟做野王县令，犯罪逃回京师，藏在兄弟家中的空心柱子里，李膺率人登门，打开柱子，把他抓获，经过审讯后处死；晋武帝的太子司马衷不慧，大臣卫瓘想要劝谏，难以直言，就借酒醉的机会，抚摸晋武帝的御床，说："此座可惜。"周亚夫奉汉文帝之命屯兵于细柳，军令森严，虽汉文帝亲自来劳军，也不能径直出入，在得到周亚夫同意之后，按辔徐行，周亚夫在营中以军礼相见，使汉文帝叹为"真将军"；汉成帝在关中大规模捕捉野兽，送到长杨宫的射熊馆，让胡人下场猎取，并亲临观看取乐，扬雄作《长杨赋》以讽谏之。

忠武具奠①，德玉居丧②。敖曹雄异③，元发疏狂④。

【注释】

①忠武具奠（diàn）：忠武，即岳飞，宋孝宗淳熙五年（1178）追谥武穆，宋理宗宝庆元年（1225）改谥忠武。具奠，准备祭礼。据《宋史·岳

飞传》，岳飞少年时就具有气节，沉厚寡言，家境虽然贫困，但努力学习，尤其喜好《左氏春秋》和《孙子》《吴子》等兵法。岳飞生来有神力，不到二十岁时，已经能拉开三百斤的弓、八石的弩（按，均指拉力）。他向周同学习射箭，尽得所传，能够左右开弓。周同去世后，岳飞每月初一、十五都到周同坟上祭奠。岳飞的父亲认为这是有道义的行为，对儿子说："汝为时用，其徇国死义乎？"

② 德玉居丧：德玉，即顾德玉，元朝人。据《辍耕录》记载，顾德玉字润之，㩲李人，少年时向宁国路儒学教授俞观光（按，即俞长孺，字观光，元代儒学家，浙江新昌人）问学。俞观光没有儿子，曾对人说："吾昔寝疾于杭，润之侍汤药，情至切，若父子。医为之感动，弗忍受金。今我行且老，必托之以死。"后来俞观光去吴中寻医治病，在路上病情加重，急忙催船去投奔顾德玉，走到尹山就去世了，第二天，船才到㩲李。顾德玉将遗体运回家殡殓，穿上衰绖丧服，接待来吊丧的宾客。第二年，顾德玉把老师葬在海盐县靠近顾氏祖坟的地方，年节期间按时祭享，非常恭谨。有人问顾德玉："敛于家，礼与？"顾德玉回答："吾闻师哭诸寝。又曰：'生于我乎养，死于我乎殡。'非家敛之，则将尸诸草莽。生服其训，死而委诸草莽，有人心者弗为也。"听到的人都为之叹服。

③ 敖（áo）曹雄异：敖曹，即高昂（？—538），字敖曹，东魏名将。雄异，雄伟奇异。据《北齐书·高昂传》，高昂幼年有壮气，成年后举止倜傥，胆力过人，龙眉豹颈，形体雄异。父亲为他找来一位非常严厉的老师，允许他鞭打高昂，但高昂仍然不听老师的话，将心思都用在驰马习武上，常说："男儿当横行天下，自取富贵，谁能端坐读书，作老博士也。"他与兄长高乾一起屡次劫掠地方，州县莫能穷治，又倾尽家资招聚剑客，同乡都很畏惧他，不敢违背他的意思。其父说："此儿不灭我族，当大吾门，不直为州豪也。"

④ 元发疏狂：元发，即滕元发（1020—1090），本名甫，字元发，后避

高太后父高遵甫之讳,以字为名,改字达道,北宋官员。疏狂,豪放不受拘束。据《却扫编》,滕元发年轻时曾在范仲淹门下为客,当时范仲淹正在权知开封府任上。滕元发不拘小节,往往到秦楼楚馆饮酒作乐,范仲淹对此很不满。一天晚上,范仲淹到滕元发的房间,点起蜡烛看书,等候滕元发回来,想以此使他感到愧疚。时至半夜,滕元发大醉归来,范仲淹佯装没有看到他,要观察滕元发作何举措。滕元发毫无惧意,对着范仲淹作了一个长揖,问:"公所读何书?"范仲淹回答:"《汉书》。"滕元发又问:"汉高祖何如人?"范仲淹听到他以汉高祖刘邦自比,就退避而去。按,《汉书·高帝纪》说刘邦"不事家人生产作业""好酒及色",滕元发盖以此自比,故范仲淹闻言而不责。又据《过庭录》,范仲淹于滕元发为舅祖,故滕元发自幼随侍于范仲淹之侧,范仲淹待之如子。皇祐元年(1049),滕元发与范仲淹之子范纯仁入京赴试,范纯仁得中进士,滕元发落第。回乡后,范仲淹斥责滕元发,要责打他,可见范仲淹对滕元发的态度是既亲近重视,又严厉督促。但范仲淹权知开封府在景祐二年(1035),滕元发时方十六岁,未必能夜出作狭邪之游,更未必能在范仲淹面前作"汉高祖何如人"之语。

【译文】

岳飞少年时随周同学习射箭,周同去世后,岳飞每月初一、十五都到墓上祭奠,以表对师恩的铭记;顾德玉求学于俞长孺,后来俞长孺病重,去投奔顾德玉,死在路上,顾德玉将老师的遗骸迎回家中,举哀发丧,又将老师葬在自己祖坟附近,岁时祭扫。高昂形貌雄异,少年时不爱读书,一心驰马习武,还与兄长一起为盗劫掠地方,同乡都很惧怕他;滕元发客居范仲淹门下,晚上经常出门饮酒作乐,范仲淹想要责备他,滕元发却问"汉高祖何如人"?范仲淹见他以刘邦自比,就置之不问。

寇却例簿^①，吕置夹囊^②。彦升白简^③，元鲁青箱^④。

【注释】

①寇（kòu）却例簿（bù）：寇，即寇准。例簿，记录先例的册子。据《东都事略·寇准传》，寇准做宰相后，用人往往不依次序（按，常规情况下，宋代官员无论寄禄官的升补，还是职事官的迁擢，都有一定之规），其他宰相都有意见，让政事堂的吏员把例簿送给寇准看，示意他应按例办事，寇准却说："宰相，所以进贤退不肖也。若用例，一吏职尔。"《宋史·寇准传》略同。又按，据《东都事略》《宋史》两本传，寇准在太宗朝任参知政事时，朝廷内外官员集体加恩升官，寇准在安排官员迁授时打破常格，抑广州左通判冯拯于右通判彭惟节之下（按，左通判本在右通判上），并因此引来冯拯上书弹劾，导致自身罢职出外，可见寇准对朝廷的升擢旧例素来是不放在眼中的。

②吕置夹囊（náng）：吕，即吕蒙正（944—1011），北宋大臣。夹囊，衣服里面的口袋，也称夹袋。据《五朝名臣言行录·丞相许国吕文穆公（蒙正）》引《厄史》，吕蒙正曾询问儿子们："我为相，外议如何？"诸子回答："大人为相，四方无事，蛮夷宾服，甚善。但人言无能为，事权多为同列所争。"吕蒙正不以为意，说："我诚无能，但有一能，善用人耳。此诚宰相之事也。"吕蒙正在夹袋中常装有小册子，每当接见各地罢职到京朝见的官员，总要问他们当地有什么人才，客人离开后，吕蒙正随即将人名记下，按其能力分列门类。如有一人得到多人的称赞，这个人一定是贤才，当朝廷需要人才之际，可以从囊中找出合适的人选。吕蒙正在相位时，文武官员都很称职，缘故在此。

③彦（yàn）升白简：彦升，即任昉（460—508），字彦升，南朝齐、梁时期官员，也是一位文学家、地理学家。白简，古代弹劾官员的

奏章,因汉晋时期用削去外皮的木简书写弹章得名。任昉在梁武帝天监初年曾任御史中丞,《文选·弹事》收录任昉弹劾郢州刺史曹景宗奉命救援司州、迁延不进的奏章,结尾为:"臣谨奉白简以闻。"按,南朝奏弹文书多以"臣谨奉白简以闻"或"臣诚惶诚恐以闻"之类语言收尾,如沈约奏弹王源,章末也称:"源官品应黄纸,臣辄奉白简以闻。臣约诚惶诚恐云云。"实际自东晋末期桓玄执政以后,朝廷公文、奏章已普遍使用纸张书写,任、沈弹章末尾所谓"谨奉白简"云云,只是习惯性的重复旧规而已。

④元鲁青箱:元鲁,即王准之(378—433),字元曾(一作"字元鲁"),南朝刘宋官员。据《宋书·王准之传》,王准之的高祖王彬,曾任尚书仆射,曾祖王彪之,曾任尚书令,祖父王临之、父王讷之,先后官至御史中丞。王彪之博闻多识,熟悉朝仪,从他以后,世代传承礼仪掌故,子孙都谙习江左旧事。王家将写出来的相关文献封缄收藏在青色箱子中,世人谓之"王氏青箱业"。按,中华书局本《宋书》点校本"王准之,字元曾",校勘记云:"三朝本作'王准之',北监本、毛本、殿本、局本作'王淮之'。元大德本《南史》作'王準之',殿本《南史》作'王淮之,字元鲁'。《太平广记》九九引《冥祥记》作'王准之,字元曾'。"上世纪六七十年代,中华书局组织点校《宋书》时,点校者王仲荦先生盖以当时所知刊行最早的宋元明三朝递修本(即"三朝本")文字为据,定为"王准之,字元曾"。而《龙文鞭影》作者或据《太平御览·文部十七·著书上》引《宋书》"王淮之,字元鲁"云云,谓其名淮之,字元鲁,遂有"元鲁青箱"之说。

【译文】

寇准做宰相时,用人不依次序,同僚让吏员将记载以往官员升迁规矩的例簿送给他看,寇准推却,说按例用人是"一吏职尔";吕蒙正为相,接见到京官员,经常询问各地人才,并将其名字记下,按能力分类,所以用人常能称职。《文选》收录任昉弹劾曹景宗的奏章,末尾称"臣谨奉白简以闻";王准之家族世代传承东晋以来的朝廷掌故,将写成的文献封缄在青箱之内,世称"王氏青箱学"。

孔融了了①,黄宪汪汪②。僧岩不测③,赵壹非常④。

【注释】

①孔融了了(liǎo):孔融(153—208),东汉末官员、文人。了了,聪明。据《世说新语·言语》记载,孔融十岁时,随父亲到京城洛阳。当时李膺做司隶校尉,有盛名,到他家拜访的人,必须是有清名的俊才或者近亲,守门人才会为他通报。孔融到李府门前,对守门小吏说:"我是李府君亲。"守门人通报之后,孔融入府坐下,李膺问孔融:"君与仆有何亲?"孔融答道:"昔先君仲尼(按,即孔子)与君先人伯阳(按,即老子,姓李名耳,字伯阳)有师资之尊,是仆与君奕世为通好也。"李膺和宾客听了,都很为孔融的聪慧感到惊奇。太中大夫陈韪晚到一步,有人把孔融的话对陈韪说了,陈韪不以为然地说:"小时了了,大未必佳。"孔融反唇相讥道:"想君小时,必当了了。"陈韪非常尴尬。

②黄宪汪汪:黄宪,字叔度,东汉后期的名士。汪汪,形容水面一望无际的样子。据《世说新语·德行》,郭泰到了汝南郡,去见袁闳,"车不停轨,鸾不辍轭"(按,意为"车没有停止碾出车辙,车轭上的鸾铃一直在响",指车子没有停下,继续前行,这里是夸张的说法,形容郭泰在袁闳家中停留的时间短暂);到黄宪家去拜访,则不但竟日停留,还在黄家过了夜。有人问郭泰为什么这样,郭泰说:"叔度汪汪如万顷之陂,澄之不清,扰之不浊。其器深广,难测量也。"

③僧岩不测:僧岩,即赵僧岩,南朝隐士。据《南史·隐逸传》,赵僧

岩为人"寥廓无常，人不能测"，与刘善明（宋、齐之际的官员）友善。刘善明做青州刺史时，想要举赵僧岩为秀才，赵僧岩听说后大惊，拂衣而去。后来，赵僧岩忽然出家为僧，隐居在山谷之中，常在身边带着一个壶。有一天，赵僧岩突然对弟子说："吾今夕当死。壶中大钱一千，以通九泉之路；蜡烛一挺，以照七尺之尸。"到晚上，赵僧岩果然去世了，时人都认为他知命。按，《太平御览·释部三·僧》引《齐书》所记赵僧岩事，与《南史》同，然检《南齐书·高逸传》，实未载赵僧岩事，或即引自《南史》，而误作《齐书》。

④赵壹（yī）非常：赵壹，东汉文学家。据《后汉书·文苑传下》，汉灵帝光和元年（178），赵壹作为郡的上计吏（按，汉制，各郡每年年终，遣吏到京报告户口、垦田等情况，称为上计）到京师，司徒袁逢主持受计，计吏都拜伏在庭中，不敢仰视，只有赵壹长揖不拜。袁逢责问赵壹："下郡计吏而揖三公，何也？"赵壹回答："郦食其长揖汉王，今揖三公，何遽怪哉？"甚得袁逢欣赏。之后赵壹又去拜访河南尹羊陟，被拒之门外。赵壹认为公卿之中除了羊陟，没有配得上自己名声的，于是每天都登门拜见。如是数日，羊陟勉强接见了赵壹。当时羊陟卧而未起，赵壹闯到堂上，对着睡卧的羊陟哀悼道："窃伏西州，承高风旧矣，乃今方遇而忽然（按，忽然，代指死亡。羊陟虽接见赵壹，但睡卧不起，故赵壹故意说他已死），奈何命也！"遂放声大哭。羊陟的门人宾客大惊，都跑进来，站满其旁。羊陟知道赵壹非同常人，就起来与他谈话，非常赏识，对他说："子出矣。"第二天一早，羊陟带了很多车马去通名拜访赵壹。当时各郡的上计吏都努力装饰车马帷幕，只有赵壹乘柴车（按，指粗陋的车子），用草屏，露宿车旁。羊陟到来，赵壹请他上前，坐在车下，左右都为之惊叹。羊陟与赵壹谈到黄昏，尽欢而去，握着赵壹的手说："良璞不剖，必有泣血以相明者矣！"于是与袁逢一起上书推荐赵壹。赵壹因此名动京

师,士大夫都想仰望他的风采。

【译文】

孔融幼年往见李膺,以老子为孔子之师的理由,自称与李膺世代通好,陈韪说"小时了了,大未必佳",孔融又以"想君小时,必当了了"反击;郭泰到黄宪家拜访,停留竟日,留宿长谈,有人问他何以停留如此之久,郭泰答以黄宪的器量"汪汪若万顷之陂"。赵僧岩为人寥廓无常,人不能测,曾自言死日,并向弟子吩咐后事;赵壹以本郡计吏入京,见河南尹羊陟,故意在卧见宾客的羊陟面前痛哭,羊陟知其非常,次日遂特意带了很多车马去见赵壹,与他以朋友之礼相待。

沈思好客^①,颜驷为郎^②。申屠松屋^③,魏野草堂^④。

【注释】

①沈思好(hào)客:沈思,北宋湖州人,字持正,号东老。《苕溪渔隐丛话》引陆元光《回仙录》,记载沈东老能酿名为"十八仙"的白酒,熙宁元年(1068)八月十九日,有回道人登门长揖,说:"知公白酒新熟,远来相访,愿求一醉。"沈东老知道他不是凡人,于是设下酒席,与回道人一起饮酒。两人从中午喝到晚上,回道人饮酒数斗,毫无醉色,向沈东老传授登仙之术,又预言道:"此去五年,复遇今日,公当化去。"沈东老点头道谢。次日清晨,酒已饮尽,回道人题诗后辞别,乘风而去。到熙宁五年中秋,沈东老得了小病,方知所谓"此去五年"盖指熙宁五年,果至十九日去世,云云。按,苏轼有《书所和回先生诗》云:"回先生诗云:'西邻已富忧不足,东老虽贫乐有余。白酒酿来因好客,黄金散尽为收书。'东坡居士和云:'世俗何知贫是病,神仙可学道之余,但知白酒留佳客,不问黄公觅素书。'熙宁元年八月十九日,有道人过沈东老饮酒,用石榴皮写句壁上,自称回山人。东老送之出门,至石桥上。

先渡桥数十步,不知其所往。或曰:'此吕先生洞宾也。'七年,仆
过晋陵,见东老之子偕,道其事。时东老既没三年矣,为和此诗。
其后十六年,复与偕相遇钱塘,更为书之。偕字君与,有文行,世
其家云。元祐五年五月二十五日,东坡先生书。"据此,回道人与
沈东老交游之事,盖始作俑于沈偕,经苏轼传述,流传甚广,陆元
光又增益之,撰作《回仙录》,故事才最终形成。

②颜驷(sì)为郎:颜驷,西汉官员。据《文选·思玄赋》李善注引
《汉武故事》,颜驷自汉文帝时开始做郎官,到武帝时已眉毛蓬
乱、满头白发,武帝曾乘辇到郎署,看到颜驷的容貌,感觉很奇
怪,就问道:"叟何时为郎,何其老也?"颜驷回答道:"臣文帝时为
郎,文帝好文,而臣好武。至景帝好美,而臣貌丑。陛下即位,好
少,而臣已老。是以三世不遇,故老于郎署。"武帝被他的言语感
动,于是任用颜驷做了会稽郡的都尉。按,西汉郎官包括议郎、
中郎、侍郎、郎中等,"掌守门户,出充车骑",受郎中令统辖,既是
皇帝身边的近侍,也是官员步入仕途的起点之一,西汉很多名人
如袁盎、李广、司马相如等,都出身于郎官。但郎官"无员(按,指
任职人数没有定额),多至千人",其中既有得到皇帝欣赏、得以
飞黄腾达的,也有如颜驷一样累世不遇、沉沦于郎署的。

③申屠松屋:申屠,即申屠蟠,东汉名士。据《后汉书·申屠蟠传》,
汉桓帝时,汝南范滂等游于京师,评论朝政是非,公卿以下都对他
们折节相待,太学生向慕他们的风范,认为"文学将兴,处士复
用",申屠蟠叹息道:"昔战国之世,处士横议,列国之王,至为拥彗
先驱,卒有坑儒烧书之祸,今之谓矣。"于是隐居于梁国砀县一带,
依树建屋,以赁田而耕的农夫自居。按,李贤注引谢承《后汉书》,说
申屠蟠"居蓬莱之室,依桑树以为栋",不知"松屋"之说何据而云。

④魏野草堂:魏野(960—1020),北宋隐士、诗人。据《宋史·隐逸
传》,魏野是陕州(今河南三门峡)人,喜好吟咏,不求闻达,隐居

于陕州东郊,在当地手植竹木,开凿土室,广袤近丈,名曰"乐天洞"。又在洞前建造草堂,弹琴于其中,好事者携酒肴与他交游,整日吟诗长啸。在当地任知州的官员,纵使是不好文事的武臣,又或是出外的前任宰相,也都非常尊重魏野,有的还亲自到他的草堂来。魏野不喜戴巾帻,来客无论贵贱,都戴纱帽、着白衣相见,出门则骑一匹白驴。其诗有唐人之风,结集为《草堂集》十卷。大中祥符年间,契丹使者到宋朝来,说国内曾得其上部,希望能获得全本,宋真宗降诏允许。真宗到汾阴祭祀时,魏野与表兄李渎同受荐举。真宗遣陕县令王希召他来见,魏野辞免,于是真宗命州县官吏经常慰问魏野,又让人画了他的住所来看。又据《类说》引《唐宋遗史》,宋真宗祀汾阴时,登山望见山脚树林中有亭台楼阁,乃是魏野所住的草堂,真宗遂遣使者召魏野来见。魏野当时正在鼓琴教鹤跳舞,听说有使者来,就抱着琴跳过后墙逃跑了。真宗得知后,大为叹息赞美。

【译文】

沈思善酿白酒,有回道人来访,与之彻夜痛饮,又向沈思传授长生法,并预言其去世之日,传说此回道人即吕洞宾;颜驷历仕汉文帝、汉景帝、汉武帝三代,由于得不到皇帝的欢心,岁数很大了,也只能充任郎官,后来向武帝诉说了自己的遭遇,才被任命为会稽都尉。申屠蟠在汉桓帝时感觉士祸将至,于是隐居于砀县一带,依树建屋,以农夫自居;魏野在家乡陕州东郊开凿土室,又起建草堂,隐居其中,不应宋真宗的诏聘,其诗集名为《草堂集》,名闻于契丹。

戴渊西洛[①],祖逖南塘[②]。倾城妲己[③],嫁虏王嫱[④]。

【注释】

①戴渊西洛:戴渊(? —322),西晋末至东晋初官员。西洛,即洛

阳，东晋过江后定都建业，洛阳在建业之西，故东晋人称洛阳为西洛。据《世说新语·自新》，戴渊年轻时，好为游侠，行为不检，曾在江、淮之间劫掠商旅。陆机结束休假，从故乡吴郡回洛阳，带了很多行李。戴渊让少年打劫陆机，自己在岸上坐着胡床指挥手下人，安排布置都很得当。戴渊气质杰出，虽然做的是违法犯罪的事情，神貌犹觉特异，故陆机在船楼上远远地向他问话："卿才如此，亦复作劫邪？"戴渊闻言，痛哭流涕，弃剑上船与陆机交谈，谈吐颇显不凡。陆机由此更加重视他，和戴渊结成了朋友，并为他写了推荐信。南渡之后，戴渊在东晋政权中官至征西将军。

②祖逖（tì）南塘：南塘，即横塘。孙吴时期，孙权在今秦淮河的南岸修筑堤坝，名为横塘，亦称南塘，是六朝时期建康城的军事要地，也是百姓聚居之所。据《世说新语·任诞》，祖逖过江的时候，无论公家还是私人，财力都很窘困，家中没有珍贵的服饰、玩物。王导、庾亮等人一起去看望祖逖，却见他家堆满裘袍服饰、各色珍宝。客人们很奇怪，问祖逖这是从哪里来的，祖逖说："昨夜复南塘一出。"当时祖逖经常让部下健儿在外面公开劫掠，政府大臣们也都容忍他，不加追究。按，本条刘孝标注引《晋阳秋》云："逖性通济，不拘小节。又宾从多是桀黠勇士，逖待之皆如子弟。永嘉中，流民以万数，扬土大饥。宾客攻剽，逖辄拥护全卫。谈者以此少之，故久不得调。"据《晋书·祖逖传》，祖逖南渡时，率亲党数百家避地淮泗，到达泗口（古泗水入淮之口，在今江苏淮安西南）时，被都督扬州诸军事的琅邪王司马睿任命为徐州刺史，后又被征为军谘祭酒，进入司马睿幕府。时王导为睿府司马、丹阳太守，庾亮先为西曹掾，后升为参军，皆与祖逖为同僚，故不但时有往来，且加以包容庇护。

③倾城妲（dá）己：倾城，毁灭城池。《诗经·大雅·瞻卬》中有"哲夫成城，哲妇倾城"的句子，本是对周幽王宠爱褒姒、导致镐京被犬戎攻陷的控诉，后李延年《李夫人歌》"一顾倾人城"借用之，遂成为形容女子美貌的成语。妲己，传说中的美女，是商纣王的宠妃。据《国语·晋语一》，殷王辛（按，即商纣王，本名辛受）征伐有苏氏，有苏氏献上妲己。妲己获得了纣王的宠爱，于是和胶鬲勾结起来，灭亡了殷商。按，《尚书·牧誓》中说："古人有言曰：'牝鸡无晨；牝鸡之晨，惟家之索。'今商王受惟妇言是用……"《逸周书·克殷》又提到纣王自焚后，周武王进入殷都朝歌，除以弓、剑、斧射、斩纣之尸外，又"适二女之所"，"二女"已经自缢，武王亦射其尸，以剑、斧斩击之，可见纣确有干预政事的宠姬，且不止一人，但是否即为传说中的妲己，则不可知。

④嫁虏（lǔ）王嫱（qiáng）：嫁虏，嫁到少数民族地区。王嫱，即王昭君，我国历史上的著名美女，《汉书》作"王樯"。据《汉书·元帝纪》："竟宁元年春正月，匈奴呼韩邪单于来朝。诏曰：'呼韩邪单于不忘恩德，乡（按，同"向"）慕礼义，复修朝贺之礼，愿保塞，传之无穷，边垂长无兵革之事。其改元为竟宁，赐单于待诏掖庭王樯为阏氏（按，即匈奴单于的正妻）。'"据东汉人应劭解释，汉代郡国献入宫廷的女子，没有与皇帝接触前，在掖庭（汉代宫廷旁舍名。有掖庭令，掌宫人簿账、蚕桑女工之事）待命，故称"待诏"。又据《西京杂记》，汉元帝后宫有很多女子，不能一一亲见，于是让画工给后宫画像，根据图画的美丽程度召见宠幸。宫女都向画工行贿，多者十万钱，少者也不少于五万钱，只有王嫱不肯，于是就得不到见元帝的机会。匈奴单于入朝，请求汉朝赐给美人做自己的阏氏，于是元帝以图画为据，选派王嫱前往。及至将要出发前召见，发现她的容貌为后宫第一，善于应对，举止娴雅。元

帝非常后悔，但名册已定，元帝重视对匈奴讲信用，不能再临时更改，于是穷究其事，将相关的画工都予以处死，抄没他们的家产，其数不可计。当时被处死的画工中有杜陵人毛延寿（善画人形，老少美丑，尽得其真），还有陈敞、刘白、龚宽、阳望、樊育等著名画师。这些人同一日被处死，京师的画工也因此变得稀少了。

【译文】

戴渊率人打劫自吴郡返回洛阳的陆机，陆机觉得他举止不凡，就与他结交为友，后又为他写了推荐信，汲引他入仕；祖逖率部下南渡后，不时让部下出外打劫，当政者也包庇纵容他，不加追究。商纣王宠爱美女妲己，导致社稷倾覆；王昭君在汉元帝后宫中得不到与皇帝见面的机会，等到与匈奴和亲时，汉元帝见她容貌无双，举止娴雅，才深感后悔。

贵妃桃髻①，公主梅妆②。吉了思汉③，供奉忠唐④。

【注释】

①贵妃桃髻（jì）：贵妃，即杨贵妃。据《开元天宝遗事》记载，唐朝皇家园林中有千叶桃花，唐玄宗亲自折下一枝插在杨贵妃的宝冠上，说："此个花尤能助娇态也。"按，千叶桃花，即今之碧桃，因花形为重瓣，得"千叶"之名。中唐诗人杨凭有《千叶桃花》诗云："千叶桃花胜百花，孤荣春晚驻年华。若教避俗秦人见，知向河源旧侣夸。"可见在唐代，碧桃已经是颇受喜爱的观赏花卉了。按，《开元天宝遗事》说唐明皇插花于宝冠上，则非簪于发髻可知，不知《龙文鞭影》何以作"桃髻"。

②公主梅妆：公主，即寿阳公主。据《太平御览·时序部十五·人日》引《杂五行书》，宋武帝刘裕的女儿寿阳公主正月七日躺在

含章殿屋檐下，有梅花飘落在公主额头上，形成五瓣的花印，拂拭不落，皇后就让她索性留下来，看到底能粘多久，结果过了三天才洗掉。宫女们觉得此事很奇异，纷纷效仿，这就是后世所谓的"梅花妆"。同书《果部七·梅》引《宋书》，情节大致相同，文字稍见简略。按，今本《宋书》无此语，或是佚文，或为误记出处。

③吉了思汉：吉了，鸟名。即秦吉了，为八哥的亚种。据《邵氏闻见录》，泸水以南的长宁军（今四川长宁）有一个养秦吉了的人，其鸟能作人言。有个少数民族的部族首领想用五十万钱买这只鸟，主人告诉它，说："苦贫，将卖尔。"秦吉了说："我汉禽，不愿入夷中。"于是绝颈而死。

④供奉忠唐：供奉，即"翰林供奉"的省称。唐置翰林院，为受征召者待诏之所，待诏者身份庞杂，凡有词学、经术、合炼、僧道、卜祝、术艺、书奕等一技之长，皆有可能成为翰林待诏。唐玄宗时，改"待诏"为"供奉"，李白即以白身（平民，没有官职或功名的人）供奉翰林。后因称在宫中献艺的艺人为供奉。据《新编古今事文类聚后集·猴》引《幕府燕闲录》，唐昭宗在位时，屡经流离播迁，随驾的艺人唯有一名耍猴人。猴子颇为驯顺，能跟着朝臣跪拜行礼。昭宗赐给猴子官员穿的红袍（绯袍），称为孙供奉。诗人罗隐有《下第》诗云："何如学取孙供奉，一笑君王便着绯。"后来朱温篡唐称帝，命此猴在殿下跪拜行礼，猴子看到殿上坐着的是朱温，就直扑上去抓他，被朱温命人杀死。

【译文】

　　唐明皇折千叶桃花，插在杨贵妃的宝冠上，说"尤能助娇态"；寿阳公主卧于含章殿下，梅花落在额头上，拂拭不落，后来宫女效仿她，创造出梅花妆。长宁军有一家养了只会说话的秦吉了，少数民族首领想用五十万钱买它,秦吉了得知后说"不愿入夷地",于是绝颈而死;唐昭宗时,宫中有耍猴人,所养猴子号称"孙供奉",能随朝臣拜起,朱温称帝后,要猴子跪拜行礼,猴子扑到殿上抓挠朱温,被朱温命人杀死。

卷四

【题解】

卷四共八个韵部，从"八庚"至"十五咸"，为下平声的后八韵。"八庚"韵共七十四句，每句一典，共有七十四个典故。"九青"韵共十四句，每句一典，共十四个典故。"十蒸"韵共十四句，每句一典，共涉及十四个典故。"十一尤"韵共六十六句，每句一典，共六十六个典故。"十二侵"韵共四十句，每句一典，共有四十个典故。"十三覃"韵共十六句，每句一典，共涉及十六个典故。"十四盐"韵共二十句，每句一典，共含二十个典故。"十五咸"韵共十二句，除去结尾两句，都是每句一典，涉及十个典故。

本卷八韵共二百五十四个典故，《世说新语》《太平广记》《列仙传》《神仙传》《云仙杂记》等都是其取材来源，举凡仪狄造酒、蒙恬制笔、太昊制琴等历史传说，鸜鹆学语、鹦鹉诵经、公远玩月、姑妇手谈等野史异闻，韩愈斗牛、师徒布算、骨相吕岩等医卜星相，都包含在内。而正如编者所言，"古人万亿，不尽兹函"，值得书写的古人典故太多，其内容难以备述，其意蕴也无穷尽。

八庚

萧收图籍①,孔惜繁缨②。卞庄刺虎③,李白骑鲸④。

【注释】

①萧收图籍:萧,即萧何。图籍,官府掌管的地图和文籍,又称"图书"。据《史记·萧相国世家》,萧何随刘邦入关后,刘邦的部将争相瓜分秦朝收藏金帛财物的仓库,只有萧何抢先把秦丞相、御史府中的律令、图书收藏起来。后来项羽与诸侯在咸阳屠城,并焚毁宫室官府而去。刘邦此后还能够了解天下何处是险要之地,人口多少强弱,以及各地百姓为什么事情所困扰,都是因为萧何保存了秦朝官府的这批图籍之故。

②孔惜繁缨(yīng):孔,即孔子。繁缨,马腹带和马颈饰的合称,古时只有天子、诸侯才能使用。据《左传·成公二年》,卫侯命上卿孙桓子率军伐齐,战败,被新筑(古地名。在今河北魏县南)人仲叔于奚所救。卫侯要赏给仲叔于奚封地,仲叔于奚谢绝,请求改赐曲县(县,通"悬"。奏乐时在室内三面悬挂乐器,也是诸侯才有资格享受的规格)和繁缨,卫侯答应了。后来孔子听说了这件事,叹息道:"惜也,不如多与之邑。惟器与名,不可以假人,君之所司也。名以出信,信以守器,器以藏礼,礼以行义,义以生利,利以平民,政之大节也。若以假人,与人政也。政亡,则国家从之,弗可止也已。"按,依周王朝的礼制,曲县和繁缨都是诸侯才有资格使用的,而仲叔于奚在《左传》中被称为"新筑人",很可能只是一个士人,卫侯允许他使用曲县和繁缨,严重破坏了礼制,所以孔子这样说。

③卞(biàn)庄刺虎:卞庄,即卞庄子,据说是鲁国著名的勇士。据《史记·张仪列传》,陈轸被张仪排挤,去秦奔楚。后来,陈轸又

为楚王出使秦国。秦惠王见到陈轸，问他："今韩魏相攻，期年不解，或谓寡人救之便，或曰勿救便，寡人不能决，愿子为子主计之余，为寡人计之。"陈轸说："亦尝有以夫卞庄子刺虎闻于王者乎？庄子欲刺虎，馆竖子止之，曰：'两虎方且食牛，食甘必争，争则必斗，斗则大者伤，小者死，从伤而刺之，一举必有双虎之名。'卞庄子以为然，立须之。有顷，两虎果斗，大者伤，小者死。庄子从伤者而刺之，一举果有双虎之功。今韩魏相攻，期年不解，是必大国伤，小国亡，从伤而伐之，一举必有两实。此犹庄子刺虎之类也。臣主与王何异也。"秦王听了陈轸的话，果然没有发兵相救其中一方，而是在两国分出胜负后发兵征伐胜者，获取了很大的利益。

④李白骑鲸：鲸，地球上体型最大的哺乳动物，生活在海中，外形像鱼，故俗称鲸鱼。杜甫《送孔巢父谢病归游江东兼呈李白》一诗中有"若逢李白骑鲸鱼，道甫问讯今何如"的句子，本是以夸张的方式形容李白的飘逸豪放，但后人由此生出种种附会。关于李白去世的地点、原因有多种异说，一说死于宣城（今安徽宣城），一说死于当涂（今安徽当涂），因李白墓在当涂，故以后说更为可信。在各种"当涂说"中，有一种说法认为李白因醉后误以江中月为天上月，落水身亡，故后来在当涂建有"捉月台"，而宋人梅尧臣《采石月赠郭功甫》诗云："采石月下访谪仙，夜披锦袍坐钓船。醉中爱月江底悬，以手弄月身翻然。不应暴落饥蛟涎，便当骑鲸（一作'骑鱼'）上青天。"由此可见，中唐以后，随着李白"诗仙"之名日著，加之受杜甫"若逢李白骑鲸鱼"的诗句影响，关于李白去世的记载愈发浪漫化，至北宋时，遂有"骑鲸上青天"的传说。实则李白去世前正在其族叔李阳冰（时任当涂县令）处寓居，且有《临路歌（一作"临终歌"）》传世，则李白是因病去世的可能性很大。

【译文】

萧何随刘邦入关后，抢先收取秦国丞相、御史两官署掌管的图籍，为刘邦后来了解天下形势、人民疾苦提供了很大帮助；卫侯允许立下大功的仲叔于奚像诸侯一样使用曲县和繁缨，孔子得知后，认为应该以封邑作为立功的奖赏，不应为赏功而破坏礼制。卞庄子想要搏杀一同食牛的两只虎，有人劝他趁两虎搏斗分出胜负后出手，卞庄子听从了他的意见，一举获得搏杀两虎的英名；杜甫有"若逢李白骑鲸鱼"的诗句，后人遂传说李白在当涂玩月落水，骑鲸而去。

王戎支骨①，李密陈情②。相如完璧③，廉颇负荆④。

【注释】

①王戎支骨：支骨，即"鸡骨支床"的省称，形容消瘦憔悴的样子。据《世说新语·德行》，王戎、和峤家中都有丧事，王戎消瘦憔悴、鸡骨支床，和峤则按照礼仪规制哀泣。晋武帝问大臣刘毅："卿数省王、和不？闻和哀苦过礼，使人忧之。"刘毅回答道："和峤虽备礼，神气不损；王戎虽不备礼，而哀毁骨立。臣以和峤生孝，王戎死孝。陛下不应忧峤，而应忧戎。"按，所谓"备礼"，即按照儒家倡导的礼仪行丧，如每日按时在灵前哭泣，不饮酒，不食肉等。晋武帝说和峤"哀苦过礼"，是说他所行丧礼较常礼为重（如哭泣次数较常为多为痛），故而担心他哀痛致伤。但刘毅认为和峤的哀苦只是形式上的，不致伤身，故曰"生孝"；王戎虽不依常礼，而情感上哀痛更甚，有因之伤身致死之忧，故曰"死孝"。与王戎同为"竹林七贤"之一的阮籍居母丧，不依常礼，饮酒蒸豚，醉后一恸，至于呕血，此可为"死孝"之注脚。

②李密陈情：李密（224—287），《华阳国志》作"李宓"，蜀汉、西晋时期官员、文学家。据《晋书·孝友传》，李密父亲早亡，母亲改嫁，

由祖母抚养成人,在蜀汉政权中曾任尚书郎。蜀汉灭亡后,晋武帝征召他任太子洗马。当时李密的祖母已经九十六岁,李密不舍与祖母分离,故上表晋武帝,有"臣无祖母,无以至今日;祖母无臣,无以终余年。母孙二人更相为命,是以私情区区不敢弃远"的名句,请求留养祖母,此即著名的《陈情表》。晋武帝览表感叹:"士之有名,不虚然哉。"于是就没有强迫李密到京城做官。又据《华阳国志·后贤志》,晋武帝在读过《陈情表》之后,"嘉其诚款,赐奴婢二人,下郡县供养其祖母奉膳",可与《晋书》所记互相补充。

③相如完璧:相如,即蔺相如,战国时赵国上卿。完,保全。据《史记·廉颇蔺相如列传》,赵王获得珍贵的和氏璧,秦王得知后,提出用十五座城池换璧。赵王畏秦,不敢不与,但又担心被秦王欺诈,进璧而不得城。蔺相如经由赵王的宠臣缪贤推荐,奉命携璧使秦。抵达秦国后,蔺相如发现秦王并不尊重赵国使者,判断其没有履行诺言的意图,就把璧暗中送回赵国,并且当着诸侯使者的面以严正的态度折服了秦王,自己也得以安全返回赵国。此即著名的"完璧归赵"故事。

④廉颇负荆:荆,一种灌木,木质坚硬,古时经常被用来做刑杖。据《史记·廉颇蔺相如列传》,赵王与秦王在渑池相会后,提升在渑池会上维护了赵国颜面的上大夫蔺相如为上卿,位在累立军功、久为上卿的廉颇之上。廉颇以军功自傲,发怒道:"我为赵将,有攻城野战之大功,而蔺相如徒以口舌为劳,而位居我上,且相如素贱人,吾羞,不忍为之下。"并当众宣称:"我见相如,必辱之。"蔺相如为了维护团结,称病不朝,以免与廉颇在上朝时争先。后来蔺相如又在出行时望见廉颇,引车避匿。蔺相如的门客以此为羞,但蔺相如认为他与廉颇如果争斗,于赵国不利,故不耻退让。廉颇得知蔺相如的苦心后,背着荆杖拜访蔺相如,表示谢

罪。于是两人释怨修好,结为刎颈之交。

【译文】

　　王戎为亲人服丧,形销骨立,到了鸡骨支床的地步,刘毅称之为"死孝",以为可忧;李密为奉养祖母,推辞晋武帝征辟他为太子洗马的旨意,上表陈情,为武帝所赞赏。蔺相如为赵王奉璧使秦,发现秦王无意以城易璧,遂设法还璧于赵国,自己也安然脱险;廉颇初时看不起以口舌得官的蔺相如,但后来得知蔺相如维护团结的苦心,遂向蔺相如负荆谢罪,两人由此结为好友。

　　从龙介子①,飞雁苏卿②。忠臣洪皓③,义士田横④。

【注释】

①从龙介子:从,跟随。介子,即介子推,一名介子绥,春秋时晋国人。据《乐府诗集·琴曲歌辞一·士失志操》引《琴集》:"《士失志操》,介子推所作也,一曰《龙蛇歌》。"又同节引《琴操》说,介子推与晋文公一起流亡,曾割了大腿上的肉给文公吃。文公返国之后,一起流亡的咎犯(即狐偃)、赵衰都受重赏,介子推却无所得,于是便作《龙蛇之歌》而隐居。文公四处寻求他,他也不肯再出山了。所谓《龙蛇之歌》,《乐府诗集》共载四首:"有龙矫矫,顷失其所。五蛇从之,周遍天下。龙饥无食,一蛇割股。龙反其渊,安其壤土。四蛇入穴,皆有处所。一蛇无穴,号于中野。(其一)有龙矫矫,遭天谴怒。三蛇从之,一蛇割股。二蛇入国,厚蒙爵土。余有一蛇,弃于草莽。(其二)有龙矫矫,将失其所。有蛇从之,周流天下。龙既入深渊,得其安所。蛇脂尽干,独不得甘雨。(其三)龙欲上天,五蛇为辅。龙已升云,四蛇各入其宇。一蛇独怨,终不见处所。(其四)"

②飞雁苏卿:苏卿,即苏武,字子卿,故称苏卿。据《汉书·苏武

传》，苏武使团被匈奴拘留十九年，苏武更是被流放到北海。汉昭帝时，匈奴与汉和亲，汉朝索要苏武等人，匈奴诡言苏武已死。后来汉朝又遣使到匈奴去，苏武的副手常惠夜间求见汉使，说明了之前的情况，教使者对单于说：汉朝皇帝在上林苑射落一雁，雁腿上系有帛书，里面提到苏武等人在荒泽中。汉使大喜，按照常惠所言，责问单于。单于大惊，扫视左右之人，无法抵赖，只得向汉使道歉，说："武等实在。"于是苏武等人才得以回归汉朝。

③ 忠臣洪皓（hào）：洪皓（1088—1155），南宋官员。据其子洪适《先君述》（见《全宋文》卷四七四四），建炎三年（1129），洪皓奉命使金，次年到达云中（按，即唐宋时期的云州，今山西大同。云州的郡号是云中郡，此盖宋人以郡号作为州名代称的通习）。金国主帅粘罕逼迫他以副使的身份出使伪齐，与刘豫见面。洪皓果断拒绝，说："万里衔命，不得御两宫以归。大国度不以足有中原，当还诸本朝，乃违天以奉逆豫。豫可磔万段，顾力不能，忍事之耶？今留亦死，不即豫亦死，偷生狗鼠间，甘鼎镬不悔也。"粘罕大怒，命壮士把洪皓拉下去，仗剑挟持着他，将要处死，洪皓面色不改。旁边有一名金朝贵族赞叹道："此真忠臣也。"于是给剑士使眼色，让他们停下，又跪下为洪皓说情，粘罕因而有所缓和，命令把洪皓流放到冷山。洪皓在流放地过着艰苦的生活，仍不忘向母国通报所知金国内情。直至绍兴和议成立之后，洪皓等被扣留在金的宋朝使臣才被放还。

④ 义士田横：田横，齐国宗室，秦末随兄长田荣反秦，后自称齐王。据《史记·田儋列传》记载：汉高祖即位后，田横率残部逃到海岛上。高祖知道田横在齐地素得人心，恐为后患，于是下诏赦其罪过，召他入觐。田横以曾烹杀汉将郦商之兄郦食其、恐其报复为辞，愿居海中为平民。高祖遂诏郦商不得报仇，并说："田横来，大者王，小者乃侯耳；不来，且举兵加诛焉。"田横无奈，带着两个

门客去觐见高祖，走到离京城洛阳三十里的地方，田横说："横始与汉王俱南面称孤，今汉王为天子，而横乃为亡虏而北面事之，其耻固已甚矣。且吾亨（烹）人之兄，与其弟并肩而事其主，纵彼畏天子之诏，不敢动我，我独不愧于心乎？且陛下所以欲见我者，不过欲一见吾面貌耳。今陛下在洛阳，今斩吾头，驰三十里间，形容尚未能败，犹可观也。"于是自杀，命门客奉其头入见。高祖叹息道："嗟乎，有以也夫！起自布衣，兄弟三人更王，岂不贤乎哉！"为之流涕，拜其二客为都尉，以王者礼葬田横。而田横的两个门客在安葬田横后，也在坟侧挖掘墓穴，自杀从葬。后来其在海岛的部众听说田横自尽，都自杀以殉。司马迁称赞田横主从说："田横之高节，宾客慕义而从横死，岂非至贤！余因而列焉。"

【译文】

介子推随晋文公出亡，归国后未受封赏，遂作《龙蛇之歌》，以随龙历尽辛苦而不得赏赐的蛇自喻；汉朝向匈奴索要苏武，匈奴说苏武已死，苏武的副使常惠教汉使诈言汉天子射雁，见雁足帛书言苏武等人在荒泽中，苏武才得以回国。洪皓面对粘罕的逼迫和威胁，坚持不肯投降，被金人贵族赞叹为"真忠臣"；田横不愿意向刘邦俯首称臣，与其门客、部众先后自杀，司马迁赞叹田横之高节、宾客之慕义，将其事迹载入《史记》。

李平鳞甲①，苟变干城②。景文饮鸩③，茅焦伏烹④。

【注释】

①李平鳞甲：李平，即李严（？—234），字正方，三国时蜀汉大臣。鳞甲，"腹中有鳞甲"的省语，形容人巧诈多变。据《三国志·蜀书·陈震传》，建兴九年（231），都护李平因诬罔之罪被废黜。事

后，诸葛亮给留镇成都的丞相长史蒋琬写信说："孝起（陈震字）前临至吴，为吾说正方腹中有鳞甲，乡党以为不可近。吾以为鳞甲者但不当犯之耳，不图复有苏张之事出于不意。可使孝起知之。"按，陈震和李平同为南阳人，故陈震知道乡党对李平的评价。又按，据《三国志·蜀书·李严传》，建兴八年（230），诸葛亮命李严以中都护署丞相府事，李严改名李平。次年春，诸葛亮兵出祁山，命李平督运粮草。夏秋之际，天降大雨，粮草运输出现困难，李平命参军狐忠等传讯诸葛亮，要求他撤军。诸葛亮撤军后，李平又说军粮供给没有问题，问诸葛亮何以撤退。诸葛亮将李平前后书信、奏疏拿出对质，李平无言以对，遂被诸葛亮表废为民。所谓"苏张之事"，当指李平此次前后翻覆之举。

② 苟（gǒu）变干城：苟变，战国初期卫国人。干城，形容武人有能力捍卫边疆，如同盾牌和城池一样可靠，语出《诗经·国风·兔罝》："赳赳武夫，公侯干城。"干，盾牌。据《孔丛子·居卫》，子思向卫侯推荐苟变，认为苟变是"可将五百乘"之材，"得此人，则无敌于天下矣"。卫侯说："吾知其材可将。然变也尝为吏，赋于民而食人二鸡子，以故勿用也。"子思认为圣人用人就像大匠用木，"取其所长，弃其所短"。"今君处战国之世，选爪牙之士，而以二卵焉弃干城之将，此不可使闻于邻国者也。"卫侯闻言叩拜，说："谨受教矣。"

③ 景文饮鸩（zhēn）：景文，即王彧，字景文，南朝刘宋大臣。鸩，传说中的一种毒鸟，以蛇虫为食，其羽毛浸在酒中，酒即成毒，后来泛指毒药。据《南史·王彧传》，宋明帝病情临危时，考虑到皇后是王彧之妹，将于自己死后临朝，而已官至中书监、尚书左仆射、扬州刺史的王彧自然会升任宰相。他担心王彧名望太高、权威太重，将来不能辅佐幼主，于是派人对王彧说："朕不谓卿有罪，然吾不能独死，请子先之。"又下手诏，说："与卿周旋，欲全卿门

户，故有此处分。"敕书送到时，王彧正和宾客下棋，看完之后，就把敕书压在棋局下，继续下棋。一局下完后，王彧把棋子收好，慢慢地说："奉敕见赐以死。"于是把敕书拿给宾客看。鸩酒送来后，门客焦度将酒泼在地上，劝王彧造反。王彧回答道："知卿至心，若见念者，为我百口计。"于是亲手写好答敕的启事，酌酒对宾客说："此酒不可相劝。"遂饮下毒酒而死。

④茅焦伏烹（pēng）：茅焦，战国末期的辩士。据《说苑•正谏》，秦始皇的母亲和宠臣嫪毐通奸，事发后秦始皇处死了很多人，把太后迁徙到萯阳宫，并下令："敢以太后事谏者，戮而杀之！"前后因劝谏被处死的有二十七人。这时齐人茅焦又来进谏，秦始皇非常愤怒，有意烹杀茅焦。茅焦见到秦始皇，问道："臣闻之，夫有生者不讳死，有国者不讳亡。讳死者不可以得生，讳亡者不可以得存。死生存亡，圣主所欲急闻也，不审陛下欲闻之？"秦始皇问道："何谓也？"茅焦又反问："陛下有狂悖之行，陛下不自知邪？"秦始皇说："何等也？愿闻之。"于是茅焦说："陛下车裂假父，有嫉妒之心；囊扑两弟，有不慈之名；迁母萯阳宫，有不孝之行；从蒺藜于谏士，有桀纣之治。今天下闻之，尽瓦解无向秦者，臣窃恐秦亡，为陛下危之。所言已毕，乞行就质。"说罢解衣伏质，等待处死。秦始皇急忙从殿上下来，拉起茅焦，封他为上卿，又亲自到萯阳宫接回太后。按，《说苑》说"就质""伏质"，"质"是古代腰斩犯人用的砧座，可见"伏烹"之说不确，或因前文云秦始皇欲烹茅焦而误。

【译文】

李平心机很重，故乡南阳郡的人说他"腹中有鳞甲"；卫侯因为苟变曾在收税时吃过纳税百姓两个鸡蛋，不愿任用他，子思批评卫侯"以二卵弃干城之将"。王彧被宋明帝赐死，镇定自若，自作答启，饮鸩而亡；茅焦就流放太后之事劝谏秦始皇之后，解衣等候处死，秦始皇不但回心转意，赦免了他，反而封他为上卿。

许丞耳重^①，丁掾目盲^②。佣书德润^③，卖卜君平^④。

【注释】

①许丞耳重：许丞，姓许的县丞，汉代郡县皆有县丞，作为太守、县令（县长）的副职，此处的"许丞"应该是一位县丞。耳重，听觉迟钝、失真。据《汉书·循吏传》，黄霸做颍川太守时，力行教化，以诛杀惩罚作为次要手段，尽量保全长吏（汉代称秩四百石至二百石的官吏为长吏，秩百石及以下的官吏为少吏。县丞、县尉属于长吏阶层）。有一位姓许的县丞年老，听不清人说话，督邮请求把他罢免，黄霸说："许丞廉吏，虽老，尚能拜起送迎，正颇重听，何伤？且善助之，毋失贤者意。"有人问他为何这样，黄霸说："数易长吏，送故迎新之费及奸吏缘绝簿书盗财物，公私耗费甚多，皆当出于民，所易新吏又未必贤，或不如其故，徒相益为乱。凡治道，去其泰甚者耳。"

②丁掾（yuàn）目盲：丁掾，即丁仪（？—220），东汉末人，曾任曹操的掾属，故名。据《三国志·魏书·任城陈萧王传》注引《魏略》，丁仪是曹操故友丁冲的儿子。丁冲对曹操掌控朝政曾起过很大作用，曹操很感念他。后来丁冲去世，曹操听说丁仪有才德，虽然未曾见面，但也起了把女儿嫁给他的念头，与儿子曹丕商议。曹丕说："女人观貌，而正礼（丁仪字）目不便，诚恐爱女未必悦也。以为不如与伏波（即夏侯惇，时任伏波将军）子楙。"曹操就没有坚持。后来，曹操征辟丁仪作掾属，和他交谈几次后，见他谈论事情明快而富有才能，非常赞赏，说："丁掾，好士也，即使其两目盲，尚当与女，何况但眇（眇，一目失明）？是吾儿误我。"

③佣书德润：佣书，替人抄书，并收取报酬。德润，即阚（kàn）泽，字

德润，三国时孙吴官员。据《三国志·吴书·阚泽传》，阚泽家族累世都是农夫，到阚泽才开始好学。他家境穷困，没有钱财买书，于是去替人抄书。他抄一遍雇主要抄的书，自己也就将这些书通读过一遍了。之后阚泽寻找老师讲论经术，广读群书，兼通历数之学，由此获得了很大的名气。

④卖卜君平：君平，即严遵，字君平，西汉后期的著名隐士、学者。据《汉书·王贡两龚鲍传序》，蜀郡人严君平以在成都市中为人卜筮为生，他认为："卜筮者贱业，而可以惠众人。有邪恶非正之问，则依蓍龟为言利害。与人子言依于孝，与人弟言依于顺，与人臣言依于忠，各因势导之以善，从吾言者，已过半矣。"严君平每日只给几人占卜，赚得百钱能够自给，就闭市下帘，传授《老子》。其人博览群书，对学问无不通晓，依照老子、庄周（按，《汉书》称"严周"，盖避汉明帝刘庄之讳）的思想，著书十余万言。严君平始终隐居不肯做官，到九十多岁才去世，蜀人爱敬之，哪怕到了班固撰著《汉书》的时代（按，已经是严君平去世数十年后），也仍然称赞他。

【译文】

黄霸做颍川太守时，县丞许某因年老而听觉迟钝，督邮建议将其罢免，黄霸认为此人廉洁，年纪虽大，行动尚便，仅仅听力不好，没有大碍，而将其罢免后，新来官吏未必比他更好，迎接新官又要花费钱财，不如一仍其旧，于是拒绝了建议；曹操有意招丁仪为婿，曹丕因丁仪一目失明，劝阻了曹操，后来曹操辟丁仪为掾属，与他谈话，非常欣赏，认为以丁仪的才识，哪怕双目失明，也值得将女儿嫁给他。阚泽家贫好学，为得到读书的机会，就接受雇佣，为人抄书，借抄写的机会来读书，后来终于因博览群书而成名；严君平在成都市上卖卜，每日只占几卦，赚到足以糊口的钱，就收起卦摊，讲授《老子》，始终隐居不肯做官，蜀人都很敬重他。

马当王勃^①，牛渚袁宏^②。谈天邹衍^③，稽古桓荣^④。

【注释】

①马当王勃：马当，山名。在今江西彭泽，北临长江。以山形似马，故名。王勃，唐代诗人。据《类说》引《摭遗》，王勃路过马当，梦见水神对他说："来日滕王阁作记，子可构之，垂名后世。"王勃说："此去洪州（今江西南昌）六七百里，今晚，安可至也？"水神说："吾助汝清风一席。中源水府，吾主此祠。"于是王勃登舟张帆，次日天还没亮，王勃的船就抵达了洪州，拜见洪州都督阎公，阎公请王勃作《滕王阁记》，赠以缣帛百匹。王勃回船时，又遇到马当水神，水神预言他"终不贵"，又嘱托王勃路过长芦时，以纸钱十万代偿博债，就慢慢地消失了。

②牛渚（zhǔ）袁宏：牛渚，地名。在今安徽马鞍山，即采石矶。袁宏，东晋文学家、史学家。据《晋书·文苑传》，袁宏年轻时家贫，为人运租维持生活。谢尚镇守牛渚，秋夜乘月，率左右微服游江，恰遇袁宏在船中吟诵自作的《咏史诗》，声音清朗，文辞又藻丽出众，谢尚停下听了很久，又派人去询问，回报说："是袁临汝郎（袁宏之父袁勖生前任临汝令，故称）诵诗。"谢尚就邀袁宏到自己的船上闲谈，通宵不寐，此后袁宏的名声就越来越大了。按，《世说新语·文学》所载袁宏为谢尚所赏事，与《晋书》情节略似，而细节偶有不同，可参看。

③谈天邹衍（yǎn）：谈天，谈论天道。据《史记·孟子荀卿列传》，邹衍谈论天道，迂远广大而善辩，被齐人称为"谈天衍"。按，邹衍是战国时期阴阳家的代表人物，《孟子荀卿列传》说："深观阴阳消息而作怪迂之变，终始、大圣之篇十余万言。其语闳大不经，必先验小物，推而大之，至于无垠。先序今以上至黄帝，学者所共术，大并世盛衰，因载其禨祥度制，推而远之，至天地未生，

窈冥不可考而原也。先列中国名山大川,通谷禽兽,水土所殖,物类所珍,因而推之,及海外人之所不能睹。称引天地剖判以来,五德转移,治各有宜,而符应若兹。……然要其归,必止乎仁义节俭,君臣上下六亲之施始也滥耳。王公大人初见其术,惧然顾化,其后不能行之。"可见邹衍的学说是以谈论天道阴阳、海外奇闻的方式,倡导仁义、节俭、君臣父子上下之礼,能悚王公大人之听闻,但无所施用,故时人谓之"谈天"。

④稽(jī)古桓(huán)荣:稽古,考察古事,《尚书》各篇常用"曰若稽古"开头。桓荣,东汉官员、学者。据《后汉书·桓荣传》,桓荣为汉光武帝讲《尚书》,受到认可,遂被任命为议郎,命他为太子(即未来的汉明帝)讲说《尚书》,后来又任命他为《欧阳》博士(按,汉代设立五经博士,东汉定员十四人,各负责向弟子讲授一派经说,国有疑事,则承问对。《欧阳》博士,即讲授《欧阳尚书》一派经说的博士)。建武二十八年(52),光武帝为太子选任太傅、少傅,指定桓荣任太子少傅,赐给他辎车、乘马。桓荣召来儒生,举行盛大的集会,将自己受赐的车马、印绶陈列展示,说:"今日所蒙,稽古之力也,可不勉哉!"后来桓荣升任太常,汉明帝即位后,临太学行辟雍礼,以桓荣为五更,封关内侯,邑五千户。桓荣的子孙世习经学,门下出过多位公卿大臣,桓郁(桓荣子)、桓焉(桓荣孙)两代还获选为天子讲授经义,桓氏由此成为东汉一朝著名的儒学世家。

【译文】

王勃得马当神之助,乘风一夜从马当山航行至六七百里外的洪州,得以拜见洪州都督阎公,为滕王阁作记,得缣百匹;袁宏在牛渚吟诗,恰遇谢尚率众夜游江上,听到他的吟诵,邀至舟中,彻夜长谈,从此遂得盛名。邹衍以谈论天道阴阳的方式向王公大人讲说仁义、礼教,其说宏大迂远、广博善辩,齐人号之为"谈天衍";桓荣被汉光武帝选中,入授太子

《尚书》，后升任太子少傅，召集儒生大会，陈列车马、印绶，宣称："今日所蒙，稽古之力也。"

岐曾贩饼^①，平得分羹^②。卧床逸少^③，升座延明^④。

【注释】

①岐（qí）曾贩（fàn）饼：岐，即赵岐（？—201），东汉学者、官员。据《三国志·魏书·二李臧文吕许典二庞阎传》裴注引《魏略·勇侠传》，赵岐因得罪大宦官唐衡，逃亡于民间，隐姓埋名，在北海以卖胡饼为生。北海人孙宾硕当时年方二十多岁，乘着牛车，带着几个骑着马的侍从进入集市，见到赵岐，怀疑他不是一般人，就问他："自有饼邪，贩之邪？"赵岐回答道："贩之。"孙宾硕又问："买几钱？卖几钱？"赵岐回答："买三十，卖亦三十。"孙宾硕说："视处士之望，非似卖饼者，殆有故！"于是就打开车的后门，命两名侍从下马，扶赵岐上车。赵岐以为遇到了唐氏的耳目，面容失色。孙宾硕关闭车门，放下车帷，对赵岐说："视处士状貌，既非贩饼者，加今面色变动，即不有重怨，则当亡命。我北海孙宾硕也，阖门百口，又有百岁老母在堂，势能相度者也，终不相负，必语我以实。"赵岐如实向孙宾硕说明自己的来历，孙宾硕便载着赵岐回到家，停车在门外，对老母说："今日出，得死友在外，当来入拜。"于是请赵岐进门，杀牛设酒招待他，过了几天，又把赵岐安排到田庄上，藏在夹壁墙里面，如是数年。等到唐衡死去，赵岐才从孙宾硕家中离开，回到本郡。按，《后汉书·赵岐传》亦记此事，本末略同，唯"孙宾硕"作"孙宾石"，并载孙氏本名为"孙嵩"，为安丘县（今山东安丘）人。

②平得分羹（gēng）：平，即郑平，唐代人。据《太平御览·饮食部十九·羹》引《明皇杂录》，唐玄宗时，宰相李林甫的女婿郑平任

户部员外郎，曾经与李林甫同住。一天，李林甫到郑平所住的院中去看望女儿，郑平正在用栉篦头发，见岳父来，赶忙退避。李林甫坚决地拦住他，见郑平须发都白了，就对他说："上当赐甘露羹，郎其食之，纵当华皓，必当鬓黑。"第二天，果然有宫内的使者到李林甫家赏赐食物，其中有甘露羹。李林甫把甘露羹给女婿吃掉，郑平的须发果然都变黑了。

③卧床逸少：逸少，即王羲之，字逸少，东晋名士、官员，著名书法家。据《世说新语·雅量》，太尉郗鉴镇守京口（今江苏镇江）时，派门生（按，所谓门生，最初指在学者门下受业的非亲传弟子，到魏晋时期，也指高官显贵、豪强大族门下的依附人口，这里是后一种含义）到王导家送信，想从王氏子弟中找一个女婿。王导说："君往东厢，任意选之。"门生回去向郗鉴报告说："王家诸郎亦皆可嘉，闻来觅婿，咸自矜持。唯有一郎在东床上坦腹卧，如不闻。"郗鉴说："正此好！"询问之后，知道是王羲之，于是就选他做了女婿。

④升座延明：延明，即刘昞，字延明，北魏学者。据《魏书·刘昞传》，刘昞十四岁时跟着郭瑀学习，当时郭瑀门下有五百多个学生，通晓经业的也有八十多人。郭瑀有个女儿刚刚及笄，他想要为女儿精心挑选一个佳偶，有意于刘昞。于是在自己讲课的座前特设一席，对弟子们说："吾有一女，年向成长，欲觅一快女婿。谁坐此席者，吾当婚焉。"刘昞抖抖衣服，走到席上坐下，神态肃然，说："向闻先生欲求快女婿，昞其人也。"郭瑀就把女儿嫁给了他。

【译文】

赵岐得罪宦官唐衡，隐名逃难到北海市上卖饼，被孙宾硕发现非同常人，于是将他藏匿在家中，直到唐衡死去，才让赵岐回到家乡；郑平须发早白，岳父李林甫将唐玄宗赏赐的甘露羹给他吃掉，之后很快就须发转黑。郗鉴派人到王导家寻求佳婿，王家子弟闻讯都很矜持，唯独王羲之露出肚子躺在床上，恍若无事，郗鉴得知后，就把女儿嫁给了他；刘昞在老师郭瑀门下学习时，郭瑀为女儿择婿，特设一席于座前，问谁愿来坐，将以女妻之，刘昞上前坐下，遂与郭瑀的女儿成婚。

王勃心织^①，贾逵舌耕^②。悬河郭子^③，缓颊郦生^④。

【注释】

①王勃心织：心织，用心织布。据《云仙杂记》转引《翰林盛事》，王勃所到之处，很多人都请他写文章，送来的金银布帛堆积如山，有人形容王勃是"心织笔耕"，说他写文章就像常人耕织一样，可以获利。按，《云仙杂记》引《翰林盛事》，自注出《北里志》，今《北里志》尚存，所记皆晚唐长安平康坊中妓家轶事，偶及中晚唐文人在平康坊中的行事，如王勃撰文取金之事，既不见于今书，亦不类本书佚文。《记纂渊海·名誉部·晞慕》亦引此事，云出李肇《翰林志》，然《翰林志》今亦存世，所记皆翰林故事，王勃固未尝居翰林，则出处似亦有误。《翰林盛事》今已不存，《直斋书录解题·典故类》著录此书，云："唐剡尉常山张著、处晦撰，纪儒臣盛事，自武德中迄于天宝，首载张文成七登科者，即著之祖也。"此则大概为王勃轶事所出。盖《云仙杂》各条后所注出处大抵皆伪，本条云出《北里志》亦然，而条目正文云出《翰林盛事》，则是以虚虚实实之法略存实录，亦文人故弄狡狯之一种。《记纂渊海》云出《翰林志》者，则或因《翰林志》与《翰林盛事》名近而误，与《云仙杂记》之有意作伪不同。

②贾逵（kuí）舌耕：贾逵（30—101），东汉著名学者。舌耕，靠教学生活，如同以舌耕田。据《拾遗记》，贾逵幼年时，姐姐经常抱着他听隔壁读书。到十岁时，贾逵已能默诵六经，自言"万不遗一"，

于是剥桑树皮为纸抄录六经文字，或写在门扉、屏风上，且诵且记，只用一年时间，就把经籍整体抄录诵读了一遍。乡人看到他诵写六经如此敏速，都说这是自古以来无与伦比的。此后，有人不远万里来向贾逵求学，还有人背着褓褓之中的子孙登门问学，都住在贾家门侧，贾逵向他们口授经文，赠献的粟米堆满了仓库。于是有人说："贾逵非力耕所得，诵经口倦，世所谓舌耕也。"按，据《后汉书》本传，贾逵之父贾徽是两汉之交的大儒，"从刘歆受《左氏春秋》，兼习《国语》《周官》，又受《古文尚书》于涂恽，学《毛诗》于谢曼卿，作《左氏条例》二十一篇"，贾逵"悉传父业，弱冠能诵《左氏传》及五经本文，以《大夏侯尚书》教授，虽为古学，兼通五家《谷梁》之说"，据此，则贾逵之学盖传自其父，而又广学增益之。本传又说贾逵"自为儿童，常在太学，不通人间事。身长八尺二寸，诸儒为之语曰：'问事不休贾长头'"。则贾逵盖自幼常向太学诸儒问学，故能兼通其父所未习的《大夏侯尚书》《谷梁传》等经，此亦非其姊抱听邻家读书所能得。

③悬河郭子：悬河，形容说话快且内容多，即所谓"口若悬河"。郭子，即郭象。据《世说新语·赏誉》，郭象擅长清谈，能讲说《庄子》《老子》，王衍说："郭子玄（按，即郭象，字子玄）语议如悬河写（按，同'泻'）水，注而不竭。"又据《北堂书钞·艺文部四·谈讲十三》引《语林》，王衍问孙绰："郭象何如人？"孙绰答道："其辞清雅，奕奕有余，吐章陈文，如悬河泻水，注而不竭。"与《世说》所载内容近似，而评者不同。按，王衍死时，孙绰尚未生，则《语林》所载必虚，《世说》以为王衍自评郭象，庶几近之。

④缓颊（jiá）郦（lì）生：缓颊，婉言劝解。郦生，即郦食其，秦末辩士。据《史记·魏豹彭越列传》，楚汉战争时期，魏豹（按，魏豹本是魏国公子，其兄魏咎在反秦起义中被推为魏王，死后魏豹继位。项羽分封诸侯时，将魏国徙封于河东，定都平阳）从刘邦攻项羽，兵

败于彭城。汉兵退到荥阳（今河南荥阳），魏豹请求回家去探望
生病的母亲，抵达平阳后，就派人隔断黄河渡口（按，即蒲坂、蒲
津，在今陕西大荔东，是晋陕两省之间的重要通道，后世设有临
晋关），背叛了汉王。刘邦听说魏豹反叛，考虑到此时的主要敌
人是东面的楚军，无暇分兵攻打魏豹，于是对郦生说："缓颊往说
魏豹，能下之，吾以万户封若。"郦生遵命前往，试图说服魏豹，魏
豹答道："人生一世间，如白驹过隙耳。今汉王慢而侮人，骂詈诸
侯群臣如骂奴耳，非有上下礼节也，吾不忍复见也。"于是刘邦派
遣韩信攻魏，在河东擒获魏豹，把他送到荥阳，以其国为郡。后
来刘邦命魏豹守荥阳，楚兵围攻荥阳，局势紧张，汉军主将御史
大夫周苛认为魏豹不可信，遂将他处死。

【译文】

　　王勃应约为人作文，所得金帛堆积如山，被称为"心织笔耕"；贾逵
口授门徒经文，众人赠献的粟米堆满仓库，世人谓之"舌耕"。郭象善言
《庄》《老》，王衍称赞他"语议如悬河泻水，注而不竭"；魏豹叛汉，刘邦命
郦食其去婉言劝说他重新归附，但被魏豹拒绝。

　　书成凤尾①，画点龙睛②。功臣图阁③，学士登瀛④。

【注释】

①书成凤尾：凤尾，即凤尾诺，南朝时一种艺术化的签名字体。据
《南史·齐高帝诸子传下》，江夏王萧锋是齐高帝萧道成的第十
二子，刘宋后废帝刘昱强夺其母张氏，又想杀死萧锋，萧道成害
怕儿子被害，就将他暗中送到张家养育。萧锋当时四岁，性情方
整，喜好习练书法，张家没有纸，就在井栏上练字，井栏写满了，
就用水洗掉再写，如此数月。五岁时，萧道成让他学画凤尾诺，
萧锋不但很快学会，而且写得非常漂亮。萧道成非常高兴，赐给

儿子玉骐麟,说:"骐麟赏凤尾矣。"按,汉晋时称在文书上签字为"画诺",后来逐渐艺术化,以美观为要,故萧道成使其子自幼即学画凤尾诺。而此类画诺字体进一步演化,即为艺术感更加浓厚的花押,如唐代韦陟的"五朵云"之类。

②画点龙睛:据《历代名画记》,梁人张僧繇在金陵安乐寺墙上画了四条白龙,没有点上眼睛,常说:"点睛即飞去。"人们认为其说妄诞,一定要张僧繇点上。张僧繇点了其中两条,过了片刻,雷电击破墙壁,两条龙乘云飞腾上天,没点眼睛的那两条白龙则还在安乐寺墙上。又载孙吴画家曹不兴曾画青溪龙,张僧繇见到后颇为鄙视,为其增益笔触,画之于龙泉亭,后来雷震龙泉亭,画有龙形的亭壁不翼而飞,时人方知张氏画艺神妙。按,张彦远记张僧繇画龙轶事,并称其画"所有灵感,不可具记",固然失之于好奇,但就六朝隋唐时期画坛而言,张氏的艺术水平确实已经居于同时人的前列。张彦远《历代名画记》将他列于"上品中"(最高的"上品上"只有王廙、顾恺之、陆探微三人),并引李嗣真评语云:"顾陆已往,郁为冠冕,盛称后叶,独有僧繇。今之学者,望其尘躅,如周孔焉。……骨气奇伟,师模宏远,岂唯六法精备,实亦万类皆妙。千变万化,诡状殊形,经诸目,运诸掌,得之心,应之手。意者天降圣人,为后生则,何以制作之妙,拟于阴阳者乎?"又记吴道子被时人称为"僧繇后身",这都反映了张僧繇的艺术水平之高。

③功臣图阁:阁,即凌烟阁,唐代皇宫中的建筑。据《旧唐书·太宗纪下》,贞观十七年(643)正月戊申,唐太宗命画司徒、赵国公长孙无忌等勋臣二十四人于凌烟阁。又据《唐大诏令集·录勋》所载《图功臣像于凌烟阁诏》,获得"图形凌烟阁"殊遇的二十四位功臣分别是长孙无忌、李孝恭、杜如晦、魏徵、房玄龄、高士廉、尉迟恭、李靖、萧瑀、段志玄、刘弘基、屈突通、殷开山、柴绍、长孙顺

德、张亮、侯君集、张公瑾、程知节、虞世南、刘政会、唐俭、李世勣、秦叔宝（《旧唐书·长孙无忌传》同）。据《旧唐书·阎立本传》，为上述功臣画像的画师是唐初著名画家、在唐高宗时官至宰相的阎立本。

④学士登瀛（yíng）：瀛，即瀛洲，传说中的神山，见《列子·汤问》。据《旧唐书·褚亮传》，唐高祖时期，秦王李世民平定各地割据势力之后，留意儒学，在城西建文学馆，以待四方文士，以幕僚杜如晦、房玄龄、虞世南、褚亮、姚思廉、李玄道、蔡允恭、薛元敬、颜相时、苏勖、于志宁、苏世长、薛收、李守素、陆德明、孔颖达、盖文达、许敬宗等十八人，并兼本官为文学馆学士，薛收去世后，又补入刘孝孙。后来，李世民命人为十八学士画像，题其名字、爵里于其上，又命褚亮为画像作赞，号为《十八学士写真图》，藏之于书府（按，指收藏图籍的府库），以示尊礼贤才。诸学士都特别供给珍膳，分成三批，轮番在阁下值宿，李世民有空时则引之入见，谈论经史。得以入馆者，皆为时人所倾慕，谓之"登瀛洲"。

【译文】

齐高帝萧道成让五岁的儿子萧锋学画凤尾诺，很快就学会，遂以玉骐麟赐之，说"骐麟赏凤尾"；张僧繇画四龙于安乐寺壁，不为之点睛，称"点睛即飞去"。后来有人让他为龙画上眼睛，有眼的两龙果然飞去。贞观十七年，唐太宗李世民命为功臣二十四人画像，陈列在凌烟阁；李世民尚为秦王时，设文学馆以待文学之士，以幕僚十八人兼任学士，为他们画像作赞，多方礼遇，时人谓之"登瀛洲"。

卢携貌丑^①，卫玠神清^②。非熊再世^③，圆泽三生^④。

【注释】

①卢携貌丑：卢携（？—880），唐代大臣，曾任宰相。据《北梦琐

言》，唐宣宗大中初年，卢携参加进士科的考试，其貌不扬，语音也不标准，自呼其名时，还把"携"念成"彗"，犯了短舌的毛病。京兆韦氏子弟都很看不起他，只有韦岫说："卢虽人物甚陋，观其文章有首尾，斯人也，以是卜之，他日必为大用乎？"后来卢携果然考中进士，最终官至宰相，韦岫受他提拔，被任用为福建观察使。韦家诸弟从前嘲讽卢携，此时卢携对他们也毫无情分可言，都未加以提拔。按，依白一平的拟音成果，唐宋时期，"携"和"彗"两字的发音只差一个韵尾的辅音，故《北梦琐言》说卢携"短舌"。

②卫玠（jiè）神清：卫玠（286—312），西晋人，著名美男子。神清，神韵清雅。据《世说新语·品藻》"刘丹阳、王长史在瓦官寺集"条刘孝标注引《江左名士传》，刘惔评论杜乂与卫玠的容姿，说："弘治肤清，叔宝神清。"时人以为知言。按，卫玠字叔宝。杜乂肤若凝脂，在东晋前期也以秀美著称，可参看前"弘治凝脂"条。同条刘孝标注又注引《玠别传》，称晋穆帝永和年间，刘惔和谢尚商略中朝（按，东晋时称西晋为中朝）人物，有人问："杜弘治可方卫洗马（卫玠曾官太子洗马）不？"谢尚答道："安得比！其间可容数人。"唐初修《晋书》，史臣遂取《玠别传》与《江左名士传》的两段记载，糅合为一，入《卫玠传》。

③非熊再世：非熊，即顾非熊，唐代诗人。据《酉阳杂俎·冥迹》，顾况有一子去世，时年十七。其子的灵魂游荡，恍惚如梦，始终不离自家。顾况哀痛不已，于是边哭边吟诗道："老人丧一子，日暮泣成血。心逐断猿惊，迹随飞鸟灭。老人年七十，不作多时别。"其子的灵魂听到后非常悲痛，于是发誓："忽若作人，当再为顾家子。"过了几天，儿子的灵魂就像被人拘走一样，忽然到了一个地方，有一个像是县吏的人断案，命他托生在顾家，后来就又什么都不知道了。此后再次清醒，睁眼看到屋宇都是熟悉的，兄弟亲

人都在身边，只是不能说话。这是他生下来的时候，此后又把这些事情都忘掉了。到七岁时，他的哥哥在嬉闹中打了他，他忽然说："我是尔兄，何故批我。"全家都很惊讶，于是他才把前生的事情说出来，一件件都说得很对，弟妹的小名也都能叫出来，大家这才相信果然有像羊祜一样的事情（按，羊祜事，见前"羊祜探环"条）。这个孩子就是后来的顾非熊，《酉阳杂俎》的作者段成式曾向他询问此事，顾非熊流着泪，亲自对他诉说了前后情由。

④圆泽三生：圆泽，唐代僧人。三生，佛教用语，即前生、今生、来生，今杭州三天竺寺后山有三生石，系由圆泽轶事附会而来。苏轼有《僧圆泽传》，记洛阳有惠林寺，本是光禄卿李憕的住宅，李憕在安史之乱中殉难，其子李源不仕不娶不食肉，长居寺中，与寺僧圆泽为友。两人相约同游青城、峨眉，李源想要自荆州入蜀，圆泽主张从长安入蜀，李源说："吾已绝世事，岂可复道京师哉！"圆泽默然久之，遂从李源之意。两人行经南浦，见有妇人背着罐子在江边汲水，圆泽望之流泪，说："吾不欲由此者，为是也。"李源惊问，圆泽解释道："妇人姓王氏，吾当为之子。孕三岁矣，吾不来，故不得乳。今既见，无可逃者。公当以符咒助我速生。三日浴儿时，愿公临我，以笑为信。后十三年中秋月夜，杭州天竺寺外，当与公相见。"到晚间，果然圆泽去世，而妇人生子。三天后，李源去看望新生儿，孩子见之一笑。又过了十三年，李源往赴圆泽之约，到葛洪川畔，听到有牧童敲着牛角唱歌："三生石上旧精魂，赏月吟风不要论。惭愧情人远相访，此身虽异性长存。"李源呼问："泽公健否？"牧童答道："李公真信士。然俗缘未尽，慎勿相近。惟勤修不堕，乃复相见。"又唱道："身前身后事茫茫，欲话因缘恐断肠。吴越山川寻已遍，却回烟棹上瞿塘。"此后便不知去向了。按，此事初见《太平广记·悟前生一》引《甘泽谣》，唯"圆泽"作"圆观"。苏轼嫌其文冗赘，改写为《僧圆泽传》，

又有"一悟镜空老,始知圆泽贤""欲向钱塘访圆泽,葛洪川畔待秋深"的诗句。因苏轼文名鼎盛,后之诗文、小说,乃至禅僧语录多从作"圆泽",而《甘泽谣》之"圆观"反不为人所知。

【译文】

　　卢携相貌丑陋,京兆韦氏子弟多看不起他,只有韦岫认为他虽其貌不扬,但文章写得好,将来必成大器,后来卢携果然官至宰相;卫玠容貌秀美,刘惔认为他的姿貌尚在东晋前期著名美男子杜乂之上,其清雅深入神韵。顾非熊自言前世也为顾况之子,去世后看到父亲悲痛,故发誓要再生于顾家,果然如愿以偿;僧人圆泽自知来世要托生于王氏女子腹中,与好友李源约定在三日洗儿时,以及十三年后两度相见,后果如言履约。

安期东渡^①,潘岳西征^②。志和耽钓^③,宗仪辍耕^④。

【注释】

①安期东渡:安期,即王承,字安期,晋代官员、名士。据《晋书·王承传》,王承自东海太守(东海,汉晋郡国名。西晋中期以后,辖今山东临沂市一部、江苏连云港市大部,治今山东郯城)弃官而去,东行渡江。当时南行路上常有阻滞,人人都很害怕,王承每遇艰险,都非常镇静,即使是家人、亲信,也看不到他表露情绪。抵达下邳(汉晋郡国名。辖今江苏省徐州市、宿迁市、淮安市各一部,治今江苏睢宁下邳古城)之后,王承登山北望,说:"人言愁,我始欲愁矣。"按,永嘉五年(311),控制朝政五年的东海王司马越去世,太尉王衍决策秘不发丧,推襄阳王司马范为大将军,欲率司马越所部大军回师东海,在苦县宁平城(在今河南郸城)被石勒打败,全军覆没。同年,受司马越委任出镇下邳的徐州刺史裴盾也为刘聪部将赵固所杀。王承弃官南下,当在宁平覆师

之后,裴盾被杀之前。从东海到下邳,路途虽不甚遥远,但王承在旅程中必然目睹种种乱象。到下邳后,他应该已经认识到西晋在徐州的统治力量迅速解体的现实(按,裴盾在徐州不得人心,嗣后赵固来攻时,所部文武"不堪苛政,悉皆散走"),遂于登山北望之际,难以自抑地发出慨叹。又按,王承自东海郡治郯县至下邳,其实是向西南方向行进,从下邳到建邺(今江苏南京)的旅程才是"东渡"。从这一点看,王承从东海经下邳到建邺,实际是绕了远路。由此推测,其弃郡南行,本意或许不在渡江,而是欲就裴盾于徐州,到下邳后发现此处不可宁居,才选择了继续转至建邺。

②潘岳西征:潘岳(?—300),西晋文学家。西征,向西远行。按,在古汉语中,"征"有远行的含义,故远行的游子又称"征客",能够远飞的鸟又称"征鸟"。晋惠帝元康二年(292),潘岳被任命为长安令,从京城洛阳出外,西赴长安上任,作《西征赋》。他在赋中历述一路上所见古迹,通过歌颂前代明君贤臣、贬斥昏暴之徒的方式,来抒发自己心中的感慨。按,太熙元年(290),晋武帝去世,太子司马衷继位,是为惠帝,改元永熙。次年正月,改元永平。三月,杀受武帝遗命辅政的太傅杨骏及同党,皆夷族,改元元康。潘岳时为太傅主簿,险些被牵连处死,幸而有人为他说情,才仅被免官,逾年复起,任长安令。他在《西征赋》的开篇感叹杨骏不能明哲保身,终遭陨灭之祸,且于后文抨击西汉晚期贵盛的外戚王氏,提出"积德延祚,莫二其一"的观点,均可视为对杨骏被诛一事做出的反应。

③志和耽(dān)钓:志和,即张志和,唐代隐士。耽,沉溺于。据颜真卿所作《浪迹先生玄真子张志和碑》,张志和十六岁到太学学习,曾以明经及第,并向唐肃宗献策。肃宗对他深为赏识,命他待诏翰林,后授左金吾卫录事参军,因事被贬为南浦尉。后来朝

廷想要量移其官（按，唐宋时官员被贬后，经一定的年头，可以酌情转迁离京城较近，或品秩较高的官职，称为量移。如白居易被贬为江州司马后，徙任忠州刺史，作诗云："流落多年应是命，量移远郡未成官。"即量移之实例），他不愿赴任，请求回到家乡，及至父母去世后，就不再有做官的想法，于是驾扁舟、垂钓丝，往来于三江五湖之中，自称"烟波钓徒"。颜真卿又说，垂钓之时，张志和往往不设钓饵，盖其意不在得鱼。据此，则《龙文鞭影》的作者说张志和"耽钓"，恐怕并不完全准确。

④宗仪辍（chuò）耕：宗仪，即陶宗仪，元代人。辍耕，停止耕田。据孙作所作《南村辍耕录》的序言，陶宗仪在耕种之余，常随身携带笔砚。他有时停下耕田，在田边树下休息，抱膝而啸，鼓腹而歌，想起重要的事情来，就摘下树叶写在上面，用一个破盎（按，盎是一种腹大口小的瓦罐）装着，离开时就将盎埋在树根下面。如此十年，积攒了十几盎。一天，陶宗仪忽然命人将盎全部取出来，把记下的内容整理成一部三十卷的书，取名为《南村辍耕录》。按，孙作，字大雅，元明之际诗文家，元末曾避乱于松江（今上海），而陶宗仪青年时入赘于松江的一个官员家庭，故两人得以结识为友。

【译文】

王承自东海太守任上，弃郡东渡，一路虽遇艰险，都保持镇静，行至下邳后，反而叹息道"我始欲愁矣"；潘岳被任命为长安令，从洛阳出发，西行赴任，将自己一路所见古迹和自身感想写入《西征赋》。张志和辞去官职回到家乡，乘舟游历于三江五湖之中，平时以钓鱼自娱，自号"烟波钓徒"；陶宗仪在耕种时，也不忘随身携带笔砚，想起什么就记在树叶上，藏于罐中，十年之后，他将这些内容整理成书，名为《南村辍耕录》。

卫鞅行诈①，羊祜推诚②。林宗倾粥③，文季争羹④。

【注释】

①卫鞅（yāng）行诈：卫鞅，即商鞅，因是卫国国君的后裔，故时人称之为卫鞅、公孙鞅，后因秦孝公将商於之地封给他，才又被称为商鞅。据《史记·商君列传》，齐、魏马陵之战后，卫鞅向秦孝公陈说攻魏的必要性，秦孝公以为然，使卫鞅率军伐魏，魏命公子卬率军抵御。两军相持，卫鞅给公子卬写信诈言："吾始与公子欢（按，指两人旧日曾是好友），今俱为两国将，不忍相攻，可与公子面相见，盟，乐饮而罢兵，以安秦、魏。"公子卬相信了，与卫鞅会盟，之后又一同宴饮。卫鞅埋伏下甲士，在宴席上劫持了公子卬，随即大破魏军而归。魏国连续被齐、秦两国打败，国内空虚，不得已割河西之地献给秦国，随即迁都大梁（今河南开封）。按，卫鞅年轻时是魏相公叔痤的家臣，后以魏王不用，始入秦，故他能与公子卬有旧交。

②羊祜（hù）推诚：推诚，以诚待人。据《晋书·羊祜传》，晋武帝有灭吴之志，命羊祜都督荆州诸军事。羊祜到荆州后，广布恩信于江汉，吴人有之前归降、后又想回去的，都听任他们回到吴国。他每与吴人交战，都事先约定交战的时间，不搞偷袭；将帅有想进献诡谋奇计的，羊祜就给他们喝醇酒，让他们在说出计策之前先喝醉。有人掳掠了吴国的两个孩子，羊祜下令将孩子归还吴人，后来两个孩子的父亲都率部来降。吴将率军侵晋，被晋军斩杀的，羊祜为其厚加殡殓，将遗体送还其子弟；被生擒的，则释而不杀。羊祜出兵在吴境中行军，如果割了吴人的谷子充作军粮，都按照价值送去绢作为赔偿。每当在江汉之间举行大规模狩猎，羊祜都控制队伍不出晋境，如果有野兽已经被吴人打伤，又被晋方俘获，羊祜都下令送还给吴国。由于羊祜能够以诚待人，

所以吴人对他很是尊重，称为"羊公"，而不呼其名。

③林宗倾粥：林宗，即郭泰，字林宗。据《后汉纪·孝灵皇帝纪上》，陈国的童子（按，指未行冠礼的男子）魏昭主动要求为郭泰服务，在房中执洒扫之役。郭泰偶尔身体不舒服，后半夜让魏昭做粥。做好后，郭泰呵斥道："为长者作粥，不加意敬，使不可食！"把盛粥的杯子掷在地上。魏昭又去重新煮粥送来，郭泰又呵斥他，如是数次，魏昭毫无怨言，容色仍然怡悦。郭泰说："吾始见子之面，而今而后，知卿心耳。"于是就与他以朋友身份结交。按，此事与前"郭泰人师"条实为一事，可参看。

④文季争羹（gēng）：文季，即沈文季（442—499），南齐大臣。据《南史·崔祖思传》，齐高帝萧道成被封为齐王后，举办酒宴招待群臣，菜上到羹脍时，齐国内史崔祖思说："此味故为南北所推。"侍中沈文季却说："羹脍吴食，非祖思所解。"崔祖思争辩道："'炰鳖脍鲤'，似非句吴（按，即春秋时的吴国）之诗。"沈文季立即反驳："'千里莼羹'，岂关鲁、卫？"萧道成听他们辩论，非常高兴，说："莼羹故应还沈。"按，'炰鳖脍鲤'之句，见《诗经·小雅·六月》，描绘的是周宣王时重臣尹吉甫旋师镐京（今陕西西安）之后举行庆功宴的景象，崔祖思以此说明羹脍是南北都喜爱的食物。沈文季是吴兴（今浙江湖州）大族沈氏出身，认为羹脍是吴地流行的食物，并举陆机"有千里莼羹，未下盐豉"的句子为据。从食物发展的历史来看，沈文季将羹脍视为"吴食"，未免有强词夺理之嫌。但由此也可以看出，南北朝时期，羹作为食物的一个品类，在江南地区是非常流行的，因此萧道成最终也站在了沈文季一边。

【译文】

卫鞅率秦军攻魏，借与魏将公子卬为故交之由，诈言结盟，将公子卬劫持，大败魏军，逼迫魏国割让河西之地；羊祜镇守荆州，以诚意对待吴国将士，广布恩信，吴人对他非常尊重，称之为"羊公"，而不呼其名。

郭泰生病，让魏昭为他煮粥，煮成后就将粥倒掉，以此刁难他，如是数次，魏昭都面不改色，郭泰看到了魏昭的真心，遂与他结为好友；崔祖思在齐王萧道成的宴席上说羹臇是南北都喜好的食物，沈文季却宣称羹臇为南方所独有，最终萧道成出面支持了沈文季。

茂贞苛税^①，阳城缓征^②。北山学士^③，南郭先生^④。

【注释】

①茂贞苛税：茂贞，即李茂贞（856—924），晚唐五代时期的藩镇。据《新五代史·李茂贞传》，李茂贞做凤翔节度使时，曾因地狭赋薄，用度不足，下令榷油（将灯油改为由官府专卖），并下令不许把松柴担到城里，怕人用松柴点火把，影响出售灯油的收入。当时有优人（按，指表演滑稽戏的演员）在表演中讽刺说："臣请并禁月明。"李茂贞听了只是笑，并不生气。按，李茂贞在晚唐时期，割据凤翔一镇，地盘最大时曾扩张到二十州之多，后来累经丧师失地，也坐拥七州之地，未可谓之狭小。所谓"地狭赋薄"，只不过是藩镇多方搜刮百姓的借口而已。其榷及灯油，且不许松柴入城，实属苛税。但在五代时期的藩镇中，李茂贞却是以"宽仁爱物，民颇安之"著称的，这就可以看出当时其他地区的节度使搜刮百姓到了何等残暴的地步。而李茂贞对优人的讽刺笑而不怒，似乎又体现出他确实有旧时所谓"宽仁"的一面。

②阳城缓征：阳城，唐代官员。据《旧唐书·隐逸传》，阳城做湖南道州刺史时，以对待家人的方式对待本州吏民，应罚者罚，应赏者赏，不把文书考课放在心上，着力为本地除去弊政。由于他在本州收税不力，观察使（按，中晚唐藩镇长官名。地位次于节度使，设有节度使的地区由节度使兼任，无节度使的地区以观察使为最高长官，湖南观察使辖衡、潭、邵、永、道、郴、连七州）多次责

备他，阳城干脆在自己的考核文书上批道："抚字心劳，征科政拙，考下下。"观察使派判官（按，自唐睿宗时起，节度使、观察使等官幕府均设判官佐理政事，为重要幕僚）到道州督催赋税，判官到达道州时，不见阳城出面迎接，很奇怪，便询问州吏，州吏说："刺史闻判官来，以为有罪，自囚于狱，不敢出。"判官大惊，驰入狱中谒见阳城，说："使君何罪！ 某奉命来候安否耳。"过了一两天，阳城见判官仍然停留在道州，就不回官署，每天坐卧在驿馆外的破门扇上，判官感到不自在，就辞行而去。观察使又派另一位判官来查办，这位判官心里不愿意查办阳城，索性带着妻儿一同前往，中途就举家逃走了。

③北山学士：北山，山名。在建安县（今福建建瓯），以山位处建宁府（南宋以来政区名。辖今福建建瓯、建阳、崇安、浦城、松溪、政和六市县之地，治所在今福建建瓯）城之北，故名。据弘治本《八闽通志·徐大正传》，徐大正，字得之，曾赴省试，过严子陵钓台，题诗云："光武初从血战回，故人长短尚论材。中宵若起唐虞兴，未必先生恋钓台。"苏轼见到后，遂与他结交为友。后来徐大正在北山之下起建房屋，起名为"闲轩"，秦观为之作记，苏轼赋诗，时人称为"北山学士"。按，秦观有《闲轩记》，苏轼有《徐大正闲轩》诗，均见本集，但两者皆未谈及徐大正"北山学士"之号，至明代中期忽有此说，不知是乡里口碑，抑或文人妄增。

④南郭先生：南郭，外城的南部，古代称外城为郭。据《舆地纪胜·淮南东路·滁州·仙释隐士》，北宋人雍存隐居于滁州城南，号称"南郭先生"。钱公辅有《和许仲涂郎中游山》诗，云："每同南郭先生到，今伴东牟太守来。自顾拙疏聊自乐，白云径里踏荒苔。"诗中的"南郭先生"就是指雍存。按，据《续资治通鉴长编·英宗治平元年》，治平元年（1064）十二月丁未，钱公辅自知制诰贬为滁州团练副使，不签书本州事，次年十二月，以刑部员外郎徙

知广德军,则他与雍存结交、游山应在治平二年(1065)内。又据《明一统志·滁州·人物》所载,知雍存为全椒人,隐居不仕,以文史自娱,绍圣初,曾肇知滁州,两人结文字之交。曾肇知滁州在绍圣二年(1095),亦见《舆地纪胜》。据此,可知雍存大约生活于北宋仁、英、神、哲四朝期间。

【译文】

李茂贞在凤翔任上,规定灯油官卖,并禁百姓担负松柴入城,怕他们用松柴照明,影响灯油销售,优人讽刺他不如连天上的月亮都禁掉,李茂贞听了只是笑而已;阳城在道州,对待下属和百姓如同对待家人,力除弊政,对收税却很不重视,屡次遭到上司责问,后来索性自请入狱,观察使和幕僚对他毫无办法。徐大正在建安北山起建房屋,取名"闲轩",苏轼、秦观分别为闲轩作诗、作记,时人称徐大正为"北山学士";雍存在滁州城南隐居,自号"南郭先生",与钱公辅、曾肇结交为友。

文人鹏举①,名士道衡②。灌园陈定③,为圃苏卿④。

【注释】

①文人鹏举:鹏举,即温子升(495—547),字鹏举,北魏官员、文学家。据《魏书·文苑传》,温子升博览百家,文章清婉。梁武帝萧衍命人抄写其诗文,称赞道:"曹植、陆机复生于北土。恨我辞人,数穷百六。"阳夏太守傅标出使吐谷浑,看到国主床头有书数卷,内容是温子升所作的文章。济阴王元晖业称赞他道:"江左文人,宋有颜延之、谢灵运,梁有沈约、任昉,我子升足以陵颜铄谢,含任吐沈。"按,当时南北分裂,文人各事其主,始则南朝轻视北人,北人亦自觉愧耻;继而随着北魏国力增强,以及逐渐汉化,北人也试图在文化上蔑视南士,如元晖业评温子升"陵颜铄谢,含任吐沈",即是一例。但究其实际,北方文人在文学创作方面

仍难免模仿南人。据《北齐书·魏收传》，与温子升齐名当世的邢邵、魏收互相谤毁，邢邵说："江南任昉，文体本疏，魏收非直模拟，亦大偷窃。"魏收得知后，遂说："伊常于沈约集中作贼，何意道我偷任昉。"魏收又鄙视温子升、邢邵不善作赋，认为"会须作赋，始成大才士"，而南方恰好保留了汉晋以来的作赋传统，可见当时北地文坛仍是以南朝好尚为圭臬的。这样看来，《朝野金载》记庾信读温子升《韩陵山寺碑》后，评价北方文士道："惟有韩陵山一片石堪共语。薛道衡、卢思道少解把笔，自余驴鸣犬吠，聒耳而已。"对温子升的评价已经很高了。

② 名士道衡：道衡，即薛道衡（540—609），北朝晚期官员、诗人，历仕北齐、北周、隋三代。据《隋唐嘉话》，薛道衡出使陈朝，作《人日》诗，头两句是："入春才七日，离家已二年。"南方的文人嘲笑他说："是底言？谁谓此虏解作诗！"等到薛道衡写完后两句"人归落雁后，思发在花前"，看到的人都很欣喜，说："名下固无虚士。"按，南北朝时期，南北文人角逐争胜，互相讥嘲，已见前条按语所述，故南士鄙称薛道衡为"虏"。但薛诗构思巧妙，语淡意深，因而南士读完全篇后，也不得不改变对薛道衡的看法。庾信谓薛道衡"少解把笔"（见前条），固是蔑视北方文坛的自傲之词，但也不妨看作他对薛道衡文学创作水平的另类肯定。

③ 灌园陈定：灌园，浇灌园圃，后来也泛指从事农业劳动。陈定，即於陵仲子，又称於陵子仲、陈子终，盖以子仲或子终为字，战国时隐士，齐国人。据《列女传·仁智传》，楚王派使者带着厚礼来聘请於陵仲子为相，於陵仲子说："仆有箕帚之妾，请入与计之。"于是入内，对妻子说："楚王欲以我为相，遣使者持金来。今日为相，明日结驷连骑，食方丈于前，可乎？"妻子说："夫子织屦以为食，非与物无治也。左琴右书，乐亦在其中矣。夫结驷连骑，所安不过容膝。食方丈于前，所甘不过一肉。今以容膝之安、一肉

之味而怀楚国之忧，其可乎！乱世多害，妾恐先生之不保命也。"於陵仲子听了妻子的话，出堂谢绝了楚王的使者。其后夫妻二人遂从住处逃走，以帮人灌园维持生活。按，於陵仲子之名，唐宋以前皆称为"陈仲"或"陈仲子"。至明万历末，夏树芳《女镜》云："陈定，字子仲。"清陈维崧《白秋海棠赋》"於陵则灌园自食"句自注云："仲子名定，字子终。"据此，则陈定之名盖明人所造作，非旧说也，然亦不知其源何所自。

④为圃（pǔ）苏卿：为圃，种菜。圃，菜园。苏卿，即苏云卿，南宋隐士。据《游宦纪闻》，宋高宗绍兴年间（1131—1162），兵火未熄，苏云卿来到豫章（按，即洪州，今江西南昌，此盖以郡号为称）东湖南岸，结庐独居，与邻里相处融洽，人称苏翁。他身高七尺，一年到头穿着布衣、草鞋，开垦了一片废地，用作菜园。苏云卿种菜很有法度，无论寒冬酷暑，他的菜园里总有茂密的蔬菜，味道也比其他菜农种出来的好。因此，他卖出蔬菜，获利是他人的一倍，而且比其他人卖得还快。他白天种菜，晚上织草鞋，生计不乏，还能有所剩余，用来接济别人。后来他的同乡张浚做了宰相，写信给江西的转运使和安抚使，要他们聘请苏云卿出山。这两位地方主官到东湖去访问苏云卿，转达了张浚的善意，并送上书函和礼物。苏云卿无奈之下，答应次日去拜访两人。及至第二天，两人派小吏去迎接苏云卿，发现苏氏之庐已空，书函、礼物还留在桌案上，竟不知他到哪里去了。按，《宋史·隐逸传下》有《苏云卿传》，情节与《游宦纪闻》略同，而有所增饰，殆出一源。又按，张浚为相在绍兴五年（1135）至绍兴七年（1137），则苏云卿隐居洪州的时间下限也大致可知。

【译文】

温子升所作文章清丽婉转，济阴王元晖业认为他的文采能超越之前著名的"江左文人"，如颜延之、谢灵运、任昉、沈约等；薛道衡使陈，作

《人日》诗，南方士人大加称赞，谓之"名下元无虚士"。楚王遣使聘请於陵仲子为相，仲子在其妻的建议下谢绝了使者，又逃离了住处，之后以为人灌园维持生计；苏云卿结庐隐居于豫章东湖，以种菜为生，同乡张浚为相，想要聘请他出山，他得知后遁去，不知所踪。

融赋沧海①，祖咏彭城②。温公万卷③，沈约四声④。

【注释】

①融赋沧海：融，即张融（444—497），南朝官员、文人。沧海，大海。据《南齐书·张融传》，张融少年时就有很好的名声，宋孝武帝看重他这一点，安排他任新安王刘子鸾的参军。后因孝武帝建新安寺，新安王的僚属都拿出钱帛共襄盛举，只有张融仅出百钱，孝武帝说："融殊贫，当序以佳禄。"于是外放他为封溪令（按，封溪，东汉至南朝县名。治所在今越南河内古螺城，梁陈间废，至唐又一度复置）。张融泰然自若，翻越五岭后，乘船从海上到交州，在船中还写了一篇《海赋》。当他回到京师后，将赋拿给哥哥的朋友、时任镇军将军的顾觊之看。顾觊之读完之后，评价道："卿此赋实超《玄》《虚》（按，应指张衡《思玄赋》、司马相如《子虚赋》），但恨不道盐耳。"张融就要来一支笔，当场增写了四句："漉沙构白，熬波出素。积雪中春，飞霜暑路。"按，新安王刘子鸾是孝武帝最宠爱的儿子，"凡为上所盼遇者，莫不入子鸾之府、国"（见《宋书》本传），张融被委任为参军，入其府，可见孝武帝对他的看重。又按，晋宋之际，地方官员较朝官更易于牟取财货，且上下恬然不以为怪，故当时视请求外任郡县以自肥为"求禄"，皇帝、重臣也往往以到收入丰厚的郡县任职作为奖励官员的一种手段。但是，孝武帝因张融在建寺时出钱不多，谓之"殊贫"，进而让他出任远在天南的封溪令，与其说是委以县职，俾使自润，

不如说是认为他太过吝啬，要以软性流放的方式"教训"他一下。

②祖咏彭城：祖，即祖莹。据《魏书·祖莹传》，祖莹以彭城王元勰的法曹行参军迁为尚书三公郎，尚书令王肃在尚书省吟咏《悲平城》诗道："悲平城，驱马入云中。阴山常晦雪，荒松无罢风。"元勰觉得诗很好，想让王肃再吟诵一遍，不小心把"平城"说成"彭城"。王肃听了，笑道："何意《悲平城》为《悲彭城》也？"元勰很惭愧。祖莹为元勰打圆场，说："所有《悲彭城》，王公自未见耳。"王肃便要求祖莹吟诵。祖莹应声吟道："悲彭城，楚歌四面起。尸积石梁亭，血流睢水里。"王肃叹息赞赏，元勰也非常高兴，私下对祖莹说："即定是神口。今日若不得卿，几为吴子所屈。"

③温公万卷：温公，即司马光。据《梁溪漫志》，司马光在洛阳独乐园读书堂藏有文史万余卷，有一些经常阅读的书，反复阅读了几十年，还像未曾触碰的新书一样。他曾对儿子司马康讲述自己爱护书的心得，说："贾竖藏货贝，儒家惟此耳，然当知宝惜。吾每岁以上伏及重阳间，视天气晴明日，即设几案于当日所，侧群书其上以曝其脑，所以年月虽深，终不损动。至于启卷，必先视几案洁净，藉以茵褥，然后端坐看之。或欲行看，即承以方版，未尝敢空手捧之，非惟手汗渍及，亦虑触动其脑。每至看竟一版，即侧右手大指面衬其沿，而覆以次指面捻而挟过，故得不至揉熟其纸。每见汝辈多以指爪撮起，甚非吾意。"按，书脑是古代书籍装订时打孔穿线的部位，也是图书易受伤损的部位之一。所以司马光经常晾晒书脑的部位，出汗的手都不敢碰触。

④沈约四声：沈约（441—513），南朝大臣，文学家。四声，汉语的四个语调，即平声、上声、去声、入声。据《梁书·沈约传》，沈约撰《四声谱》，认为以往的词人经历千年都未能领会声韵这一关键，自己将字音归纳为四声，并由此提出作诗应遵循的声韵规范（按，即所谓"四声八病"），穷尽其中精义，实有独得之妙。同样

擅长诗赋的梁武帝对沈约的理论并不很赞赏,问中书舍人周舍:"何谓四声?"周舍说:"'天子圣哲',是也。"但此后梁武帝也没有遵用沈约提出的规范。按,依中古语音,"天"字为平声,"子"字为上声,"圣"字为去声,"哲"字为入声。又按,《南齐书·陆厥传》(《南史·陆厥传》略同)云:"永明末,盛为文章,吴兴沈约、陈郡谢朓、琅琊王融以气类相推毂;汝南周颙,善识声韵。约等文皆用宫商,以平上去入为四声,以此制韵,不可增减,世呼为'永明体'"。据此,则发现语音的四声,以及将音韵规律应用于诗歌创作,皆非沈约一人之功。

【译文】

张融将所作《海赋》拿给顾觊之看,顾觊之认为其中缺少关于盐的部分,于是张融当场提笔增入四句,描绘盐的形态;王肃咏《悲平城》,元勰想要他再吟诵一遍,无意将"平城"说作"彭城",祖莹为维护元勰的面子,即席咏出一首《悲彭城》,获得了两人的赞许。司马光在独乐园读书堂藏书有万余卷之多,有些书经常阅读,但都像新书一样,这是因为司马光自有一套爱护书的方法;沈约归纳平上去入四声的规律,并将之引入诗文创作,自认为发现了之前文人经历千年都未领会到的要点,但梁武帝对他的理论并不欣赏。

许询胜具①,谢客游情②。不齐宰单③,子推相荆④。

【注释】

①许询胜具:许询,东晋名士。胜具,即"济胜之具"的简称,指能够实现兴趣爱好的倚仗。据《世说新语·栖逸》,许询喜欢游山玩水,而且身体很好,便于登山越岭。当时人说:"许非徒有胜情,实有济胜之具。"

②谢客游情:谢客,即谢灵运,小名客儿,故称谢客。据《宋书·谢

灵运传》,谢灵运被免官回到始宁(汉晋县名。隋废,治所在今浙江嵊州境内)的庄园,父祖给他留下丰厚的资产,门生、义故(按,两者皆为晋宋时期的依附民)达数百人之多。他带着这些人凿山浚湖,没有一日宁居,尤其喜欢入山游玩,遍历其中幽深险峻之处。他曾经从始宁的南山带着几百人伐木开道,一直走到临海(六朝郡名。治今浙江临海),才从山中出来。临海太守王琇闻知惊骇,以为境内出了山贼,后来知道是谢灵运,才算安心。谢灵运又邀王琇一同继续前行,王琇不允,谢灵运赠诗云:"邦君难地险,旅客易山行。"

③不齐宰单(shàn):不齐,即宓不齐,孔子弟子,字子贱。宰,做地方官。单,单父的简称。单父,古代县名。明废,即今山东单县。据《吕氏春秋·开春论·察贤》,宓子贱做单父的邑宰,每天弹琴,身不下堂,单父就得到了治理。巫马期(春秋时期鲁国人,亦为孔子弟子)后来也在单父做邑宰,每天早晨星星还在天上时就出门,晚上星星已经出来了才回来,事事都靠自己来做,在当地也取得了不错的治理成果。巫马期问宓子贱何以如此,宓子贱回答道:"我之谓任人,子之谓任力。任力者故劳,任人者故逸。"《韩诗外传》略同。按,《韩诗外传》又记,孔子曾问宓子贱治理单父的经验,子贱说:"不齐时发仓廪,振困穷,补不足。"孔子评价道:"是小人附耳,未也。"子贱又说:"赏有能,招贤才,退不肖。"孔子说:"是士附耳,未也。"子贱最后说:"所父事者三人,所兄事者五人,所友者十有二人,所师者一人。"孔子感叹道:"所父事者三人,足以教孝矣。所兄事者五人,足以教弟矣。所友者十有二人,足以祛壅蔽矣。所师者一人,足以虑无失策、举无败功矣。昔者尧舜清微其身,以听观天下,务来贤人。夫举贤者,百福之宗也,而神明之主也。惜乎,不齐之所为者小也。为之大,功乃与尧舜参矣!"由此可见,宓子贱的"任人",不止是把有能力的人

放到合适的位置上,还包括尊礼贤人、广泛听取他们的意见,也就是孔子所说尧、舜曾实行的"举贤"。宓子贱采取这样的治理方式,自然比巫马期事必躬亲的治理方式要高明。

④子推相荆:子推,即介子推,实为"荆公子"之误,说见后。荆公子,即楚国的公子(楚王之子),楚国的令尹向以王族担任。相,做宰相。荆,春秋战国时国名。即楚国,秦庄襄王名子楚,故秦人讳"楚"为"荆"。据《说苑·尊贤》,介子推十五岁就做了楚国的宰相。孔子听说后,派人去观察他,回报说:"廊下有二十五俊士,堂上有二十五老人。"孔子说:"合二十五人之智,智于汤武;并二十五人之力,力于彭祖。以治天下,其固免矣乎!"按,据卢文弨引孙志祖校语,《孔子家语·六本》亦载此事,作"荆公子年十五而摄相事"。向宗鲁《说苑校证》又补充其说,云:"《书钞》(按,指《北堂书钞》)四十九引本书亦作'荆公子',是唐初本尚不误,此因'公'讹作'介',后人因去'荆'字加'推'字耳。"当从其说。

【译文】

许询喜好山水,且身体条件足以支持他的游历,时人认为他有济胜之具;谢灵运回到始宁闲居以后,常率人凿山浚湖,伐木开道,以探索山中幽处的景色。宓不齐做单父的邑宰,任用贤能处理政事,自己每天在堂上弹琴,也能取得很好的治理效果;介子推十五岁任楚相,广泛延揽人才为自己所用,受到孔子的赞叹。

仲淹复姓①,潘阆藏名②。烹茶秀实③,漉酒渊明④。

【注释】

①仲淹复姓:仲淹,即范仲淹(989—1052),北宋大臣。据《青箱杂记》(《孔氏谈苑》略同),范仲淹幼时丧父,随着母亲改嫁朱家,于

是随继父改用朱姓,名说。中进士后改回范姓,写了一封书启,感谢推动此事的宰执,信中说:"志在投秦,入境遂称夫张禄;名非霸越,乘舟乃效于陶朱。"用了范雎、范蠡的典故,因为他们也曾经改姓名,与范仲淹的经历有相似之处。后蜀的翰林学士范禹偁也曾冒用张姓,改姓以后也有谢启,云:"昔年上第,误标张禄之名;今日故园,复作范雎之裔。"但不如范仲淹用典精切。按,王铚《四六话》亦记此事,并提到晚唐人郑准曾做荆南节度使成汭的从事,成汭本姓郭,命郑准代作《乞归姓表》,表中有云:"居故国以狐疑,望邻封而鼠窜。名非伯越,浮舟难效于陶朱;志在投秦,出境遂称于张禄。未遑辨雪,寻涉艰危。"王铚认为范仲淹谢启直接袭用了郑准之语。又,据《新唐书》《旧五代史》之《成汭传》,成汭微贱时曾被秦宗权的部将收为义子,改名郭禹,后在军阀混战中占据荆州一带,被唐昭宗拜为荆南节度留后,乃上表请复成姓,改名汭,与王铚所言恰好相反。

② 潘阆(làng)藏名:潘阆,北宋诗人。据《中山诗话》,宋太宗晚年烧炼丹药,潘阆曾进献方书。太宗去世后,潘阆担心被追究责任处死,于是躲到舒州(今安徽潜山)的潜山寺充当行者(按,行者是未剃发的出家人,多在寺院中服杂役),在钟楼上题诗道:"顽童趁暖贪春睡,忘却登楼打晓钟。"孙仅在舒州做官(按,据《宋史》本传,孙仅中宋真宗咸平元年进士,授舒州团练推官),看到题诗,说:"此潘逍遥(按,潘阆字逍遥)也。"让寺里的僧人叫行者来,却发现潘阆已经逃跑了。按,据《挥麈后录余话》《郡斋读书志·潘逍遥诗》诸书所记,潘阆盖因太宗过世后,与王继恩同谋拥立太祖之孙赵惟吉,事败遭到通缉,非因进方炼丹之故。又,《梦溪笔谈》《湘山野录》等书云潘阆坐卢多逊党亡命,似非。

③ 烹(pēng)茶秀实:秀实,即陶谷(903—970),字秀实,五代至宋初官员。苏轼有《赵成伯家有姝丽仆忝乡人不肯开樽徒吟春

雪谨依元韵以当一笑》诗,内"何如低唱两三杯"一句,自注云:
"世传陶谷学士买得党太尉家故妓,遇雪,陶取雪水烹团茶,谓
妓曰:'党家应不识此?'妓曰:'彼粗人,安有此景。但能于销金
暖帐下浅斟低唱,吃羊羔儿酒耳。'陶默然愧其言。"按,羊羔儿
酒是一种在配方中使用羊肉的酒。据《本草纲目·谷部·谷之
四·酒》:"羊羔酒:大补元气,健脾胃,益腰肾。宣和化成殿真
方:用米一石(如常浸蒸),嫩肥羊肉七斤,曲十四两,杏仁一斤
(同煮烂,连汁拌末),入木香一两同酿,勿犯水,十日熟,极甘滑。
一法:羊肉五斤蒸烂,酒浸一宿,入消梨七个,同捣取汁,和曲、米
酿酒饮之。"据《东坡乌台诗案·御史台检会送到册子》,苏轼知
徐州后,他的朋友王诜(宋英宗之婿)"曾送到羊羔儿酒四瓶、乳
糖狮子四枚、龙脑面花、象板裙带、系头子锦段之类与轼"。可知
直到北宋中晚期,羊羔儿酒仍是少数贵人才能享用到的奢侈品。
党太尉即党进,为北宋初大将,粗鲁无文,陶谷对其故妓嘲笑党
进不知风雅,而党家故妓所述"于销金暖帐下浅斟低唱,吃羊羔
儿酒",则为陶谷所不能有之豪华享受,故陶闻言后默然而愧。

④漉(lù)酒渊明:漉酒,过滤酒,造酒是用蒸熟的谷物和酒曲发酵
而成,所以酒中往往有残渣,饮用之前需要过滤,又称"缩酒"。
渊明,即陶潜。据《宋书·隐逸传》,陶潜凡遇人来拜访,不问贵
贱,只要家里有酒,就取来与人共饮。如果陶潜比客人先喝醉,
就对客人说:"我醉欲眠,卿可去。"本郡的太守曾去拜访陶潜,陶
潜见酒中有渣滓,于是就当场把头上的葛巾摘下来滤酒,过滤完
了又戴上,其质朴率直如此。

【译文】

范仲淹以"朱说"之名中进士后,请求恢复范姓得允,于是上谢启
于宰执,其中用了范雎、范蠡改姓名的典故,时人都佩服他用典贴切;潘阆
因被追捕,以行者身份藏在舒州潜山寺,题诗于钟楼,被孙仅看破,等孙

仅命人召行者来时,却发现潘阆已经逃走。陶谷买得党进家故妓,于雪天烹雪水煮茶,问党家是否有此等雅好,党家故妓说党进逢雪天则于销金帐中饮羊羔儿酒,陶谷默然,颇感惭愧;陶潜遇郡太守来访,设酒招待,见酒中有酿造时留下的残渣,就当场摘下头上的葛布头巾滤酒,滤完又重新戴上。

善酿白堕^①,纵饮公荣^②。仪狄造酒^③,德裕调羹^④。

【注释】

①善酿(niàng)白堕(duò):白堕,即刘白堕,北魏人。据《洛阳伽蓝记》,洛阳大市之西有退酤、治觞二里,里人多以酿酒为业,其中有河东人刘白堕善于酿酒。刘氏所酿的酒,于六月酷暑之日,盛放于罂中,在太阳下面曝晒十天也不会变质。其酒味道香美,喝醉之后,历时一月都醒不过来。朝廷贵人外出做官,多将刘白堕酿的酒带去作为礼物,有时甚至远至千里之外。时人因为此酒来自远方,故又称为"鹤觞"(或许是因为鹤能飞到远地而得名),又称"骑驴酒"(这可能是因为以驴运酒的缘故)。青州刺史毛鸿宾带着这种酒上任,路遇盗贼抢劫,贼人劫走行李后,喝酒喝得烂醉,全都被官府逮住了。因此,这种酒又得名"擒奸酒"。游侠之徒由此有"不畏张弓拔刀,唯畏白堕春醪"的话。

②纵饮公荣:公荣,即刘昶,字公荣,魏晋间官员。据《世说新语·任诞》,刘昶与人一起饮酒,往往混杂有气类不同之辈,有人因此指责他。刘昶解释道:"胜公荣者,不可不与饮;不如公荣者,亦不可不与饮;是公荣辈者,又不可不与饮。"于是终日与人共饮,而且经常喝醉。按,《世说新语·简傲》又记王戎往见阮籍,刘昶在座。阮家有美酒二斗,阮籍云:"偶有二斗美酒,当与君共饮。彼公荣者,无预焉。"于是二人痛饮,刘昶在侧,不得一杯,但三人

谈笑自如，不以有酒无酒而异。后有人问阮籍何以如此，阮籍答道："胜公荣，故与酒；不如公荣，不可不与酒；唯公荣者，可不与酒。"此盖据刘语略作变化，以为调侃，其说详见余嘉锡《世说新语笺疏》。

③仪狄（dí）造酒：仪狄，上古传说中的人物，据说发明了酒。据《战国策·魏策二》，梁王魏婴（按，即梁惠王）在范台招待诸侯，请鲁侯举觞（按，据范祥雍《战国策笺证》本章笺注中的按语，魏承晋制，在燕礼毕献之后，请宾客举觞，进献善言，以规劝主人，故鲁侯在这样隆重的场合直言不讳，梁王亦未加罪）。鲁侯起身离开席位，对梁王说："昔者，帝女令仪狄作酒而美，进之禹，禹饮而甘之，遂疏仪狄，绝旨酒，曰：'后世必有以酒亡其国者。'齐桓公夜半不嗛，易牙乃煎敖（按，通'熬'）燔炙，和调五味而进之，桓公食之而饱，至旦不觉，曰：'后世必有以味亡其国者。'晋文公得南之威，三日不听朝，遂推南之威而远之，曰："后世必有以色亡其国者。'楚王登强台而望崩山，左江而右湖，以临彷徨，其乐忘死，遂盟强台而弗登，曰：'后世必有以高台陂池亡其国者。'今主君之尊，仪狄之酒也；主君之味，易牙之调也；左白台而右闾须，南威之美也；前夹林而后兰台，强台之乐也。有一于此，足以亡其国。今主君兼此四者，可无戒与！"梁王听了之后，连连称善。

④德裕调羹（gēng）：德裕，即李德裕（787—850），唐代大臣，"牛李党争"中李党的魁首。据《独异志》，唐武宗时期，李德裕做宰相，极为奢侈。他所吃的菜肴中有一种羹，用宝贝（按，指美丽的贝壳）、珍珠、美玉、雄黄、朱砂合起来煎成汁，煎三次就把渣滓都扔掉。这一道羹的费用大致是三万钱。按，《独异志》所记故事带有神话色彩的颇多，如此处记李德裕以珠玉为羹，用意除夸张其奢侈程度之外，似乎也受到道家服食之术的影响。其书又记唐文宗时期宰相王涯在庭中穿井，以大木为柜，锁珠宝琼璧于其

中，投入井里，汲水供王涯饮用，及至王涯被杀，骨肉皆如金色，与李德裕以珠玉为羹事似乎异曲同工。

【译文】

刘白堕善于酿酒，所酿的酒味道极美，饮下能使人沉醉，时有"鹤觞""骑驴酒""擒奸酒"等别称；刘昶不问酒友是否同气相求，都能一起饮酒，而且往往喝到大醉的地步。仪狄造酒献给禹，禹喝了之后，认为后世一定有因酒而亡国的，鲁侯以此典故警示梁王不要沉溺于享受；李德裕以珍宝珠玉为羹，价值三万钱，每一服配料只煎煮三回，就把剩余的渣滓都扔掉，其奢侈如此。

印屏王氏①，前席贾生②。

【注释】

①印屏王氏：印屏，以手在屏风上按下手印。王氏，盖即唐玄宗所宠幸的美人，但不知何所依据。据《开天传信记》，玄宗所爱的一名美人忽然梦见有人邀她去饮酒，纵酒密会，一直到饮酒尽兴才返回，随之醒来。每次醒后都满身流汗，倦怠恍惚。后来美人私下对玄宗说了此事，玄宗说："此必术人所为也，汝若复往，但随宜以物识之。"当夜，美人熟睡，又梦见被召去，饮酒到半醉之际，发现面前有一方砚台，于是用手蘸着砚台里的墨，在房中的屏风上按了一个手印。醒来后，美人把被召去的事详细告知玄宗，玄宗令人暗中到各宫观调查。过了几天，果然在东门观中找到屏风，手印尚在，作法摄去美人的道士已经逃跑了。按，东门观，《太平广记·幻术二》引本书作"东明观"，是。东明观，唐代皇家道观名。在长安城普宁坊，韦述《两京新记》谓其"规度仿西明（按，即西明寺）之制，长廊广殿，图画雕刻，道家馆舍，无以为比"。据《大慈恩寺三藏法师传》，此观系唐高宗为太子李弘祈福

兴建,同时还建有西明寺,也是长安的著名寺院。

②前席贾生:前席,古人跪坐时膝盖向前移动,挪出了席子的范围,典出《史记·商君列传》:"卫鞅复见孝公。公与语,不自知膝之前于席也。"贾生,指贾谊(前200—前168),西汉政论家、文学家。据《史记·屈原贾生列传》记载,汉文帝认为贾谊有公卿之才,但功臣列侯如周勃、灌婴、张相如、冯敬等都对贾谊不满,对汉文帝说:"雒阳之人,年少初学,专欲擅权,纷乱诸事。"于是汉文帝后来也就不信用贾谊的建议,并将他派到远离京师长安的地方,担任长沙王的太傅。过了一年多,汉文帝又召见贾谊。当时刚刚举行完祭祀,汉文帝坐在未央宫的宣室殿,对鬼神之事心有所感,于是询问贾谊鬼神的源流。贾谊为文帝详细陈述,说到半夜,文帝听得兴致勃勃,不自觉地身体向前移动,想要离贾谊更近一些,膝盖移出了席子的范围。事后,文帝感叹道:"吾久不见贾生,自以为过之,今不及也。"过了不久,就拜贾谊为梁怀王太傅。梁怀王是文帝的小儿子,文帝宠爱他,而其本人又喜好读书,故文帝派贾谊去教导他。按,梁怀王,即刘揖,一名刘胜,在位十年,坠马死,谥怀,故称梁怀王。《屈原贾生列传》在其未死前即称谥,大概是为了与刘揖去世后移封梁国的刘武(梁孝王,亦为文帝之子)区别。

【译文】

唐玄宗所爱的美人被人在梦中摄去共饮,美人醒来后禀告玄宗,玄宗让她下次再去时留下印记,美人遵嘱在屏风上按了手印,玄宗命人调查,果然在东明观找到带手印的屏风,但作法的道士已经不见了;汉文帝在未央宫宣室殿召见贾谊,命他讲说鬼神一事的源流,贾谊详细陈述,讲到半夜,文帝听得入神,不自觉地往前移动身体,膝盖甚至挪到了席子前面,事后,文帝感叹贾谊的学问,命他出任梁怀王的太傅。

九青

经传御史①，偈赠提刑②。士安正字③，次仲谈经④。

【注释】

① 经传御史：经，即《三字经》，我国古代的蒙学书籍。御史，官名。这里指为《三字经》作序的傅光宅，曾任河南道、四川道监察御史。据《龙文鞭影》旧注，萧良有从同乡熊氏处看到大板《三字经》，有蜀人梁应井所绘插图，御史傅光宅为之作序，较一般的坊刻本多出叙述元明统系的八句，知是明人所作，但不知究属何人。按，傅光宅，字伯俊，明代官员，山东聊城人。万历五年（1577）丁丑科进士，八年（1580）授吴县知县，十三年（1585）除为河南道监察御史，曾巡按山西，累迁工部郎中、重庆知府等职，终四川提学副使。

② 偈（jì）赠提刑：偈，即佛经中的韵文部分，音译为"偈"，意译为"颂"，通常以四句为一偈，如《法华经》中的"我今僧中说，阿难持法者，当供养诸佛，然后成正觉"之类。后来禅宗僧人往往仿作偈颂，以韵文形式宣讲佛教思想。提刑，即"提点刑狱公事"的简称，宋代在各路设置提点刑狱司，以提点刑狱公事为长官，主管审核地方一般案件、监察官员、维护地方治安等事，这里指郭祥正。《五灯会元·白云端禅师法嗣·提刑郭祥正居士》，郭祥正去拜访白云守端禅师，禅师上堂，说："夜来枕上作得个山颂，谢功甫大儒庐山二十年之旧，今日远访白云之勤。当须举与大众，请已后分明举似诸方。此颂岂唯谢功甫大儒，直要与天下有鼻孔衲僧脱却著肉汗衫。莫言不道！"于是念道："上大人，丘乙己。化三千，七十士。尔小生，八九子，佳作仁，可知礼也。（按，这是旧时儿童识字的顺口溜。）"郭祥正听了之后，很是疑惑。后来有

一天，他听到小孩子念"上大人，丘乙己……"，忽然有所领悟，写信给白云守端禅师，禅师回以一偈："藏身不用缩头，敛迹何须收脚？金乌半夜辽天，玉兔赶他不著。"按，郭祥正，字功父，一作功甫，北宋官员、诗人。皇祐五年（1053）进士，曾历星子主簿、德化尉、知武冈县、通判汀州、权知漳州、知端州等差遣，《东都事略》《续资治通鉴长编》《宋史》等书均不言郭祥正曾任某路提刑，不知《五灯会元》何所据而云然。

③士安正字：士安，即刘晏（716—780），唐代大臣。据《明皇杂录》，唐玄宗登勤政楼，举行大规模的乐舞表演。当时教坊之中有一位王大娘，能在头上顶着百尺高竿，竿上再顶着雕成瀛洲、方丈（按，皆为古代神话中的神山）形状的木山，让小儿手持绛节出入其间，歌舞不停。当时刘晏以神童身份得任秘书省正字，年方十岁，相貌丑陋，但聪明过人。玄宗当时宣召他上楼，让他坐在贵妃膝上，为他打扮。玄宗跟他开玩笑说："卿为正字，正得几字？"刘晏答道："天下字皆正，唯'朋'字未正得。"贵妃又让他咏王大娘戴竿，刘晏应声道："楼前百戏竞争新，唯有长竿妙入神。谁谓绮罗翻有力，犹自嫌轻更著人。"玄宗和妃嫔为之欢笑甚久，笑声连楼外都能听到，于是赐给刘晏牙笏和黄文袍。按，"朋"字的字形是不对称的，刘晏借口"朋"字不能正，实际是暗示朝中朋党充斥，难以纠正这种风气。。

④次仲谈经：次仲，即戴凭，字次仲，东汉学者、官员。据《后汉书·儒林列传上》，汉光武帝时，戴凭因通晓《京氏易》，十六岁就被本郡举荐为明经，召试于博士官署，授郎中。后来举行公卿朝臣的大朝会，群臣都就坐，只有戴凭一个人站着。光武帝问他为何不就坐，戴凭答道："博士说经皆不如臣，而坐居臣上，是以不得就席。"于是光武帝召戴凭上殿，让他与儒生们辩论经义中的问题，戴凭对很多问题都做出了解释，光武帝很高兴，就升他做了侍

中。此后，戴凭又以进谏之故，得以兼任虎贲中郎将。在正月初一日的大朝会上，光武帝让群臣中能够讲说经义的互相问难驳斥，如果有人说的不合义理，就要把坐席交给把他驳倒的人。那一天，戴凭的坐席累加到五十多层。京师人因此都说："解经不穷戴侍中。"

【译文】

《三字经》因傅光宅所作序言而得以流传；郭祥正去见白云守端禅师，守端颂"上大人，丘乙己……"，郭祥正有所领悟后，禅师又赠偈给他。刘晏为正字，唐玄宗问他"正得几字"，刘晏说只有"朋"字不正，寓意朝廷中的朋党问题无法纠正解决；戴凭以经学得到汉光武帝的赏识，光武帝让群臣在正旦朝会上辩论经义，失败一方要交出自己的坐席，当天，戴凭的坐席累积到五十多层，号称"解经不穷戴侍中"。

咸遵祖腊①，宽识天星②。景焕垂戒③，班固勒铭④。

【注释】

①咸遵祖腊：咸，即陈咸，西汉晚期官员。祖腊，自先秦至魏晋时期盛行的两种祭祀的合称。祖祭的对象是路神，腊祭是举行于年终腊月（十二月）的大祭，祭祀包括祖先在内的各种神灵。据《后汉书·陈宠传》，陈宠的曾祖陈咸在西汉成帝、哀帝时期曾任尚书，平帝时，王莽辅政，改易了汉朝的不少旧制，陈咸对此很是不满，后来见王莽借事诛杀不依附他的何武、鲍宣，陈咸叹息道："《易》称'君子见几而作，不俟终日'，吾可以逝矣！"于是就以年老为由辞官归家，闭门不出。王莽"受禅"后，召陈咸出任掌寇大夫，陈咸托病不应，还让三个在朝任职的儿子也都辞职回乡，从此闭门不出入。陈咸在家中，仍按照西汉时期的祖腊日期祭祀，有人问他为何如此，陈咸答道："我先人岂知王氏腊乎？"按，《风

俗通义·祀典》云："汉家火行衰于戌，故曰腊也。……汉家盛于午，故以午祖也。"又《初学记·岁时部下·腊》引《魏台访议》："闻先师说曰：'王者各以其行之盛祖，以其终腊。水始生于申，盛于子，终于辰，故水行之君以子祖辰腊。火始生于寅，盛于午，终于戌，火行之君以午祖戌腊。木始生于亥，盛于卯，终于未，故木行之君以卯祖未腊。金始生于巳，盛于酉，终于丑，故金行之君以酉祖丑腊。土始生于未，盛于戌，终于辰，故土行之君以戌祖辰腊。'"汉朝按刘向、刘歆父子的说法应为火德，故以午日祖、戌日腊。王莽以土德自居，即位之后应该是把祖、腊之日分别改到了戌日和辰日。陈咸不赞同王莽改易旧制、篡汉建新，故仍按汉代旧制举行祖祭和腊祭。

②宽识天星：宽，即张宽，字叔文，西汉官员。据《太平御览·礼仪部五·祭礼下》引《益部耆旧传》（又《人事部十二·乳》引同书），张宽汉时为侍中，跟着汉武帝去甘泉祭祀。车队走到渭桥，看到一个女子在渭水中洗浴，乳长七尺。汉武帝觉得她长相奇特，就派人去询问那个女子是何许人。女子答道："帝后第七车，知我所来。"当时坐在第七辆车上的正是张宽，回答说："天星主祭祀者，斋戒不严，即女人星见。"按，《益部耆旧传》《搜神记》均言张宽为蜀郡人。按，《汉武故事》《搜神记》等书亦记张宽识女人星之事，文字略同，或皆钞引自《益部耆旧传》，亦未可知。

③景焕垂戒：景焕，北宋初人。垂戒，垂示警戒，这里指尊贵者颁布的戒律。据《容斋续笔·戒石铭》，宋太宗手书"尔俸尔禄，民脂民膏，下民易虐，上天难欺"十六字赐给各州郡，立石于厅事之南，谓之"戒石铭"。据《容斋续笔》作者洪迈考证，成都人景焕曾于乾德三年（965）著《野人闲话》，其首篇"颁令箴"载后蜀主孟昶曾作文颁发给各郡县，其文云："朕念赤子，旰食宵衣。言之令长，抚养惠绥。政存三异，道在七丝。驱鸡为理，留犊为规。宽

猛得所，风俗可移。无令侵削，无使疮痍。下民易虐，上天难欺。赋舆是切，军国是资。朕之赏罚，固不逾时。尔俸尔禄，民膏民脂。为民父母，莫不仁慈。勉尔为戒，体朕深思。"共二十四句。洪迈认为，孟昶有爱民之心，在五代僭伪之君中，算得上值得称赞的，但这篇文章在文采方面算不得工巧。宋太宗选出其中四句，词简理尽，作为自己的诏命，这是诗家所谓夺胎换骨法。按，《野人闲话》今佚，《直斋书录解题·小说家类》著录其书，云："《野人闲话》五卷。成都景焕撰。记孟蜀时事，乾德三年序。"

④班固勒（lè）铭：班固（32—92），东汉史学家、文学家。勒铭，在石碑上刻上铭文。据《后汉书·窦宪传》，南单于上书请求北伐，于是拜窦宪为车骑将军，以执金吾耿秉为副，发兵出塞，击破北匈奴，单于遁走，汉军斩名王已下万三千级，获生口百万，有八十一部投降，降者前后达二十余万人。窦宪、耿秉登燕然山（今名杭爱山，在蒙古国境内），刻石勒功，纪汉威德，令班固作铭云："惟永元元年秋七月，有汉元舅曰车骑将军窦宪，寅亮圣明，登翼王室，纳于大麓，惟清缉熙。乃与执金吾耿秉，述职巡御，理兵于朔方。鹰扬之校，螭虎之士，爰该六师，暨南单于、东乌桓、西戎氐羌侯王君长之群，骁骑三万。元戎轻武，长毂四分，云辎蔽路，万有三千余乘。勒以八阵，莅以威神，玄甲耀日，朱旗绛天。……兹所谓一劳而久逸，暂费而永宁者也。乃遂封山刊石，昭铭上德。其辞曰：'铄王师兮征荒裔，剿凶虐兮截海外。复其邈兮亘地界，封神丘兮建隆碣。熙帝载兮振万世。'"按，据《后汉书·班固传》，班固时在窦宪幕府中，任中护军，参议军事，故能应窦宪之名撰写铭文。

【译文】

陈咸反对王莽改易汉制，在王莽篡汉后，闭门不出，仍按汉时祖腊之日进行祭祀，理由是祖先不知王氏所定的腊日；张宽随汉武帝去甘泉

祭祀,路遇奇女,张宽认出她就是天上的女人星,如果祭祀前没有严格
执行斋戒,她就会出现。宋太宗手书"尔俸尔禄,民脂民膏,下民易虐,
上苍难欺"十六字赐给地方官,洪迈以景焕《野人闲话》为依据,考证这
四句话是从后蜀后主孟昶颁给郡县的一篇文章中节选出来的;窦宪击
败北匈奴后,登燕然山,刻石纪功,特地命班固撰写铭文。

能诗杜甫①,嗜酒刘伶②。张绰剪蝶③,车胤囊萤④。

【注释】

①能诗杜甫:能诗,擅长作诗。杜甫,唐代著名诗人,世称"诗圣"。
据《旧唐书·文苑传下》,唐玄宗天宝末年的诗人中,杜甫与李白
齐名,而李白自负文格放达,讥讽杜甫作文气度不广,拘于小节,
因此有"饭颗山"的嘲笑之词(按,此指孟棨《本事诗》记李白以
诗戏赠杜甫云:"饭颗山头逢杜甫,顶戴笠子日卓午。借问别来
太瘦生,总为从前作诗苦。"此诗宋本李集不载,且始见于晚唐笔
记,故学界有一种观点怀疑此诗是否为李白所作)。到唐宪宗元
和年间,元稹评论李、杜优劣,说:"至于子美,盖所谓上薄《风》
《骚》,下该沈、宋,言夺苏、李,气吞曹、刘,掩颜、谢之孤高,杂徐、
庾之流丽,尽得古今之体势,而兼人人之所独专矣。使仲尼考锻
其旨要,尚不知贵其多乎哉!苟以为能所不能,无可无不可,则
诗人已来未有如子美者。是时山东人李白,亦以文奇取称,时人
谓之李、杜。予观其壮浪纵恣,摆去拘束,模写物象,及乐府歌
诗,诚亦差肩于子美矣。至若铺陈终始,排比声韵,大或千言,次
犹数百,词气豪迈,而风调清深,属对律切,而脱弃凡近,则李尚
不能历其藩翰,况堂奥乎!"此后文坛中人都认为元稹所言甚是。
按,元稹对李、杜优劣的评论,以及他认为杜甫成就最大之处在
于"铺陈终始,排比声韵,大或千言,次犹数百"的长诗,后代都有

不同看法，如元好问有著名的《论诗三十首》，其中第十首云："排
比铺张特一途，藩篱如此亦区区。少陵自有连城璧，争奈微之识
砆砆。"即为针对元稹之言而发。

②嗜（shì）酒刘伶（líng）：嗜，爱好。刘伶，见"伯伦鸡肋"条注。据
《世说新语·任诞》，刘伶病酒（按，指酒醉醒来以后感到困乏，如
同生病一样），觉得口渴严重，就让妻子拿酒来解渴。妻子把酒倒
掉，毁掉酒器，哭着劝谏道："君饮太过，非摄生之道，必宜断之！"
刘伶答道："甚善。我不能自禁，唯当祝鬼神自誓断之耳！便可
具酒肉。"妻子很高兴，就在神前供奉酒肉，请刘伶发誓。刘伶在
神前跪下祷告道："天生刘伶，以酒为名。一饮一斛，五斗解酲。
妇人之言，慎不可听。"于是喝酒吃肉，很快就又颓然大醉了。

③张绰（chuò）剪蝶：张绰，唐代人。据《桂苑丛谈》，咸通初年（按，
咸通，唐懿宗年号，860—874），进士（按，唐代称被诸州举送参
加进士科考试者为进士，考中进士科者为前进士，和后代以考中
者为进士不同）张绰落第后游历江淮，颇有道术，能养气而不食，
性嗜酒，又爱下棋，还从事于炼丹合药之事。他平时喜欢出入酒
家，有人请他饮酒，又与他性情相投，张绰就剪出纸蝴蝶二三十
枚，吹一口气，就见蝴蝶成队地飞舞。飞翔几刻之后，张绰以手
指收揽蝴蝶，不久就都收回到手中了。有人向他要蝴蝶，他就借
口他事而不给。后来，据说张绰在江南升天成仙了。按，《太平
广记·道术六》引《桂苑丛谈》同一事，"张绰"作"张辞"，应为
同一人的不同写法。

④车胤（yìn）囊（náng）萤：囊萤，用袋子装着萤火虫。囊，袋子，这
里作动词。据《世说新语·识鉴》"车胤父作南平郡功曹"条刘
孝标注引《续晋阳秋》，车胤的父亲车育任南平郡主簿（按，此说
与《世说》不同）时，太守王胡之有知人之明，一见车胤就说："此
儿当成卿门户，宜资令学问。"车胤勤奋好学，始终不倦。由于家

贫,不是经常买得起油,所以到了夏天晚上,就用练囊装着几十只萤火虫来照明,夜以继日地学习。《晋书》本传所载略同。按,车胤囊萤之事,康熙帝曾尝试仿效,事后对内阁大学士说:"书册所载,有不可尽信者。如风不鸣条,雨不破块。风不鸣条,何以散天地抑郁之气,鼓荡万物? 雨不破块,何以播种? 又云囊萤读书,朕曾取百枚,盛以大囊照书,字画竟不能辨。此书之不可尽信者。"见《圣祖仁皇帝实录》康熙六十年(1721)三月四日条。余嘉锡《世说新语笺疏》亦云:"萤火之光极微,又闪烁不定,而复隔练囊以照书,自不能辨点画,其理固可推而知之。桓道鸾(按,即《续晋阳秋》作者)之言,盖里巷之讹传,不免浮夸失实耳。"

【译文】

　　杜甫善于作诗,元稹评论他的诗作,认为杜甫尽得古今之体势,而能合众家所长为一,尤其以长篇律诗为绝妙;刘伶沉溺于酒,其妻劝他不要再饮酒,刘伶诈言将在神前立誓戒酒,让其妻准备酒肉供神,及设誓时,又饮酒食肉,以图一醉。张绰有道术,出入酒家时,有人邀请共饮,他就剪纸为蝶助兴,吹一口气,蝴蝶就能成群结队在空中飞舞,过一段时间又能将蝴蝶收回到手中;车胤少年勤学,家里贫困,不能常供灯油,据说他就用练囊盛着萤火虫照明。

　　鸲鹆学语①,鹦鹉诵经②。

【注释】

①鸲鹆(qú yù)学语:鸲鹆,鸟名。即八哥,一名鸲鹆。据《艺文类聚·乐部四·琵琶》引《幽明录》,桓豁镇荆州时,有参军为一只五月五日生的八哥剪舌(按,俗传教八哥说话前要剪去或捻去其舌尖的硬壳,据说这样处理过的八哥说话清晰),教它说话。这只八哥什么话都能学会,还能与人问答。参军善弹琵琶,八哥经

常一听就听很久。按,《艺文类聚》所引《幽明录》为节引,其全事见《北户录》引《幽明录》(《太平御览·羽族部十·鸲鹆》引《幽明录》略同),云八哥善于仿效他人说话的声音,桓豁曾大会宾客,让这只八哥仿效与会者说话,都非常相似。只有一人说话瓮声瓮气,很难模仿,八哥把头伸到瓮里说话,就和他的声音没有区别了。当时有一个管仓库的人当着八哥的面偷东西,参军如厕之时,八哥见无人在侧,就一一告诉参军此人偷了什么,参军都记在心里,但没有揭露。后来管库人又偷了牛肉,八哥又对参军说了,参军说:"汝云盗肉,应有验。"八哥回答:"以新荷裹,著屏风后。"一搜果然找到,于是参军痛责这个管库人。管库人怀恨在心,用热水将八哥烫死了。参军为之悲痛,向桓豁请求处死管库人。桓豁回答道:"不可以禽鸟故而极之于法。"(按,桓豁之言,《太平御览》引作"原杀鸲鹆之痛,诚合治杀;不可以禽鸟故,极之于法",逻辑似更为清晰),于是判了此人五年徒刑。

②鹦鹉诵经:鹦鹉,鸟名。据《法藏碎金录》引《玄圣蘧庐·心法》,东都洛阳有人养鹦鹉,由于这只鸟非常聪明,主人把它送给一个僧人。经过僧人的调教,鹦鹉学会了诵经,而且往往待在架上,既不说话,也不乱动。有人问它为何这样,鹦鹉回答:"身心俱不动,为求无上道。"等到鹦鹉死去时,僧人把它的尸体焚化,居然出现了舍利。洛阳人因此为它造塔。《玄圣蘧庐》的作者李繁评论此事,说:"予详二者得道(按,二者,指鹦鹉及《阿育王经》提到的猕猴),皆自宴寂中入。夫如是,则《华严经》云:'心、佛及众生,是三无差别。'信不虚语矣。唯人为万物之贵者,苟不知此道,乃猨鸟之不若也。知之者,安可自轻弃乎?"

【译文】

桓豁部下的参军调教一只八哥,让它学习说话,八哥学成后不但能发出各种声音,还能与人问答,以及模仿人说话;洛阳有人送给僧人一只非常聪明的鹦鹉,在僧人的教导下,鹦鹉除了学会诵经,还待在架上不言不动,自称"身心俱不动,为求无上道"。

十蒸

公远玩月①,法喜观灯②。燕投张说③,凤集徐陵④。

【注释】

①公远玩月:公远,即罗公远,唐代仙人。据《太平广记·神仙二十二·罗公远》,唐玄宗开元中,罗公远曾于中秋夜陪玄宗赏月,问玄宗:"陛下莫要至月中看否?"说完就把手杖扔到空中,化作一座银色的大桥,请玄宗同上。两人一起走了几十里路,见"精光夺目,寒色侵人",有一座大城。罗公远告诉玄宗,这是到了月宫。玄宗看到有仙女数百人,都穿着素练制成的宽大衣服,舞于广庭。玄宗问罗公远:"此何曲也?"罗公远答道:"《霓裳羽衣》也。"玄宗密记其声调,就返回了。再回头看罗公远变出的这座桥,竟然随着他往前走,后面的部分就逐渐消失了。回到宫中后,玄宗召来乐师,按照在月宫听到的声调,作出《霓裳羽衣曲》。按,本篇据《太平广记》,云"出《神仙感遇传》及《仙传拾遗》《逸史》等书",盖综合各书内容钞辑而成。所云《逸史》盖即《唐逸史》,为中晚唐人卢肇撰。《苕溪渔隐丛话》"阳关霓裳"条下有按语,云:"明皇游月宫事,凡见于五书。郑嵎《津阳门诗注》《明皇杂录》《高道传》,此三书皆云:'叶法善引明皇游月宫,闻乐,归作《霓裳羽衣曲》。'《唐逸史》云:'与罗公远同游。'《异人录》云:'与申天师同游。'惟此二书为异。余尝考《高道传》,亦有《罗公远列传》,无游月宫事,则知《唐逸史》之误无疑。若《异人录》别无以证之,未遽以为误也。"可知《太平广记》所载罗公远引玄宗游月宫事盖出自《唐逸史》。胡仔据《津阳门诗注》《明皇杂录》《高道

传》，认定《唐逸史》所载为误，然《津阳门诗注》作者郑嵎、《明皇杂录》作者郑处诲，与卢肇基本同时，而《高道传》作者贾善翔更为北宋人，固不能以二郑一贾皆言叶法善，唯卢肇曰罗公远，遽云《唐逸史》误也。究其根本，明皇游月宫、得《霓裳羽衣曲》之事，自中唐以来传为谈资，既皆出于子虚乌有之间，其人物、事迹容有异说，二郑与卢肇盖各有所闻而已。

②法喜观灯：法喜，即叶法喜，文献中更常见的名字是叶法善（614—720），唐代仙人。据《玄怪录》，开元十八年（730）正月十五当夜，玄宗问叶法善："四方之盛，陈于此夕，师知何处极丽？"叶法善回答道："灯烛华丽，百戏陈设，士女争妍，粉黛相染，天下无逾于广陵（按，即扬州，郡号广陵郡）矣。"玄宗又问："何术可使吾一观之？"叶法善说："侍御皆可，何独陛下乎。"随即殿前幻化出一道虹桥，上有楼阁，栏楯如画。叶法善禀奏玄宗："桥成，请行，但无回顾而已。"于是玄宗带着杨贵妃，以及侍臣高力士、黄幡绰，还有乐师数十人，一起登上虹桥，越走越高，如入云中。不久就到了广陵。玄宗从空中俯瞰广陵当地的灯夕美景，当地出游的士女看到玄宗一行，都说："仙人现于五色云中。"舞蹈而下拜。玄宗为之大悦，问叶法善："此真广陵也？"叶法善说："请敕乐官奏《霓裳羽衣》一曲，后可验矣。"玄宗就让乐师们合奏一曲，奏罢，玄宗想返回长安，瞬息之间，已到宫内。当时有人说这是叶法善的幻术，但过了数旬，广陵奏报："正月十五日三更，有仙人乘彩云自西来，临孝感寺道场上，高数十丈。久之，又奏《霓裳羽衣》一曲，曲终西去。官僚士女，无不具瞻。"又说了许多恭维玄宗的话。玄宗览表大悦，这才相信叶法善导游广陵之事不假。按，据《旧唐书》本传，叶法善以开元八年（720）卒，则必不能以开元十八年（730）引导玄宗远游广陵，此盖与年方十一岁、尚未出嫁的杨贵妃随玄宗同登虹桥一样，同为创作者未考年月之误。

又按,游广陵之事,《太平广记·神仙二十六·叶法善》引《集异记》《仙传拾遗》等书,有"开元初正月望日游西凉府""自月宫还游潞州"二事,情节大纲略同,盖为一事之不同传说版本。

③燕投张说:投,投胎。张说(667—730),唐代大臣,曾三度出任宰相。据《开元天宝遗事》,张说的母亲梦见一只玉燕自东南飞来,投入怀中,于是怀孕生下张说。张说日后果然官至宰相,玉燕投胎,就是他将来贵显已极的征兆。按,张说多才能文,为盛唐之大手笔,其人专权贪贿,而竟能以功名终,故唐人为他颇造作了一些逸闻,除说他在孕育前即有玉燕之祥外,还借同时代宰相卢怀慎之口,说在地府有三十个熔炉日夜替张说鼓铸横财。究其用意,不外乎以先定之论,附会张说日后飞黄腾达、名利双收的事实,如此而已。

④凤集徐陵:集,停留。徐陵(507—583),南朝文学家。据《陈书·徐陵传》,徐陵的母亲臧氏梦见五色云化为凤凰,停留在自己左肩,不久就生下徐陵。当时有个宝志上人,是世间公认有道的奇僧。徐陵幼年时,家人带他去拜会宝志,宝志摸着徐陵的头顶说:"天上石麒麟也。"光宅惠云法师经常赞叹徐陵少年聪慧,说他就像颜回一样。徐陵八岁能写文章,十二岁通晓《庄子》《老子》的精义,成年之后,博涉史籍,且能言善辩,后来成为陈朝的名臣,也是当世文宗。

【译文】

罗公远导引唐玄宗游览月宫,玄宗见月宫乐舞,密记声调,返回后让乐师仿作《霓裳羽衣曲》;叶法善于正月十五之夜引唐玄宗登虹桥游广陵,从空中俯瞰广陵城的灯夕盛景,并在空中奏《霓裳羽衣》之曲。张说之母孕前梦见玉燕投怀,后来怀孕生下张说,官至宰相;徐陵出生前,其母梦见五色云化为凤凰停在左肩,后果然生下一个聪慧能文、通晓典籍的儿子。

献之书练①,夏竦题绫②。安石执拗③,味道模棱④。

【注释】

①献之书练:献之,即王献之(344—386),东晋官员、书法家。据《宋书·羊欣传》,羊欣少年时为人静默,不与人竞争,举止言笑颇为可观,泛览经籍,尤其擅长隶书。其父羊不疑曾任乌程(旧县名。今属浙江湖州)令,羊欣当时十二岁,王献之任吴兴太守,很欣赏这个少年。某次适逢夏季,王献之到乌程县的衙署来,看到羊欣正穿着新做的练裙午睡,于是在裙上写了几幅字才离开。羊欣本来就擅长书法,因为得到王献之的手迹作为模仿对象,从此有了更大的长进。

②夏竦(sǒng)题绫(líng):夏竦(985—1051),北宋大臣。据《东轩笔录》,夏竦参加制科考试,廷下有老宦者上前作揖,说:"吾阅人多矣,视贤良他日必贵。乞一诗记今日之事。"遂将一幅吴绫手巾铺在夏竦面前。夏竦欣然提笔写道:"帘内衮衣明日月,殿前旌旆动龙蛇。纵横落笔三千字,独对丹墀日未斜。"之后果以高等登科。按,制科又称制举,是在进士、明经等常设科目之外的一种非常规考试,其名目有"贤良方正能直言极谏""博通坟典明于教化""才识兼茂明于体用""详明政理可使从政""识洞韬略运筹决胜""军谋宏远材任边寄""茂才异等""书判拔萃"等。国有大事时,根据皇帝的需求,下诏访求符合某一条件的人才(一般都是已经有官身的低级官员),召赴殿试,皇帝亲试策略,以三千字为限,从应试者中选出文辞、义理俱优者,赐制科出身,优先授予官职。两宋三百余年,应制科考试中选、见于史料者仅五十名(其中张方平两中制科,故实际中式者仅有四十九人)。夏竦以润州丹阳县(今江苏丹阳)主簿应景德四年(1007)贤良方正能直言极谏科制举,中第四次等(按,制举中式者分五等,其中第一

等、第二等虚设,第三、第四等有时又分出第三次等、第四次等)。景德四年制举中式者仅有陈绛、夏竦二人,皆列第四次等),授光禄寺丞、通判台州军州事,时方二十二岁,故谓之"年少"。又按,《青箱杂记》亦载此事,云廷对后杨徽之向夏竦索诗,夏援笔作诗云:"殿上衮衣明日月,砚中旌旆动龙蛇。纵横礼乐三千字,独对丹墀日未斜。"杨徽之赞叹不已,称为"将相器"。然据《宋史》本传,杨徽之卒于宋真宗咸平三年(1000),不及见夏竦应制举。《杂记》所记,盖得之传闻,未可视为实录。

③安石执拗(niù):安石,即王安石(1021—1086),北宋大臣,我国历史上著名的政治家、改革家。据《三朝名臣言行录·丞相温国司马文正公(即司马光)》引《日录》(按,即《温公日录》,可能与《温公日记》为一书。《直斋书录解题·传记》著录《温公日记》,云:"司马光熙宁在朝所记。凡朝廷政事、臣僚差除及前后奏对、上所宣谕之语,以及闻见杂事皆记之。起熙宁元年正月,至三年十月出知永兴军而止。"),宋神宗询问司马光外界对朝廷人事任命的反应,先问最近陈升之拜相,外界如何评论,又问:"王安石何如?"司马光说:"人言安石奸邪,则毁之太过;但不晓事又执拗尔。"按,据《宋史·神宗纪二》,熙宁二年二月庚子,以王安石参知政事;冬十月丙申,曾公亮、陈升之并同中书门下平章事,则宋神宗与司马光论事,当在二年十月、十一月间,此时王安石已开始推行变法,故被守旧派斥为"奸邪"。又按,司马光与王安石虽政见不同,但晚年之前私交极厚,《却扫编》曰:"王荆公(安石)、司马温公(光)、吕申公(公著)、黄门韩公维,仁宗时同在从班,特相友善。暇日多会于僧坊,往往谈谑终日,他人罕得预,时目为嘉祐四友。"王安石去世后,司马光写信给吕公著,信中说:"介甫文章节义过人处甚多,但性不晓事而喜遂非,致忠直疏远,谗佞辐辏,败坏百度,以至于此。今方矫其失,革其弊,不幸介甫谢世,反复

之徒必诋毁百端。光意以谓朝廷特宜优加厚礼，以振起浮薄之风，苟有所得，转以上闻，不识晦叔以为如何？更不烦答以笔札，辰前力主张，则全仗晦叔也。"遂赠太傅，谥曰"文"。据此，司马光虽然不赞成王安石的变法措施，将他提拔任用的新党官员视为"谗佞"，但对这位旧友的"文章节义"还是肯定的。

④味道模棱（léng）：味道，即苏味道（648—705），唐代宰相。模棱，态度不明确。据《旧唐书·苏味道传》，苏味道于圣历（武则天年号。698—700）初年迁凤阁侍郎、同凤阁鸾台三品，位列宰相。他善于奏事，熟知台阁故事，但在相位时，不能启迪君王，一味圆滑，以苟容于世为目的。他曾经对人说："处事不欲决断明白，若有错误，必贻咎谴，但模棱以持两端可矣。"故时人称他为"苏模棱"。按，《新唐书》本传云："常谓人曰：'决事不欲明白，误则有悔，摸棱持两端可也。'故世号'摸棱手'。"其意略同。

【译文】

王献之非常欣赏羊欣，曾到他家中，见羊欣在午睡，就在他穿的新制练裙上写了几幅字，羊欣得到王献之的手迹，从此书法大进；夏竦参加制科考试后，有老宦官以吴绫手巾向他求诗，夏竦欣然提笔，有"纵横落笔三千字，独对丹墀日未斜"的句子，是年果以高科登第。宋神宗与司马光谈论王安石，司马光认为外人抨击王安石奸邪是不对的，其人只是性情执拗而已；苏味道做宰相时，做事圆滑，以求自保，曾说"但模棱以持两端可矣"，故有"苏模棱"的绰号。

韩仇良复^①，汉纪备存^②。存鲁端木^③，救赵信陵^④。

【注释】

①韩仇良复：良，即张良，西汉开国功臣。据《史记·留侯世家》，张良的祖父张开地，相韩昭侯、宣惠王、襄哀王；父亲张平，相釐王、

悼惠王（按，《韩世家》作"韩桓惠王"）。张平于韩悼惠王二十三年（前250）卒，去世后二十年，秦灭韩，张良当时还年轻，没有在韩国做官。韩亡之后，张良因为其祖其父历相韩王五世，故以全部家财寻求刺客，想要刺杀秦始皇，为韩国报仇，但没有成功。后来张良归附刘邦，为他出谋划策，破秦灭项。刘邦称帝后，命张良在齐地自择封邑三万户，张良辞让，愿以与刘邦初遇的留县（今江苏沛县南）为封，遂封留侯。此后张良自言："家世相韩，及韩灭，不爱万金之资，为韩报仇强秦，天下振动。今以三寸舌为帝者师，封万户，位列侯，此布衣之极，于良足矣。原（通'愿'）弃人间事，欲从赤松子游耳。"遂学辟谷导引轻身之术，托言修道，远离朝政。

② 汉纪备存：汉纪，汉朝的统绪。备，即蜀汉昭烈帝刘备（161—223）。存，保存，接续。据《三国志·蜀书·先主传》，刘备是汉景帝之子中山靖王刘胜的后人，刘胜的儿子刘贞被封为涿县陆城亭侯，后来因酎金（汉代诸侯献给朝廷供祭祀之用的贡金）失侯，子孙就以涿县为家。在汉末的军阀混战中，刘备最终占据了益州，被部属推为大司马、汉中王。建安二十五年（公元220年，三月改元延康）十月，曹丕接受汉献帝的"禅让"后，有传言说汉献帝已经遇害，于是刘备为汉献帝发丧，谥为孝愍皇帝。此后群臣纷纷进言推戴，于是刘备于次年四月在成都武担山以南举行登基称帝的仪式，改元章武，此即蜀汉政权建立之始。在南宋以来讲究"正统"的儒家学者眼中，刘备称帝是继承了汉室的正统。按，据《三国志·蜀书·先主传》裴注引《典略》："备本临邑侯枝属也。"则在曹魏方面的记载中，刘备是汉光武帝刘秀侄孙临邑侯刘复的后人，非中山靖王之后。

③ 存鲁端木：端木，即端木赐，字子贡，孔子弟子。据《史记·仲尼弟子列传》，齐国执政上卿田常将要作乱于齐，但担心国内其他

强力大夫如高氏、国氏、鲍氏、晏氏等,于是想要兴兵攻鲁。孔子听到消息之后,对弟子们说:"夫鲁,坟墓所处,父母之国,国危如此,二三子何为莫出?"子路、子张、子石先后请命,孔子不许。子贡继之请行,得到孔子的许可。此后,子贡先到齐国,抓住田常疑忌高、国、鲍、晏的心理,劝他移兵攻吴。田常被子贡说动,但担心伐吴师出无名。于是子贡赴吴,劝吴王夫差救鲁伐齐。夫差有意与中原诸侯争夺霸主地位,然而担心越国窥其后。子贡又往见越王勾践,劝越国表现出恭顺追随吴国的态度,并称自己愿意劝说晋国共攻吴国。此后,子贡果然往见晋君,宣称吴国将要伐齐,若战胜,一定会加兵于晋,鼓动晋国预先准备。此后,吴国北攻齐国,大破齐师于艾陵(今山东莱芜东南),挟大胜之威,与晋师战于黄池(今河南封丘南),为晋所败。越国趁机在后方突袭吴国,吴王仓促回师,与越国三战不胜,吴王身死国灭。越国在破吴之后三年,东向与中原诸侯会盟,获得霸主地位。子贡此次出使,借助对形势的把握,使当时的几个强大诸侯国在短时间内展开激烈争斗,最终通过挑动大国互相攻打、牵制的方式保全了鲁国。故《史记·仲尼弟子列传》说:"子贡一出,存鲁,乱齐,破吴,强晋而霸越。子贡一使,使势相破,十年之中,五国各有变。"

④救赵信陵:信陵,即信陵君。据《史记·魏公子列传》,魏安釐王二十年(前257),秦军在长平大败赵军,进兵围困赵都邯郸。赵国平原君赵胜的夫人是魏国信陵君的姐姐,多次写信给魏王与信陵君求救。魏王使将军晋鄙率十万大军救赵。秦王命使者警告魏王,说:"吾攻赵旦暮且下,而诸侯敢救者,已拔赵,必移兵先击之。"魏王害怕,命人告诉晋鄙驻师邺城,不再进发,名为救赵,实则观望。平原君再三遣使向信陵君求救,信陵君也多次向魏王请求发兵,但魏王畏秦,坚决不听信陵君的意见。信陵君无奈

之下,采用门客侯嬴的计策,请受过信陵君大恩的魏王宠妃如姬从魏王卧室内盗取虎符,往夺晋鄙之军,并荐大力士朱亥同行。到邺城之后,晋鄙不愿交出兵权,朱亥锤杀晋鄙,信陵君遂夺取兵权,选师八万人,往救邯郸。秦军抵挡不住魏军,解围而去,赵国得以幸存。

【译文】

张良自以父祖为韩相,在韩亡之后,散尽家财寻求刺客,欲为韩报仇,但没有成功,后遇刘邦,为其出谋划策,灭秦朝,破项羽,成为西汉开国功臣;刘备是中山靖王刘胜之后,汉献帝让位给魏文帝曹丕之后,刘备为汉献帝发丧,接受群臣推戴,登基称帝,从形式上接续了汉朝的统绪。齐卿田常想要攻打鲁国,孔子遣子贡游说列国,挑动齐、晋、吴、越四国交战,鲁国从而得以幸存下来;秦国围攻赵都邯郸,魏王发兵救赵,半途停顿不前,信陵君用门客侯生之计,盗取兵符,夺取援军指挥权,进军邯郸,秦军解围而去,赵国遂转危为安。

邵雍识乱^①,陵母知兴^②。

【注释】

①邵雍(yōng)识乱:邵雍(1011—1077),北宋著名隐士、学者,旧传他擅长卜算,能知祸福休咎。据《邵氏闻见录》,邵雍通先天之学,但平时并不谈论人事機祥之类事情。治平(宋英宗年号,1064—1067)年间,他与朋友在洛阳天津桥上散步,听到杜鹃叫,惨然不乐。朋友问他缘故,邵雍说:"洛阳旧无杜鹃,今始至,有所主。"朋友追问主何征兆,邵雍解释道:"不三五年,上用南士为相,多引南人,专务变更,天下自此多事矣!"又说:"天下将治,地气自北而南;将乱,自南而北。今南方地气至矣,禽鸟飞类,得气之先者也。《春秋》书'六鹢退飞''鸜鹆来巢',气使之也。自

此南方草木皆可移,南方疾病瘴疟之类,北人皆苦之矣。"到熙宁初年,预言果然应验了。按,宋英宗时洛阳出现杜鹃,不过是北宋中期气候整体转暖的具体表现之一。但王安石主持的熙宁变法引发了激烈的新旧党争,邵雍之子邵伯温站在旧党一边,故于所著《邵氏闻见录》中猛烈抨击王安石和新党,所谓津桥闻鹃预示南士为相,将导致天下多事(指新党更变旧法),以及北人将苦于南方瘴疟(指旧党士人在宋哲宗绍圣年间纷纷被流放岭南),恐怕都是借用邵雍名义事后编造的"预言",故与后来之事若合符节。又按,宋哲宗元祐年间,旧党当政,以文字之过贬蔡确于新州,又开列新党干将名单,意欲借此加罪,导致两党之间的政争严重恶化为死斗,当时范纯仁即忧心忡忡地预言:"吾侪正恐亦不免耳。"据此而论,新党复位后将旧党远贬岭南,亦是旧党士人自家作俑而致。

② 陵母知兴:陵母,王陵的母亲。王陵(?—前181),西汉开国功臣。据《史记·陈丞相世家》,王陵本是沛县的豪强,汉高祖刘邦为布衣时,曾以对兄长的礼节对待他。后来刘邦起兵于沛,攻入咸阳,王陵自己收聚了几千徒党,屯兵于南阳,没有跟着刘邦走。直到刘邦从汉中反攻项羽,王陵才率领所部从汉。项羽把他的母亲抓起来,扣押在军中,王陵的使者到项羽军中时,项羽让王陵的母亲东向而坐,想要招降王陵。王母私下送别使者,对他说:"为老妾语陵,谨事汉王。汉王,长者也,无以老妾故,持二心。妾以死送使者。"于是伏剑自杀。项羽大怒,烹煮王母的尸体,以示追加刑罚。王陵从此下定决心,随着刘邦平定天下,被封为安国侯。

【译文】

邵雍在洛阳天津桥听到杜鹃鸣叫,认为这预示南士为相,天下从此多事,所预测之事在其后几年都应验了;王陵的母亲被项羽扣押,王陵派使者到项羽军中,王母让使者转告王陵,要用心追随刘邦,并自杀以坚定王陵的信念。

十一尤

琴高赤鲤①,李耳青牛②。明皇羯鼓③,炀帝龙舟④。

【注释】

①琴高赤鲤:琴高,传说中的仙人。据《列仙传》,琴高曾因善于鼓琴之故,做过宋康王(战国时宋国的末代国君,前328—前286在位)的舍人。他平素行涓彭(按,指传说为仙人的古人涓子、彭祖,两人据说都以服食灵芝、白术之类仙药,获得数百岁的高寿)之术,游荡在冀州、涿郡一带二百多年。后来琴高向大家告别,说要进入涿水去取龙子,与诸弟子相约:"皆洁斋,待于水旁,设祠。"不久,果然骑着一条赤色的鲤鱼从水中出来,坐于祠中,每天都有上万人来围观他。过了一个多月,琴高又重新回到水里。道教徒认为,这就是道经中所说的"水解",琴高借水化去,从此成仙了。

②李耳青牛:李耳,即老子,春秋战国时期道家的始祖,后被尊为道教的教祖。据《列仙传》,老子姓李名耳,字伯阳,生于殷商时期,因为"好养精气"得以长寿。他在周朝先后担任柱下史、守藏史,前后八十余年(一说二百余年)。后来老子看到周王室德行衰微,于是乘着青牛车离开周地,进入秦地。路过函关(按,即函谷关)时,关令尹喜在关前专门等候迎接老子。关令尹喜知道老子是一位真人,强邀他著书,遂作《道德经》上下二卷(可参看前"占风令尹"条)。按,《史记·老子韩非列传》云:"老子者,姓李氏,名耳,字聃。"与《列仙传》所记不同。《史记·周本纪》云:"伯阳甫曰:'周将亡矣。'"裴骃《集解》引唐固曰:"伯阳父,周柱下史老

子也。"唐固，东汉末人，仕吴为尚书仆射，生平附见《三国志·吴书·阚泽传》。据此，则汉时已有将伯阳父和老子联系起来的说法。但伯阳父是西周宣王、幽王时期人，与孔子所师的老子在时代上相去甚远。除非真的认为伯阳父是不死的仙人，否则他与老子显然不可能是同一人。又按，《史记·老子韩非列传》也记载了关令尹喜请老子著《道德经》之事，《列仙传》所载或即脱胎于《史记》。但《史记》说"老子乃著书上下篇，言道德之意五千余言而去，莫知其所终"，《列仙传·关令尹》却说"（关令尹）后与老子俱游流沙，化胡，服苣胜实，莫知其所终"，则在《史记》记载之外又有所增益了。

③明皇羯（jié）鼓：羯鼓，古代乐器的一种，其形两头宽，中间微细，横置于架上，演奏时以两杖击之。据说这种乐器是自西域传入的，故名羯鼓。据《羯鼓录》，唐明皇酷爱羯鼓、玉笛，认为这两种乐器是"八音之领袖，诸乐不可为比"。同时，由于他性情俊爽豪迈，所以很不喜欢弹琴，曾有人为他演奏琴曲，还没有弹完，唐玄宗就下令："待诏出去！"把乐师赶走了，随后说："速召花奴将羯鼓来，为我解秽！"按，花奴是唐玄宗的侄子汝阳王李琎（玄宗长兄宁王李宪之子）的小名。李琎容貌出众，精通音律，极受玄宗宠爱，被赞为"非人间人，必神仙谪堕也"，他演奏羯鼓的手段即从玄宗处学得。有一次李琎随玄宗出游，玄宗摘了一朵红槿花放在他戴的帽子上，花与帽子都很光滑，李琎随后打了一曲《舞山香》（鼓曲名），花居然没有从帽子上滑落，可见他演奏水平之高超。故玄宗在听到不合心意的琴曲后，要召李琎来演奏羯鼓，以期使耳音为之一清。

④炀（yáng）帝龙舟：炀帝，即隋炀帝（569—618），隋朝第二代皇帝，在位期间滥用民力，又穷奢极欲，导致了隋朝灭亡。据《隋书·炀帝纪上》，大业元年（605）三月，隋炀帝"遣黄门侍郎王

弘、上仪同于士澄往江南采木,造龙舟、凤艒、黄龙、赤舰、楼船等数万艘"。八月,炀帝乘龙舟到江都(今江苏扬州)巡游,"以左武卫大将军郭衍为前军,右武卫大将军李景为后军。文武官五品已上给楼船,九品已上给黄蔑",船只首尾相接,整个船队长达二百里。大业七年(611),炀帝又乘龙舟从江都出发,沿通济渠行驶,抵达涿郡(今北京。按,通济渠是隋代大运河中的一段,自今河南荥阳出黄河,至今江苏盱眙入淮河。联通黄河与涿郡的是大运河永济渠段,而打通淮河与江都之间联系的则是山阳渎段,《隋书》盖以通济渠代指运河整体)。关于隋炀帝前往江都的龙舟船队,《资治通鉴·隋纪·炀皇帝上之上·大业元年》也有详细描述,"龙舟四重,高四十五尺,长二百丈。上重有正殿、内殿、东西朝堂,中二重有百二十房,皆饰以金玉,下重内侍处之。皇后乘翔螭舟,制度差小,而装饰无异。别有浮景九艘,三重,皆水殿也。"此外还有随行人员所乘的,以及运输物资的各式船只数千艘,整个船队共用挽船夫八万余人,其规模之大,对于民力耗用之烈,由此可见一斑。故皮日休《汴河怀古》诗云:"尽道隋亡为此河,至今千里赖通波。若无水殿龙舟事,共禹论功不较多。"既充分肯定了炀帝开凿通济渠的历史作用,也抨击了他醉心享乐、虐用民力的过失。

【译文】

琴高对弟子说要进入涿水中去取龙子,入水后果然骑着赤色鲤鱼出来,后来又回到水中,被认为水解成仙了;李耳仕周为守藏史,感到周德已衰,于是乘着青牛车西行入秦,路过函谷关时,应关令尹喜的要求,著成了《道德经》。唐玄宗酷爱羯鼓和玉笛,不喜弹琴,曾赶走弹琴的乐师,让侄子李琎带羯鼓进来演奏,说是"解秽";隋炀帝即位后,命臣下大造龙舟,乘船巡游,直抵江都,后又曾乘龙舟从江都到涿郡,船队规模极其盛大。

羲叔正夏①，宋玉悲秋②。才压元白③，气吞曹刘④。

【注释】

①羲（xī）叔正夏：羲叔，传说中的上古人物，帝尧时期的历法制定者之一。正，考定。据《尚书·尧典》，帝尧任命羲、和二氏制定历法，以教导人们按时令节气从事生产劳动，委派羲叔住到南方交趾之地，让他掌管夏令，在那里观察太阳向南移动之次第，以规定夏天应该从事的工作，并恭敬等待太阳的到来。按，《尧典》云："（羲叔）日永，星火，以正仲夏。"意即在一年中白昼最长的一天（夏至），星宿'大火'（即心宿二，天蝎座α星）出现在黄昏时的南中天（此据《尚书正义·尧典》引马融、郑玄说），观察者据此考定仲夏的到来。但对于"日永星火"这一天象所属年代的认定，至今学术界尚有不同意见，有的学者认为是公元前2200年前后（即所谓尧帝时代）的实际天象，有的学者认为是殷末周初的天象，还有学者认为这一天象要晚到战国时期，《尧典》的成书年代也因此变得扑朔迷离。

②宋玉悲秋：宋玉，战国时楚国人，文学家。据《史记·屈原列传》《汉书·艺文志》等，宋玉是屈原之后的辞赋家。屈原被流放后，宋玉写了《九辩》表达对屈原不公平遭遇的悲愤，其开篇是："悲哉，秋之为气也！萧瑟兮草木摇落而变衰。憭栗兮若在远行，登山临水兮送将归。"受《离骚》影响，《九辩》也是宋玉的自述伤情之作，其借秋景以抒悲情的手法，更被誉为"悲秋"之祖。

③才压元白：元白，元稹和白居易。据《唐摭言》，唐敬宗宝历年间（825—827），杨於陵从东都留守任上入觐，其子杨嗣复时主礼部试，率门生在潼关迎候父亲，并在家中大宴宾客，元稹、白居易都在座。宴席上，宾客即席作诗，刑部侍郎杨汝士成诗最晚，但元稹

和白居易看到后，都为之失色。其诗云："隔坐应须赐御屏，尽将仙翰入高冥。文章旧价留鸳披，桃李新阴在鲤庭。再岁生徒陈贺宴。一时良史尽传馨。当时疏傅虽云盛，讵有兹筵醉醁醽？"散席后，杨汝士回到家对子弟说："我今日压倒元白。"按，杨诗用了孔鲤过庭，孔子教以学《诗》学《礼》，以及疏广、疏受致仕归乡，朝臣同乡为他们举办盛大宴会送行两个典故，前者以孔子、孔鲤父子喻杨於陵、杨嗣复父子，后者以疏广、疏受比杨於陵，以此日之宴比昔日之宴，又特别点出"桃李新阴""再岁生徒"，以切合杨嗣复的身份，以及率门生以迎父的实事，故元、白读后都自愧不如。

④气吞曹刘：曹刘，曹植和刘桢（？—217），皆为东汉末期诗人。据元稹《唐故工部员外郎杜君墓系铭》："至于子美，盖所谓上薄风骚，下该沈宋（沈佺期、宋之问），言夺苏李（苏武、李陵），气吞曹刘（曹植、刘桢），掩颜谢（颜延之、谢灵运）之孤高，杂徐庾（徐陵、庾信）之流丽，尽得古今之体势，而兼昔人之所独专矣。"（可参看前"能诗杜甫"条。）所谓"气吞曹刘"，是指杜诗所蕴含的磅礴气势，直可压倒曹植、刘桢。后来这一典故也被用为赞誉人才思横溢、气势奔放之语。

【译文】

羲叔受帝尧委派，住到南方交趾之地，观察太阳移动的规律，以及夏至日星宿大火在南中天的出现情况，以确定仲夏的到来；宋玉写了《九辩》表达对屈原流放的悲愤，首句为"悲哉秋之为气也"，被誉为"悲秋"之祖。杨於陵入觐，其子杨嗣复隆重迎接父亲，并举办盛大宴会，杨汝士当宴作诗，成诗虽晚，但元稹、白居易读到后都为之失色，杨汝士回家后对子弟说："我今日压倒元白。"元稹在给杜甫写的墓志铭中大力称赞杜甫，认为其诗气势磅礴，能够胜过曹植、刘桢。

信擒梦泽①,翻徙交州②。曹参辅汉③,周勃安刘④。

【注释】

①信擒梦泽:信,即韩信。梦泽,即云梦泽,江汉平原上的一个古湖泊群,后消亡。据《史记·高祖本纪》,汉高祖刘邦消灭项羽后,封韩信为楚王。汉高祖六年(前201),有人告被封为楚王的韩信谋反。刘邦用陈平的计策,命使者通知诸侯到陈地(今河南淮阳)集合,假称自己将到云梦巡游。十二月,刘邦会诸侯于陈,韩信前去迎接,刘邦当场将其擒获。韩信被缚后,说:"果若人言,'狡兔死,良狗亨(按,通'烹');高鸟尽,良弓藏;敌国破,谋臣亡。'天下已定,我固当亨!"高祖说:"人告公反。"于是下令给韩信戴上桎梏,关押起来。但当把韩信押到雒阳之后,高祖又赦免了韩信,将他贬为淮阴侯。

②翻徙(xǐ)交州:翻,即虞翻,三国时期孙吴学者、官员。交州,古代政区名。大致相当于今天广东雷州半岛、广西钦州地区,越南中部、北部地区。据《元和郡县图志·岭南道四·交州》,西汉武帝元封五年(前106),设立交趾刺史部;东汉献帝建安八年(203),以刺史张津、交趾太守士燮联名上书,改交趾刺史部为交州。据《三国志·吴书·虞翻传》,虞翻本性疏朗耿直,多次因醉酒犯错。有一次,孙权与张昭谈及神仙,虞翻用手指着张昭说:"彼皆死人,而语神仙,世岂有仙人邪?"孙权积怒已久,于是把虞翻流放到交州。虞翻在流放之地依然讲学不倦,门徒常有数百人,他为《老子》《论语》《国语》作训诂、注释,都流传于世。过了十九年流放生活后,虞翻在交州去世,时年七十岁。孙权允许他归葬祖坟,妻儿也随之回到故里。

③曹参辅汉:曹参,西汉开国功臣。据《史记·曹相国世家》,汉惠帝二年(前193),相国萧何去世,惠帝召齐丞相曹参接替萧何为

相。曹参继任相国后，完全遵照萧何定下的规章行事，不做改变。他从各郡国选择木讷不善言辞的忠厚吏人担任丞相史（丞相府中的下级僚属），而罢黜尚文法、求声名的吏员，自己则天天饮酒。卿大夫以下的官员，以及相府的宾客看到曹参不治公事，往往来劝谏他，曹参以酒招待他们，见他们要说话，就继续劝酒，让他们喝到大醉，才放客人回去。当时曹参的儿子曹窋在惠帝身边任中大夫，惠帝对曹参的不务正业非常不满，让曹窋私下劝谏其父。曹参听到后，笞责曹窋二百下，说："趣入侍，天下事非若所当言也。"事后，惠帝责问曹参为什么要打儿子，曹参免冠谢罪，问汉惠帝："陛下自察圣武孰与高帝？"惠帝回答："朕乃安敢望先帝乎！"曹参又问："陛下观臣能孰与萧何贤？"惠帝说："君似不及也。"曹参说："陛下言之是也。且高帝与萧何定天下，法令既明，今陛下垂拱，参等守职，遵而勿失，不亦可乎？"惠帝也不得不承认曹参说得有理，说："善。君休矣！"。曹参就这样做了三年相国，百姓作歌说："萧何为法，顜若画一；曹参代之，守而勿失。载其清净，民以宁一。"后人据此总结出"萧规曹随"的成语，比喻按照前人的成规办事。

④周勃安刘：周勃，西汉开国功臣。名将周亚夫之父。刘，即汉朝，汉朝皇帝姓刘，这里是以姓代指朝代。据《史记·高祖本纪》，汉高祖刘邦病重，吕后问他："陛下百岁后，萧相国即死，令谁代之？"高祖说："曹参可。"吕后又问曹参的继任者，高祖回答道："王陵可。然陵少戆，陈平可以助之。陈平智有余，然难以独任。周勃重厚少文，然安刘氏者必勃也，可令为太尉。"吕后再问王陵之后应该如何安排，高祖说："此后亦非而所知也。"又据《史记·绛侯周勃世家》，汉惠帝六年（前189），设太尉官，以周勃为太尉。周勃做了十年太尉，吕后去世。此时吕禄以赵王为汉上将军，吕产以吕王为汉相国，吕氏控制了汉朝的大权，想要危害刘氏。周

勃身为太尉,不能进入军营;陈平身为丞相,不能管理政务。于是周勃与陈平共同谋划,终于诛杀吕氏诸王,拥立汉文帝即位。司马迁以"太史公曰"的形式,对周勃作出了很高的评价:"绛侯周勃始为布衣时,鄙朴人也,才能不过凡庸。及从高祖定天下,在将相位,诸吕欲作乱,勃匡国家难,复之乎正。虽伊尹、周公,何以加哉!"

【译文】

刘邦假称到云梦游玩,召诸侯会于陈地,当场拘捕楚王韩信,事后将他降为淮阴侯;虞翻本性疏朗耿直,多次因酒醉而犯下过错,后被孙权流放到交州。曹参接替萧何为汉朝的相国,谨守萧何订立的规章制度,不肯妄作更变,获得了百姓的称赞;周勃被刘邦称赞为"安刘氏者必勃也",自汉惠帝时起,任太尉十年,吕后去世后,吕氏宗族试图谋反,周勃联合陈平诛灭吕氏,迎立汉文帝,实现了汉高祖的预言。

太初日月①,季野春秋②。公超成市③,长孺为楼④。

【注释】

①太初日月:太初,即夏侯玄(209—254),字太初,三国时曹魏名士、官员。夏侯玄仪表出众,很有名士风度,据《世说新语·容止》,有人评价夏侯玄道:"夏侯太初朗朗如日月之入怀。"意即夏侯玄光彩照人,好像怀揣日月一样。又据同书,魏明帝曹睿曾命皇后的弟弟毛曾与夏侯玄同席而坐,旁观者说,两人同坐,如同"蒹葭倚玉树"。刘孝标注引《魏志》(按,即《三国志·魏书·夏侯玄传》)云:"玄为黄门侍郎,与毛曾并坐。玄甚耻之,曾说形于色。明帝恨之,左迁玄为羽林监。"按,"玄甚耻之,曾说形于色",今本《三国志·魏书·夏侯玄传》作"玄耻之,不悦形之于色",皆可通。

②季野春秋：季野，即褚裒（303—350），东晋大臣、名士。据《晋书·外戚传》（略同），东晋初名士桓彝评价褚裒说："季野有皮里春秋。"意即褚裒虽然表面上对人无所臧否，但内心对人对事是有所褒贬的。按，《世说新语·赏誉》亦载此语，作"褚季野皮里阳秋"。"阳秋"即"春秋"，因东晋简文帝母亲郑太后名春，故时人避讳，改"春"为"阳"。盖古人认为《春秋》蕴含微言大义，对人对事评论不仅严谨，而且常以一字隐寓褒贬，所以桓彝以《春秋》比褚裒。又按，周一良先生认为，《世说新语》与《晋书》对"皮里阳秋"的解释，都近乎望文生义，"皮里"即"活人"之意，"皮里阳秋"意即"活春秋"，并举《梁书·刘孝绰传附刘谅传》称刘谅为"皮裹晋书"（《南史》本传称"皮里晋书"）为例，见所著《魏晋南北朝史札记·晋史札记》"任子春秋与皮里春秋"条，可参看。

③公超成市：公超，即张楷，字公超，东汉学者。据《后汉书·张霸传附张楷传》，张楷精通《严氏春秋》《古文尚书》，门徒常有上百人之多，甚至曾与其父往来的老儒都来向他求教。由于来客太多，所乘车马挤满了街巷，带来的随从都找不到地方歇脚。黄门（东汉宦官所任官职有小黄门、黄门令、黄门署长、中黄门冗从仆射、中黄门等，后遂以"黄门"代指宦官）、贵戚之家遂在张家附近开设客舍，通过接待往来宾客牟利。张楷不喜欢他们这样，数次搬家躲避。后来司隶校尉（汉官名。主察举百官犯法者，并监察河南、河内、河东、弘农、京兆、冯翊、扶风七郡，如一州刺史）举张楷为茂才，除授长陵（汉县名。属京兆，为汉高祖刘邦的陵邑，在今陕西咸阳）令，张楷不赴任，隐居于弘农山中，学者随之前往，张楷的住处很快又成了热闹的市集。后来华阴（汉县名。属弘农郡）山南就有了个地名叫"公超市"。

④长孺（rú）为楼：长孺，即孙长孺，唐代人。据苏颂《太子少傅致仕赠太子太保孙公墓志铭》，孙抃家族世代为富春（今浙江富

阳）人，到他的七世祖孙朴时，徙居到长安，于晚唐武宗、宣宗之际，做了剑南西川节度使杜悰的掌书记（唐代节度使幕府僚属职名。负责撰写表章、书记、文檄，并掌号令、升黜之事）。孙朴之子孙长孺在西川做了彭山（今四川彭山）令，在任上去世。唐末时局混乱，孙家后人因而留居在眉州（今四川眉山，彭山现为眉山市辖区），以聚书治产、教子弟亲田畴为事，眉州人称孙家为书楼孙氏。

【译文】

夏侯玄仪表堂堂，光彩照人，好像怀揣日月一样；褚裒平时不评论人，但心中自有分寸，被桓彝称为"皮里春秋"。张楷精通经学，前来求教的人众多，虽隐居在弘农山中，学者仍跟随而来，华阴山南因此有地名叫"公超市"；孙长孺家子弟世代好学，收集了很多书籍，时人称为书楼孙氏。

楚丘始壮①，田豫乞休②。向长损益③，韩愈斗牛④。

【注释】

①楚丘始壮：楚丘，即楚丘先生，战国时人。据《韩诗外传》，楚丘先生披着褰衣，将草绳当做腰带，就这样去求见孟尝君田文。孟尝君问道："先生老矣，春秋高矣，多遗忘矣，何以教文？"楚丘先生反驳道："恶将使我老？恶将使我老？意者将使我投石超距乎？追车赴马乎？逐麋鹿搏虎豹乎？吾则死矣，何暇老哉？将使我深计远谋乎？役精神而决嫌疑乎？出正辞而当诸侯乎？吾乃始壮耳，何老之有！"孟尝君听后十分惭愧，身上出的汗一直流到脚跟，连声说道："文过矣！文过矣！"按，《新序》亦载此事，文字略有不同，云"楚丘先生年七十"，与"先生老矣，春秋高矣，多遗忘矣"正可印证。

②田豫（yù）乞休：田豫（171—252），三国时曹魏官员。据《三国

志·魏书·田豫传》，田豫从使持节护匈奴中郎将、振威将军、并州刺史任上内调，迁为卫尉（汉魏时期九卿之一，掌宫门宿卫），后因年老，屡次请求逊位。当时以太傅辅政的司马懿认为田豫身体强健，写信给他，劝他继续任职。田豫给司马懿写信说："年过七十而以居位，譬犹钟鸣漏尽而夜行不休，是罪人也。"他坚决宣称病重，于是被拜为太中大夫，仍食九卿的俸禄。

③ 向长损益：向长，字子平，东汉隐士。损益，《易经》中的两个卦名，体现了下与上、多与少的变化。《易传·杂卦》解释说："损益，盛衰之始也。"据《后汉书·逸民列传》，向长性情中和，喜好《老子》《易经》。他家中贫困，没有供食之资，有好事之人送给他食物，他每次都只留下足以吃饱的部分，将多余的食物再还回去。王莽的大司空王邑前来征辟他做官，向长坚决推辞，潜心隐居在家。有一次，向长读《易经》读到《损》《益》两卦时，叹息道："吾已知富不如贫、贵不如贱，但未知死何如生耳。"等汉光武帝建武年间（25—56），向家儿女嫁娶完毕，向长就不再管理家事，和朋友出游名山，不知所终。

④ 韩愈斗（dǒu）牛：斗牛，即斗宿和牛宿，中国古代星座名。按西方天文学的分区法，斗宿六星属人马座，牛宿六星属摩羯座。韩愈曾作《三星行》诗："我生之辰，月宿南斗，牛奋其角，箕张其口。牛不见服箱，斗不挹酒浆。箕独有神灵，无时停簸扬。"意为当他出生时，月亮在斗宿星区，而斗宿之前是牛宿，之后是箕宿。按，《诗经·小雅·大东》云："睆彼牵牛（牵牛，即牛宿），不以服箱。……维南有箕（即箕宿），不可以簸扬。维北有斗（即斗宿，非北斗七星），不可以挹酒浆。"意在以数落星宿有名无实，讽刺周王朝统治者们高高在上，却不做实事。韩愈借用《大东》的意象，说斗宿、牛宿都不起作用，只有箕宿不断"簸扬"，播弄我的命运，这是他对出仕之后数遭贬谪的自嘲。又按，苏轼在《东坡志

林》中说："退之诗云：'我生之辰，月宿南斗。'乃知退之磨蝎为身宫，而仆乃以磨蝎为命，平生多得谤誉，殆是同病也！"磨蝎，即摩羯。据学界研究，黄道十二星座起源于古巴比伦，六世纪时随佛经传入中国，与我国传统的三垣二十八宿体系并存，成为我国古代星相学的一部分。苏轼在"乌台诗案"中遭贬黄州，故以生平多故的韩愈自拟。

【译文】

楚丘先生对孟尝君说自己年纪虽老，体力渐衰，但在深谋远虑方面还如同正当壮年一样；田豫官至卫尉后，累次请求辞职，他认为自己年过七十，如不退位，就好像到了深夜还在路上行走不停，是一种罪过。向长性情中和恬淡，读《易经》读到《损》《益》两卦，受到触动，自言"未知死何如生"，晚年果然离家去游览名山，不知所终；韩愈出生时，月亮正好在斗宿星区，与牛宿、箕宿相邻，韩愈认为自己命运多舛，好像箕宿在不断簸扬他一样。

班除酿部^①，玄拜隐侯^②。公孙东阁^③，庞统南州^④。

【注释】

①班（jìn）除酿（niàng）部：班，即李班，唐玄宗的侄子，封汝阳王，可参看前"明皇羯鼓"条。酿部，主管酿酒的部曹。按，汉成帝时置尚书五人，一人为仆射，其余四人分四曹治事（一说成帝置尚书五曹），至东汉，设立三公曹（二人）、吏曹、二千石曹、民曹、客曹（一说二千石曹与客曹后来又重新整合划分为南主客曹与北主客曹），共五曹六尚书。魏晋南北朝时期，各政权皆设五尚书或六尚书，以主管之曹冠名。隋唐时期，在前代六曹尚书的基础上统一更改名号，置吏、民（唐避李世民讳，改称户）、礼、兵、刑、工六部尚书。所谓"酿部"者，盖为文人笑谈，非实有其官。据

《云仙杂记》引《醉仙图记》,汝阳王李琎嗜酒,以云梦泽的石头砌了一条泛春渠,用来装酒,又用金银制成龟和鱼的形状,放在渠中,任其浮沉,作为盛酒的器具,还自称"酿王兼曲部尚书"。按,曲,即酿酒的酒曲。又按,李琎为"饮中八仙"之一,杜甫《饮中八仙歌》云:"汝阳三斗始朝天,道逢曲车口流涎,恨不移封向酒泉。"其嗜酒可知,但《云仙杂记》所言自称"酿王""曲部尚书",恐怕难脱向壁虚造的嫌疑,可参看前"贾岛祭诗"条。《龙文鞭影》作者将"曲部"误为"酿部",则又是"错中有错"了。

②玄拜隐侯:玄,即王玄,汉代隐士。据《芥隐笔记》,《河南志》引卢元明《侯山记》云:"汉有王玄者,隐于此山,景帝再征不屈,就其山封侯,因以为名。"唐人宋之问《侯山诗》中有"王玄拜隐侯"的句子。王安石《草堂怀古》诗云:"周颙宅作阿兰若,娄约身归窣堵波。他日隐侯身亦老,为寻陈迹到烟萝。"世人多认为"隐侯"是指沈约(沈约封建昌县侯,卒谥隐,见《梁书》本传),而不知王安石是用王玄的典故。按,《太平寰宇记·河南道五·伊阳县》引卢元明《嵩山记》云:"侯山在县南二十五里。卢元明《嵩山记》云:汉有王彦者隐于此,景帝累征不出,遂就而封侯,山因为名。后学道得成,至今指所住为王彦崖。"据此,则王玄一作王彦,不知孰是。又按,《新唐书·艺文志二·地理类》云:"卢鸿《嵩山记》一卷。"自注云:"天宝人。"《宋史·艺文志三·地理类》作"卢鸿《嵩岳记》一卷",此盖即《太平寰宇记》所引之《嵩山记》,从内容上看,亦即《芥隐笔记》转引自《河南志》之《侯山记》,其名或当以《嵩山记》或《嵩岳记》为正。

③公孙东阁:公孙(前200—前121),即公孙弘,西汉大臣。据《汉书·公孙弘传》,公孙弘少时为狱吏,四十岁才开始学春秋杂说。汉武帝即位后,公孙弘年已六十,两次被征为博士,以"行慎厚,辩论有余,习文法吏事,缘饰以儒术"受到汉武帝重用,到元朔

（汉武帝年号，前128—前123）年间，从御史大夫迁为丞相。之前汉朝的丞相都以列侯充任，公孙弘起自布衣，本无侯爵，汉武帝特地封他为平津侯。自此之后，终西汉一代，拜相者若初无侯爵，即于拜相同时封侯，这是自公孙弘开端之后，逐渐形成的定例。当时汉武帝有志于功业，屡次征召贤良，公孙弘考虑到自己以贤良对策第一入仕，自平民起家，几年间就官至丞相、封侯，所以当上丞相之后，就将丞相府的东阁用于接待贤人，与他们一起谋划政事。自己只吃小米饭，菜肴中只有一道肉食，将所有俸禄都花费在故人和宾客的衣食上，到了家无余财的地步。然而他生性忌刻，对与他曾有过节的人，不管远近，表面虽与人为善，最终总是要报复的。主父偃被处死，董仲舒被贬到胶西，都与公孙弘有关。

④ **庞统南州**：庞统（179—214），字士元，东汉末期人，刘备的重要谋士之一。南州，南方的州，东汉时以京都洛阳为地理上的坐标原点，故称长江流域的荆州、扬州为南州，相应地，凉州则被称为西州。据《三国志·蜀书·庞统传》，庞统少年时质朴迟钝，没有人了解他。颍川司马徽清高雅正，号称有知人之明，庞统二十岁时去拜访他。当时司马徽正在树上采桑，庞统就站在树下与他说话，从白天一直谈论到入夜。司马徽惊异于庞统的才华，认为他"当为南州士之冠冕"，即荆州人士中的第一流人物。庞统的名声由此渐渐显著起来。按，从东汉晚期开始，品评人物逐渐成为一种时尚，一般是以在士林中有声望、为人所服的前辈名士的评价为定论，如郭泰评黄宪"汪汪如万顷之陂，澄之不清，扰之不浊"（参看前"黄宪汪汪"条），即是一例。庞统以襄阳名士庞德公之侄，又深为德公所重，有"凤雏"之称（见《三国志·蜀书·庞统传》裴松之注引《襄阳记》），犹须司马徽一语，才能洗脱"朴钝"之名，当时士林对于把握话语权的名士一语奖谕之看重，可见一

斑。同传提到，庞统后来任南郡功曹时，品评士人偏向于鼓励，称赞往往言过其实，希望以此"崇迈世教，使有志者自励"，或许与他少年时的经历有一定关系。

【译文】

唐汝阳王李琎嗜酒，自称"酿王兼曲部尚书"；王玄隐居山中，不肯出来做官，汉景帝就以这座山封他为侯。公孙弘做了丞相后，开丞相府东阁接待贤才，与他们一起谋划政务，将俸禄都用于养赡故人宾客；庞统二十岁时去见司马徽，司马徽正在树上采桑，庞统就在树下与他交谈，一直谈到夜色降临，被司马徽评价为"南州士之冠冕"。

袁耽掷帽①，仁杰携裘②。子将月旦③，安国阳秋④。

【注释】

①袁耽掷（zhì）帽：袁耽，东晋官员。据《世说新语·任诞》，桓温少时家贫，欠了很多赌债，债主催逼很急。桓温急切地想要改变局面，但没有办法。陈郡人袁耽俊迈多能，桓温希望他能替自己挽回损失，但当时袁耽正在服丧，按礼法不应参与博戏，桓温担心他不愿意，但也只能姑且尝试求助。袁耽听说后，立刻答应下来，换掉丧服，把丧服的帽子塞在怀里，随桓温去找债主再赌一场。当时袁耽在赌博方面已有声名，但债主不识其人，开场前还讥笑他："汝故当不办作袁彦道邪？（你总不能像袁彦道一样吧？彦道，袁耽字。）"袁耽开赌后，一局就赌十万钱的重注，不久赢回了上百万。袁耽扔掉被称为"马"的棋子，大声叫喊，旁若无人，又从怀中取出帽子扔在地上，说："汝竟识袁彦道不？"按，桓温、袁耽与债主赌博的方式，盖即魏晋至唐长期流行的樗蒲戏，一称"摴蒲"，其法用形如压扁杏仁的五枚骰子，一面涂黑，一面涂白，放入杯中摇晃掷出，以所得点数决定棋子"马"的行

动。其掷出五子尽黑的称为"卢",四黑一白的称为"雉",两者合称为"贵彩",掷出者可以连掷,或打对方的马,游戏者都希望获得这两种骰色,故后世以"呼卢喝雉"形容赌徒兴致正酣,亦泛指赌博行为。

②仁杰携裘(qiú):仁杰,即狄仁杰。据《太平广记·奇物》引《集异记》,南海郡(按,唐初已改南海郡为广州,此盖以郡号为称)献集翠裘(应是以翠鸟羽毛编织而成的衣服),武则天把它赐给宠臣张昌宗,让他陪自己玩双陆。正巧宰相狄仁杰前来奏事,武则天让狄仁杰坐下,与张昌宗比试双陆,狄仁杰谢恩,坐到棋局前面。武则天问狄仁杰:"卿二人赌何物?"狄仁杰回答:"争三筹,赌昌宗所衣毛裘。"武则天又问:""卿以何物为对?"狄仁杰指着自己所穿的紫䌷袍说:"臣以此敌。"武则天笑着说:"卿未知,此裘价逾千金。卿之所指为不等矣。"狄仁杰起身反驳道:"臣此袍,乃大臣朝见奏对之衣;昌宗所衣,乃嬖幸宠遇之服。对臣此袍,臣犹怏怏。"武则天考虑到已经下过命令,就依从了狄仁杰的意见。对局时,张昌宗被狄仁杰一番轻视,"心赧神沮,气势索寞",连赌连败。狄仁杰当着武则天的面,直接脱下张昌宗的集翠裘,下拜谢恩而出,走到大明宫的光范门,随手就将此裘赐给了家奴。按,双陆也是我国古代的一种游戏,黑白两方各有称为"马"的椎形棋子十五枚,掷骰行棋,白马自右走到左,黑马自左走到右,以先走完的一方为胜,其戏在晚明时代尚较流行,至清代中期以后逐渐失传,今故宫尚存有一套分别以青玉、碧玉制成的双陆棋子。

③子将月旦:子将,即许劭,字子将,汝南平舆(今河南平舆)人,东汉名士。月旦,每月第一天。据《后汉书·许劭传》,许劭和堂兄许靖都有高名,喜欢评论同乡人物,每月都更换品题,重新作一次评价,其家乡汝南郡因而有"月旦评"的习俗。此后,"月旦"就

成为评论人物的代名词。同传又载，曹操地位不高时，曾卑辞厚礼，请求许劭为他做个评价。许劭看不起他（按，曹操出身宦官家庭，年轻时行迹又近乎游侠，盖因此为士林所轻），不肯为他品评，曹操于是找了个机会威胁许劭。许劭不得已，评价道："君清平之奸贼，乱世之英雄。"曹操听后大悦而去。按，《三国志·魏书·武帝纪》裴松之注引郭颁《世语》云："玄（桥玄，时任太尉）谓太祖（曹操）曰：'君未有名，可交许子将。'太祖乃造子将，子将纳焉，由是知名。"此与庞统因得司马徽品题而知名，如出一辙。又注引孙盛《异同杂语》云："（曹操）尝问许子将：'我何如人？'子将不答。固问之，子将曰：'子治世之能臣，乱世之奸雄。'太祖大笑。"此与《后汉书》所记情节相似，而评价则大不相同。

④安国阳秋：安国，即孙盛。东晋史学家。阳秋，即《晋阳秋》，晋代史书名。记两晋史事，今佚。据《晋书·孙盛传》，孙盛好学不倦，自少至老，手不释卷，著有《魏氏春秋》《晋阳秋》等史书。其中《晋阳秋》词直理壮，被称为"良史"。桓温看到该书，非常生气，对孙盛的儿子说："枋头〔古地名，在今河南浚县，晋废帝太和四年（369），桓温率军五万北伐，在枋头与前燕军僵持近两月，粮尽撤退，途中先后被前燕、前秦军队突袭，战死者达三万人（一说四万人）之多〕诚为失利，何至乃如尊君所说！若此史遂行，自是关君门户事。"孙盛之子连忙下拜谢罪，表示愿意请父亲修改。孙盛当时虽已年老，但对子孙依然很严厉。这次得罪桓温，他的儿子们哭着叩头哀求孙盛修改著作，孙盛大怒拒绝，其子就私下对记载做了篡改。后来，孙盛自行重写了两部定本，寄给慕容儁（前燕的开国皇帝），以存其真。到太元（晋孝武帝年号，376—396）年间，晋孝武帝博求异闻，从辽东获得了孙盛所写定本，以之与流行于东晋的《晋阳秋》版本相校，两者多有不同，于是就将两本都保存下来。按，桓温北伐前燕，兵败于枋头，时前燕主已

为慕容儁之子慕容暐,故所谓孙盛寄《晋阳秋》定本于慕容儁之事,尚有可疑之处。

【译文】

袁耽不顾正在服丧,出面帮桓温赢回赌债,之后得意地把帽子扔在地上,问对方:"汝竟识袁彦道不?"狄仁杰在武则天面前,以所穿紫袍与张昌宗受武则天所赐集翠裘对赌,狄仁杰取胜后,带着集翠裘出宫,随手赐予家奴。许劭和堂兄许靖都喜欢评论同乡人物,他们每月重新评定一次,汝南郡因此有了"月旦评"的习俗;孙盛作《晋阳秋》,记载了桓温兵败于枋头之事,触怒桓温,书遭篡改,于是孙盛自己写成两部定本,寄到前燕保存,直到晋孝武帝太元年间,才重新为东晋所获得。

德舆西掖①,庾亮南楼②。梁吟傀儡③,庄梦髑髅④。

【注释】

① 德舆(yú)西掖(yè):德舆,即权德舆(759—818),唐朝大臣。西掖,唐朝中书省在宫城的西面,故称中书省为西掖。据《旧唐书·权德舆传》,权德舆以唐德宗贞元十年(794)任起居舍人,同年兼知制诰。后转驾部员外郎、司勋郎中,又迁中书舍人,皆依旧知制诰。当时德宗亲自决断政事,对除授官职控制很严,凡任命朝臣,多是以皇帝下发御札的方式补官。权德舆刚任知制诰时,给事中有徐岱,中书舍人有高郢,任职数年之后,徐岱去世,高郢改知礼部贡举,只有权德舆入直宫省,经常数旬回不了一次家。权德舆曾上疏请求除授中书、门下两省官员(按,中书舍人属中书省,给事中属门下省),德宗说:"非不知卿之劳苦,禁掖清切,须得如卿者,所以久难其人。"权德舆在中书省任职八年,其间有几年的时间只有他一个人掌管起草诏令,非常辛苦。按,德宗朝是唐代官员选任制度转型的特殊时期,表现为朝官大量缺员,后

人总结为"贞元中仕进道塞",又说:"东省(门下省)数月闭门,南台(御史台)唯一御史。令狐楚为桂府白身判官,七八年奏官不下。(《南部新书》卷壬)"据《旧唐书·高郢传》,高郢在德宗朝任中书舍人亦达九年之久,可见这是当时朝官的常见状态。

②庾(yǔ)亮南楼:庾亮,东晋大臣。南楼,古代楼名。在今湖北鄂州。据《世说新语·容止》,庾亮镇武昌[按,孙权改江夏郡鄂县(今湖北鄂州)为武昌县,并分江夏郡六县为武昌郡。今湖北省武汉市旧名武昌府,但市辖武昌区的旧称是江夏县,1912年始改名武昌县。在今鄂州的原武昌县改名寿昌县,后又改鄂城县、鄂州市。因不同历史时期的"武昌"所指不同,故在此特别说明]时,偶逢秋夜气佳景清,僚属殷浩、王胡之等人登上南楼吟诗,刚到兴致高昂、音调遒劲之时,忽然听到楼梯上传来很响的脚步声,大家都觉得一定是庾亮。不久,庾亮带着十几个随从步行前来,殷浩等人想起身躲开,庾亮缓声说:"诸君少住,老子于此处兴复不浅。"于是坐在胡床上,与众人歌咏谈笑,直到聚会结束,大家都很高兴。后来王羲之东下回到建康(按,王羲之曾任庾亮的参军,渐迁长史,见《晋书》本传),与堂伯王导见面,对他说了庾亮与僚属在南楼聚会的事。王导听了后,说:"元规(庾亮字)尔时风范不得不小颓。"即认为庾亮当时放下了身段,风范必然有所减损。王羲之回答道:"唯丘壑独存。"盖言庾亮胸中仍有底蕴,虽自我抑降,与僚属谈谑,并未伤及旧有神韵。

③梁吟傀儡(kuí lěi):梁:即梁锽。《文苑英华·音乐一·杂乐》载梁锽诗《窟磊子人》,云:"刻木牵丝作老翁,鸡皮鹤发与真同。须臾弄罢寂无事,还似人生一梦中。"窟磊子,即傀儡子、傀儡的异读,亦即木偶。按,《明皇杂录》云:"明皇在南内,耿耿不乐,每自吟太白《傀儡诗》曰:'刻木牵丝作老翁,鸡皮鹤发与真同。须臾弄罢浑无事,还似人生一世中。'"则此诗一说为李白作。清

人编《全唐诗》,卷三《明皇帝》、卷二百二《梁锽》下两收此诗,而未著录于李白名下。

④庄梦髑髅(dú lóu):庄,即庄子。髑髅,头骨。据《庄子·至乐》,庄子去楚国,路上看见一个空髑髅,庄子用马鞭敲着它问道:"夫子贪生失理而为此乎? 将子有亡国之事、斧铖之诛而为此乎? 将子有不善之行,愧遗父母妻子之丑而为此乎? 将子有冻馁之患而为此乎? 将子之春秋故及此乎?"说完,把髑髅垫在头下当枕头,就在那里睡着了。夜间,庄子梦见髑髅来问他:"子之谈者似辩士,诸子所言,皆生人之累也,死则无此矣。子欲闻死之说乎?"庄子回答:"然。"髑髅说:"死,无君于上,无臣于下,亦无四时之事,从然以天地为春秋,虽南面王乐,不能过也。"庄子不信,问道:"吾使司命复生子形,为子骨肉肌肤,反子父母、妻子、闾里、知识,子欲之乎?"髑髅深深皱着眉头,否定了庄子的假设,说:"吾安能弃南面王乐,而复为人间之劳乎!"

【译文】

权德舆在唐德宗朝任知制诰,在中书省任职八年,其中有数年独力负责起草诏命,深得德宗信任;庾亮出镇武昌时,于秋夜与僚属殷浩、王胡之等在武昌南楼谈笑,兴致颇深。梁锽有《窟磊子人》一诗,借描写木偶艺人耍弄木偶的情态,感叹人生最终必将以寂寥收场,如同一梦;庄子在路边看到一个空空的头骨,用马鞭敲着它,提出了一串问题,后来枕着头骨当枕头睡去,却在梦中见到头骨开口对他说死后是非常快乐的。

孟称清发①,殷号风流②。见讥子敬③,犯忌杨修④。

【注释】

①孟称清发:孟,即孟浩然。清发,清明焕发。据王士源《孟浩然集

序》,孟浩然相貌淑清,风神散朗,品德高尚,文采斐然,尤其擅长五言诗,天下称其尽善。有一次在秘书省,正当雨后秋月初出的时节,孟浩然与著名文士们一起作诗。轮到孟浩然时,他作诗道:"微云淡河汉,疏雨滴梧桐。"举座称叹其诗清绝,于是众人都为之停笔,不再继续作诗了。王士源为他作赞,写道:"导漾炳灵,实生楚英,浩然清发,亦自其名。"意即孟浩然的风貌清明焕发,与他的名字完全相符。

②殷号风流:殷,即殷浩(? —356),东晋大臣。风流,风采出众。据《晋书·殷浩传》记载:殷浩识度清远,弱冠时已负有盛名,尤其擅长玄言,为风流谈论者所推许敬仰。太尉、司徒、司空三府征召殷浩为官,他都称病不就职。后来曾任征西将军庾亮的记室参军,累迁司徒左长史,庾亮的弟弟任安西将军时,又请求以殷浩为司马。后来朝廷先后以殷浩为侍中、安西军司,都称病不到职,隐居在家族的墓园附近。后经褚裒推荐,殷浩被两次起用,皆为建武将军、扬州刺史,与当时主持朝政的琅邪王司马昱(后来的简文帝)一起掌握朝政大权,但后因北伐失败,被免官流放到东阳郡信安县(今浙江衢州)。殷浩去世之后,将要改葬(按,殷浩被流放三年后去世,可能当时葬于流放地信安,后来迁归祖墓,故曰'改葬'),故吏顾悦之为他向朝廷上书诉冤,称殷浩"体德沉粹,识理淹长,风流雅胜,声盖当时",希望朝廷恢复他的官职,获得允许。《晋书》编者房玄龄等评价殷浩,则云:"入处国钧,未有嘉谋善政,出总戎律,唯闻蹙国丧师,是知风流异贞固之才,谈论非奇正之要。"可见晋人评价所谓"风流",只就风采谈吐而论,并不着眼于治国用兵的实际才能。田余庆先生在《东晋门阀政治》中评价以殷浩为代表的"永和人物"时所说:"他们一般的特征是嗜五石散,习南华言,浮华相扇,标榜为高。他们不知疲倦地谈有无,谈言意,谈才性,谈出处,虽然鸿篇巨著不多,但

一语惊人,便成名誉。"可谓道破天机。

③见讥子敬:见讥,被讥讽。子敬,即王献之(344—386),字子敬,东晋官员、书法家,其父为王羲之。据《世说新语·方正》记载:王献之还是儿童时,看到父亲的几个门生(即官僚、大族家中的依附民、家仆,见前"卧床逸少"条)在玩樗蒲。王献之说:"南风不竞(将要失败)。"门生们轻视他只是个小孩子,遂讥笑道:"此郎亦管中窥豹,时见一斑。"王献之便瞪着眼睛说:"远惭荀奉倩,近愧刘真长。"拂衣而去。按,《左传·襄公十八年》:"楚伐郑。师旷曰:'不害,吾骤歌南风,南风不竞,多死声,楚必无功。'"杜预注:"歌者吹律以咏入风,南风音微,故曰不竞也。"楚在南而郑在北,故师旷认为"南风不竞"预示楚国将败,后世遂以"南风不竞"为失败的代名词。又,荀奉倩即荀粲,荀彧子,《三国志·魏书·荀彧传》裴注引何劭《荀粲传》,称"粲简贵,不能与常人交接,所交皆一时俊杰",刘真长即刘惔,为东晋官员、名士,《晋书》本传云:"累迁丹阳尹,为政清整,门无杂宾。"《世说新语·赏誉》又说:"真长性至峭(按,即崖岸自高之意)。"可见二人都为人清高,不与他们眼中的俗人交往。王献之引此两人自比,意在表示后悔与门生这样的"俗人"说话。

④犯忌杨修:杨修(? —219),东汉末官员,曾在曹操幕府中任主簿。据《三国志·魏书·任城陈萧王传》,曹植因有才能,被其父曹操另眼看待,而丁仪、丁廙、杨修为其羽翼,曹操多次考虑要以曹植为太子。后来曹植失宠,曹操担心自己去世后将有变数(指曹植与被立为继承人的曹丕对立),因杨修颇有才策,又是袁氏(指汝南袁氏,曹操早期的对手袁绍、袁术兄弟皆出自这"四世三公"的名门)的外甥,于是找了个罪名将杨修诛杀。按,《任城陈萧王传》叙杨修被诛在建安二十四年(219)曹操命曹植统兵援樊城前,而裴松之注引《典略》云:"至二十四年秋,公以修前后漏

泄言教，交关诸侯，乃收杀之。修临死，谓故人曰：'我固自以死之晚也。'其意以为坐曹植也。修死后百余日而太祖薨，太子立，遂有天下。"两者所记不同，但都点出杨修是因为牵扯进曹氏继承人之争，为曹操所忌，遂遭非命。从常情考虑，建安二十四年秋七月，曹操尚命曹植援樊城，曹植因临行醉酒，令曹操大感失望，才被最终放弃，则诛其羽翼如杨修者，当在此后。《典略》以为杨修被诛在曹操去世前百余日，推算当在二十四年九月间，似乎合理。

【译文】

孟浩然作诗清新雅致，为人也非常清高，王士源为他作赞，誉为"浩然清发，亦自其名"，认为他人如其名；殷浩见识高远，少年即善玄言，为当时风流谈论者所推尊，去世后，顾悦之为他上书，称他"风流雅胜，声盖当时"。王献之小时候见其父的门生玩樗蒲，在旁说了一句"南风不竞"，反遭门生讥讽，王献之拂衣而去；杨修与曹植关系密切，牵扯进曹操选择继承人的纷争之中，曹植失宠后，曹操认为杨修颇有才能，又是老对手汝南袁氏的外甥，于是将他定罪诛杀。

荀息累卵①，王基载舟②。沙鸥可狎③，蕉鹿难求④。

【注释】

①荀（xún）息累（lěi）卵：荀息（？—651），晋国大夫。累，层叠。据《太平御览·人事部·谏诤六》引《说苑》，晋灵公造九层之台，花费千亿，却对左右侍从说："敢有谏者斩。"荀息求见，晋灵公张弩持矢接见了他，问道："子欲谏耶？"荀息答道："不敢谏也。臣能累十二博棋，加九鸡子其上。"晋灵公让荀息演示，荀息正色屏气地表演，晋灵公看得大气都不敢出，不禁说："危哉，危哉！"荀息曰："是不危也，复有危于此者。"晋灵公表示想看看，荀息说：

"九层之台三年不成,男不得耕,女不得织,国有空虚,邻国谋议,将欲兴兵,社稷亡灭,君欲何望?"晋灵公明白了荀息的意思,于是下令拆毁。按,荀息卒于晋献公二十六年(前651),晋灵公则于前620年即位,此时荀息已去世三十一年了,其事不可信。《说苑》作为一部记录先秦至汉代遗闻轶事的杂记,其中常有人物时代、经历倒错的现象,此即其一。

②王基载(zài)舟:王基(190—261),三国时曹魏大臣。据《三国志·魏书·王基传》,魏明帝曹睿经常大兴土木修建宫室,百姓劳苦不堪。时任中书侍郎的王基上疏说:"臣闻古人以水喻民,曰:'水所以载舟,亦所以覆舟。'故在民上者,不可以不戒惧。夫民逸则虑易,苦则思难,是以先王居之以约俭,俾不至于生患。昔颜渊云:'东野子之御,马力尽矣而求进不已,是以知其将败。'今事役劳苦,男女离旷,愿陛下深察东野之弊,留意舟水之喻,息奔驷于未尽,节力役于未困。"按,"水所以载舟,亦所以覆舟",语见《孔子家语·五仪》,颜渊策东野子之御将败,事见《孔子家语·颜回》,文字略有不同。

③沙鸥可狎(xiá):沙鸥,指栖息在沙洲上的鸥科鸟类。狎,亲近。据《列子·黄帝》,有一个住在海滨的人,很喜欢沤鸟(按,"沤"通"鸥",沤鸟即鸥鸟),每天早上都到海边与鸟群一起游戏,沤鸟飞来的不下百只。他的父亲说:"吾闻沤鸟皆从汝游,汝取来,吾玩之。"第二天,此人再到海上去,沤鸟都只在他的头顶盘旋飞舞,不肯落下来了。《列子》在讲完这个故事后说,最有道理的话是不说话,最好的作为是不刻意作为,如果存有机心地去做事,就显得浅薄了。

④蕉鹿难求:蕉鹿,柴草下盖着的鹿。蕉,通"樵"。据《列子·周穆王》,郑国有个打柴人,在野外打死一头鹿,怕人看到,于是把鹿藏到壕沟里,上面盖上柴草,但不久就忘了藏在哪儿,以为自己

是做梦,就沿路念叨这件事。有人听到以后,照着他说的找到了鹿,回家后就对妻子说了。他的妻子很怀疑这件事的真实性,问道:"若将是梦见薪者之得鹿邪?讵有薪者邪?今真得鹿,是若之梦真邪?"而藏鹿的人回家后做了个梦,梦见了藏鹿的地方,也梦见了找到鹿的人,于是拉着找到鹿的人去打官司,士师(按,春秋时期官职名。主管审判)说:"若初真得鹿,妄谓之梦;真梦得鹿,妄谓之实。彼真取若鹿,而若与争鹿。室人(按,指妻子)又谓梦仞(按,'仞'通'认')人鹿,无人得鹿。今据有此鹿,请二分之。"随后,士师把这个案子上报给国君。国君说:"嘻!士师将复梦分人鹿乎?"于是向国相咨询意见。国相说:"梦与不梦,臣所不能辨也。欲辨觉梦,唯黄帝、孔丘。今亡黄帝、孔丘,孰辨之哉?且恂士师之言可也。"

【译文】

　　荀息以在十二个棋子上再累加九个鸡蛋做比喻向晋灵公进谏,希望他停止建造九层高台;王基以"水所以载舟,亦所以覆舟"为喻,劝谏魏明帝曹睿不要再大兴土木。一人住在海滨,每天与海鸥一起玩,当他父亲让他抓一只回家时,海鸥就不肯落下来与他亲近了;郑人将打到的鹿掩藏在柴草下,事后找不到了,他以为是做梦,却有人按照他所说之处找到鹿,后来郑人又梦到藏鹿之处,以及得鹿之人,于是又因此诉讼,这头柴草下的鹿似真似幻,难以确认究竟是虚是实。

黄联池上[①],杨咏楼头[②]。曹兵迅速[③],李使迟留[④]。

【注释】

①黄联池上:黄,即黄鉴,北宋官员。池上,水池旁。《诗话总龟·幼敏门》引《李康靖(按,即李若谷,北宋初中期官员,卒谥康靖)闻见录》,黄鉴七岁时还不会说话,他的祖父很喜欢这个孙子,认为

从风骨（按，这里指品性）之美来看，这孩子应该能使家门昌盛，不应该是个哑巴，于是每当看到什么景物，一定要向孙子说明它叫什么名字、是怎么一回事，以此来教育他，然而黄鉴始终都不开口。一天，祖父又对他说："杨文公幼而不言，文公之父告之曰：'后园梨落篱，神童知不知？'文公发声曰：'不是风摇树，便是鹊惊枝。'汝风骨若此，何为不言？"黄鉴还是没有回应。后来，祖父带黄鉴到河边玩，对他说："水马池中走。"黄鉴突然答道："游鱼波上浮。"从此就会说话了。成年后，黄鉴进入馆阁（按，北宋称昭文馆、集贤院、史馆为三馆，与秘阁合称馆阁，通常选拔文采出众的中低级官员任职，为储才之所）任职。按，黄鉴生平略见《宋史·文苑传四》及《续资治通鉴长编》等书，据《续资治通鉴长编·仁宗景祐元年八月》，知黄鉴以太常博士、直集贤院参与修《三朝宝训》，未就而卒，此即《李康靖闻见录》所言之"任馆阁"。

②杨咏楼头：杨，即杨亿。据《宋朝事实类苑》，杨亿数岁时还不会说话。一天，家人带他到高楼上去，不小心碰到孩子的头，忽然就说话了。家人惊问："汝既能言，能吟诗乎？"杨亿道："能。"家人让他吟一首与楼有关的诗，杨亿遂吟诗道："危楼高百尺，手可摘星辰。不敢高声语，恐惊天上人。"后来杨亿成为当世的文坛领袖。

③曹兵迅速：曹兵，曹操的军队。据《三国志·蜀书·先主传》，汉献帝建安十三年（208），曹操率军南下荆州，恰逢荆州牧刘表去世，其子刘琮继位，派人向曹操请降。刘备当时屯驻于樊城，直到曹军抵达宛城才得知，于是率众离开樊城，前往江陵。曹操知道江陵有军事物资，怕刘备先占据那里，于是丢掉辎重，轻装上阵赶到襄阳。听说刘备已经过去，又率领五千精锐骑兵急速追击，一日一夜疾行三百余里，在当阳的长坂追上刘备。两军交战，刘备大败，不得不丢下妻子儿女，与诸葛亮、张飞、赵云等数

十骑逃走,曹操则俘获了刘备所部的大量人马、辎重。战后,刘备放弃占据江陵的计划,前往江夏和刘表长子刘琦会合。

④李使迟留:李使,使者李郃。据《后汉书·方术列传》,汉中太守惊异李郃有不为人知的才德(按,指李郃通五经,善《河》《洛》风星之学,参前"二使入蜀"条。此汉中太守即之前朝廷所遣二使之一),征辟李郃任户曹史。当时大将军窦宪结婚,天下郡国都派人送礼,汉中太守也不能免俗。李郃进谏道:"窦将军椒房之亲,不修礼德,而专权骄恣,危亡之祸可翘足而待,愿明府一心王室,勿与交通。"太守坚持要派遣使者,李郃无法劝阻,就请求派自己前往,太守答应了。李郃一路故意拖延时间,以观察可能出现的变数。走到扶风的时候,果然听到窦宪失势被遣回封国并自杀的消息,党羽也都被处死。当时凡与窦宪结交的人都被免职,只有汉中太守没有卷入此事。

【译文】

黄鉴七岁时还不会说话,祖父一直教他认识各种事物,一天在水池旁对他说"水马池中走",黄鉴突然对出"游鱼波上浮",从此就会说话了;杨亿数岁不能言语,某日在高楼上不小心碰了头,忽然就出声说话,还应家人的要求吟诗一首。曹操南征时,怕刘备抢先占据江陵,于是率领精锐骑兵,一天一夜疾驰三百多里,在当阳长坂追上并打败了刘备;李郃劝阻汉中太守不要给大将军窦宪送礼,太守不听,李郃于是请求自己前往,沿路故意拖延行程,走到半路,果然听到窦宪失势自杀的消息,汉中太守因此没有被牵连。

孔明流马①,田单火牛②。五侯奇膳③,九婢珍馐④。

【注释】

①孔明流马:孔明,即诸葛亮,字孔明。流马,诸葛亮发明的一种运

输器械,现代学者对其形制有多种推测,其中一种观点认为就是独轮手推车的前身。据《三国志·蜀书·诸葛亮传》,建兴十二年(234)春季,诸葛亮最后一次北伐,全军从斜谷出击,用流马运输,屯兵于武功县的五丈原,与司马懿隔着渭水对峙。按,在之前建兴九年(231)的北伐中,诸葛亮率蜀汉军队出祁山伐魏,则是以另一种叫做木牛的器械运输粮草。据同传裴松之注引《诸葛亮集》所载《木牛流马法》,木牛每件可载一人一年的口粮,如由单人运作,一天可以走几十里地,多人同行,则日行二十里;流马每件有两个方形的盛物箱囊,每囊可盛米二斛三斗,按汉代军队日廪七至八升的规格,大约每一流马的承载量约为一人两月的食粮。建兴十二年北伐弃木牛而用流马,可能是因为自汉中经斜谷入关中,需要行经栈道,路途崎岖,故以装载力较弱,但较为灵活的流马承运。

②田单火牛:田单,战国时齐国名将。据《史记·田单列传》,燕国攻齐,齐国各城纷纷投降,只有莒、即墨两城仍然坚守。田单率宗族逃到即墨,即墨大夫与燕军交战败死,城中推举田单为将军,继续守卫即墨。后来,田单离间了燕王与燕军统帅乐毅的关系,导致乐毅逃奔赵国,又用各种方式振奋守军士气,欺骗燕军,使其骄傲懈怠。随即,田单在城中收集了一千多头牛,给牛披上红色丝绸,画上五彩龙文,牛角上系着尖刀,牛尾系着在油里泡过的芦苇。等到半夜,田单命守军点燃芦苇,放牛出去袭击燕军,又派五千勇士跟在后面。"牛尾热,怒而奔燕军,燕军夜大惊。牛尾炬火光明炫耀,燕军视之皆龙文,所触尽死伤"。田单的"火牛计"收到奇效,燕军在毫无准备的情况下大败,替代乐毅的主帅骑劫败死。田单乘胜追击,一直将燕军逐至黄河之滨(即齐国被燕军侵攻前的北疆),齐国由此得以复国。

③五侯奇膳（shàn）：五侯，汉元帝皇后王政君的弟弟王谭、王商、王立、王根、王逢时五人同日封侯，世称五侯。据《西京杂记》，王氏五侯不和，宾客既入一人门下，就不允许到其他家去，只有娄护擅长舌辩，能够轮流就食于五侯之家，五侯争相向娄护赠送珍奇的食物，娄护把这些食物混合在一起，成为一种独特的菜肴，时人称之为"五侯鲭（汉时将鱼和肉混合烹饪而成的杂烩称为鲭）"，视为奇味。又《语林》云："娄护字君卿，历游五侯之门。每旦，五侯家各遗饷之，君卿口厌滋味，乃试合五侯所饷之鲭而食，甚美。世所谓'五侯鲭'，君卿所致。"与《西京杂记》可互相补充。按，娄护，《汉书·游侠传》作"楼护"，云："是时，王氏方盛，宾客满门，五侯兄弟争名，其客各有所厚，不得左右，唯护尽入其门，咸得其欢心。……与谷永俱为五侯上客，长安号曰'谷子云笔札，楼君卿唇舌'，言其见信用也。母死，送葬者致车二三千两，间里歌之曰：'五侯治丧楼君卿。'"而不记五侯鲭事。

④九婢（bì）珍馐（xiū）：九婢，九个婢女。据《清异录》，唐朝丞相段文昌精通烹饪，他家的厨房名为"炼珍堂"，旅途中的庖厨名为"行珍馆"。家中有一位老婢女，号称"膳祖"，专门掌管烹饪技法，并负责教授其他婢女。四十年来前后换了一百多个女婢，只有九个人有资格继承食谱。段文昌自己编写《食经》五十章，当时称为"邹平公（段文昌封爵）食宪章"。

【译文】

诸葛亮在最后一次北伐时，从斜谷出兵，以流马运输粮草；田单用火牛计袭击燕军，获得大胜。娄护得到王氏五侯的信赖，五侯争相送来珍奇食物，楼护把它们混在一起，成为一种独特的菜肴，世称"五侯鲭"；段文昌擅长烹饪，家中有老婢女专管食谱，前后教授给其他一百多个婢女，只有九个人能学到传承食谱的地步。

光安耕钓^①，方慕巢由^②。适嵇命驾^③，访戴操舟^④。

【注释】

①光安耕钓：光，即严光，东汉著名隐士。安，安于。据《后汉书·逸民列传》，严光少时有高名，与汉光武帝刘秀一同游学。到光武帝即位之后，他改名换姓，隐身不见。光武帝思念其贤，派人按照形貌寻找他，后来齐国上言："有一男子，披羊裘钓泽中。"光武帝猜测此人大概是严光，于是遣使者用隆重的礼节前往聘请，往返三次，严光才随使者进京。到京都后，光武帝任命严光为谏议大夫。严光不愿就职，远走富春山，过着耕种生活，后人称他钓鱼的地方为严陵濑（按，严光字子陵，故名）。

②方慕巢由：方，即薛方，西汉隐士。巢由，巢父与许由，都是古代隐士，参前"巢父清高"条。据《汉书·王贡两龚鲍传》，自成帝至王莽时的清名之士，有齐国薛方，字子容。薛方曾被征召，没有接受，后来王莽又以安车迎接薛方，薛方通过使者上表辞谢说："尧舜在上，下有巢由，今明主方隆唐虞之德，小臣欲守箕山之节也。"王莽听了非常高兴，就不强迫薛方做官了。按，传说巢父、许由在箕山之下隐居，远离世务，后世遂以"箕山之节"代指隐士之节操。

③适嵇（jī）命驾：适，到某处去。嵇，嵇康。命驾，命人驾上车马。据《世说新语·简傲》，嵇康和吕安关系非常好，每当两人互相想念之时，往往"千里命驾"。吕安曾到嵇康家里去，嵇康不在，他的哥哥嵇喜出门迎接，吕安没有进门，只在门上写了一个"凤"字就离开了。嵇喜不明其意，以为吕安夸奖自己是如同凤凰一样的贤才，非常高兴。其实吕安是讥刺嵇喜为"凡鸟"，即平庸之人。按，"凤"繁体写为"鳳"，里面是繁体的"鸟"字。

④访戴操舟：戴，即戴逵（？—395），东晋隐士。据《世说新语·任诞》，王徽之住在山阴时，有一天夜里下起大雪，王徽之半夜睡

醒,打开屋门,命人取酒来饮,四处望去,一片皎然。于是王徽之起身踱步,吟咏起左思的《招隐诗》,忽然想起戴逵。当时戴逵在剡县隐居,王徽之就连夜乘上小船去看他。走了一宿,第二天早晨,王徽之到了戴逵家门前,却不再前进,转而返回。有人问他缘故,王徽之说:"吾本乘兴而行,兴尽而返,何必见戴?"

【译文】

严子陵安于耕钓,推掉老朋友光武帝的聘请与任命,前往富春山种地度日;王莽聘请薛方做官,薛方上表婉言谢绝,表中恭维王莽为尧舜,而以尧时的隐士巢父、许由自比,王莽很高兴,就放过了他。嵇康和吕安关系密切,一旦互相想念,虽远隔千里,也会驾起车马前去探望;王徽之在雪夜忽然想念戴逵,便连夜乘船去看他,到了戴家门口,兴致已尽,于是又不见戴逵而径直返回。

篆推史籀①,隶善钟繇②。邵瓜五色③,李橘千头④。

【注释】

①篆(zhuàn)推史籀(zhòu):篆,篆书,这里指大篆,汉字的一种字体,据说起源于西周时期。史籀,传说是周宣王时的太史,籀是名字。《汉书·艺文志》著录"《史籀》十五篇",自注云:"周宣王太史,作大篆十五篇,建武时亡六篇矣。"《说文解字序》亦云:"及宣王大史籀,著大篆十五篇。"大史,即太史。两者均认为大篆是周宣王的太史名籀者所造,所以本文说"篆推史籀"。按,近代学者王国维在《史籀篇疏证序》中指出:"史籀"二字非人名,籀应训为读,推测《史籀篇》首句应为"太史籀书",即"太史读书"之意,而取"史籀"二字为篇名;而《史籀篇》的成书年代也应在春秋战国时代,而非西周。此亦可备一说。

②隶(lì)善钟繇:隶,隶书,汉字字体之一。钟繇,三国时曹魏书法

家、大臣。据《书断》卷上《隶书》云："汉陈遵字孟公，京兆杜陵人，哀帝之世，为河南太守，善隶书，与人尺牍，主皆藏之以为荣，此其创开隶书之善也。尔后钟元常、王逸少各造其极焉。"又同书卷中分古来书家为"神、妙、能"三品，钟繇列于《神品》，其小传云："繇善书，师曹喜、蔡邕、刘德升。……元常（按，钟繇字）隶、行入神，八分入妙。"

③邵（shào）瓜五色：邵，即邵平，又作召平，秦朝人，曾受封东陵侯。据《史记·萧相国世家》，秦朝灭亡后，东陵侯召平失爵成为平民，家境贫困，于是在长安城东以种瓜为业。其瓜非常美味，世人称之为"东陵瓜"。

④李橘千头：李，即李衡，三国时吴国官员。据《三国志·吴书·三嗣主传》裴松之注引《襄阳记》，李衡每当打算置办家产，其妻习氏总是不同意，后遂密遣奴客十人，在武陵郡龙阳县（今湖南汉寿）的氾洲上建起宅第，种甘橘（按，即柑橘）千株。临终时，李衡对儿子说："汝母恶我治家，故穷如是。吾州里有千头木奴，不责汝衣食，岁上一匹绢，亦可足用耳。"李衡去世后二十多天，儿子把父亲的遗言向母亲汇报了，其母说："此当是种甘橘也。汝家失十户客来七八年，必汝父遣为宅。汝父恒称太史公言'江陵千树橘，当封君家'。吾答曰：'且人患无德义，不患不富，若贵而能贫，方好耳，用此何为！'"到吴末，柑橘成熟，李家每年能赚数千匹绢，家境逐渐殷实。盖李衡所谓"岁上一匹绢"，指的是一棵橘树每年产果的收益。由此，后来人们遂以"木奴"指称柑橘。

【译文】

传说周宣王时的太史籀创造了大篆字体；钟繇擅长隶书，《书断》将他的隶书列入最高一级的神品。邵平本为秦之东陵侯，秦亡后在长安城东种瓜为生，世称东陵瓜；李衡瞒着妻子在龙阳县种柑橘千株，临终前告诉儿子家中有千头木奴，柑橘长成后，李家因此富裕起来。

芳留玉带^①,琳卜金瓯^②。孙阳识马^③,丙吉问牛^④。

【注释】

① 芳留玉带:芳,即李春芳,明代大学士。据《尧山堂外纪》,李春芳年轻时在句曲山(按,即茅山,在今江苏句容)的崇明寺读书,写诗送给寺中僧人,云:"年年山寺听鸣钟,匹马长途忆远公。它日定须留玉带,题诗未许碧纱笼。"后来李春芳入阁为大学士,寺僧持诗到京师来,李春芳果然解下玉带赠给他。僧人携玉带回到寺里,建楼收藏,称为玉带楼。

② 琳卜金瓯(ōu):琳,即崔琳,唐代官员。瓯,罐子。据《次柳氏旧闻》记载,唐玄宗擅长八分书,将任命宰相前,总是亲笔写下名字,放在案上。有一次,太子进见,玄宗用金瓯扣住所写的名字,问太子:"宰相名,汝庸能知之乎?即射中,赐若卮酒也。"当时还是太子的唐肃宗跪拜,答道:"非崔琳、卢从愿乎?"玄宗称是,拿起金瓯,并赐给太子一杯酒。当时崔琳、卢从愿都有足以做宰相的名望,玄宗屡次想要让他们为相,但是崔、卢两家宗族繁盛,依附他们的人很多,因此玄宗最终也没有任用二人。

③ 孙阳识马:孙阳,春秋时期的相马专家,后世称之为"伯乐",或云曾为赵简子御者。据《战国策·楚策》,汗明见春申君,对春申君说:"君亦闻骥乎?夫骥之齿至矣,服盐车而上太行。蹄申膝折,尾湛胕溃,漉汁洒地,白汗交流;中阪迁延,负辕不能上。伯乐遭之,下车攀而哭之,解纻衣以幂之。骥于是俯而喷,仰而鸣,声达于天,若出金石声者,何也?彼见伯乐之知己也。今仆之不肖,阨于州部,堀穴穷巷,沉洿鄙俗之日久矣。君独无意湔拔仆也,使得为君高鸣屈于梁乎?"东方朔《七谏》用其事,云:"骥踌躇于弊輂兮,遇孙阳而得代。"王逸注云:"孙阳,伯乐姓名也。"《韩诗外传》亦云:"使骥不得伯乐,安得千里之足。"可见孙阳善于识别

千里马,是自先秦以来的共识。

④丙吉问牛:丙吉(? —前55),西汉大臣。据《汉书·丙吉传》,丙吉做丞相以后,出行路遇两群人斗殴,死伤者躺在路面上,丙吉径直从旁边过去,并不过问,掾史感到很奇怪。继续前行,丙吉又遇到有人赶着牛行走,牛喘得吐出舌头,丙吉反而停下车,命骑吏去问牛主:"逐牛行几里矣?"掾属们觉得丞相不问人死而问牛喘是不知轻重,丙吉说:"民斗相杀伤,长安令、京兆尹职所当禁备逐捕,岁竟丞相课其殿最,奏行赏罚而已。宰相不亲小事,非所当于道路问也。方春少阳用事,未可大热,恐牛近行,用暑故喘,此时气失节,恐有所伤害也。三公典调和阴阳,职当忧,是以问之。"众人于是佩服丙吉能识大体。

【译文】

李春芳年轻时在句容的崇明寺读书,曾赠诗给僧人,说"它日定须留玉带",入内阁后,果然把玉带送给崇明寺;唐玄宗用金瓯扣住将要任命的宰相名字,考问太子,太子猜测可能是崔琳、卢从愿,玄宗称是,但终因崔、卢两家宗族强盛,没有任用。孙阳善于识马,据说在太行山上路遇拉不动盐车的千里马,下车为它哭泣;丙吉为相后出行,先遇斗殴,后遇牛喘,他不忧民死而为牛喘担心,是因为他认为牛如果在春季就热得发喘,是时令不正的表现,恐怕将有灾害,三公有调和阴阳的职责,应当为此忧心。

盖忘苏隙①,聂报严仇②。公艺百忍③,孙昉四休④。

【注释】

①盖忘苏隙:盖,即盖勋,东汉官员。苏,即苏正和,东汉人。据《后汉书·盖勋传》,盖勋做汉阳长史(汉阳,东汉至魏时期郡名。在今甘肃天水一带,治甘肃甘谷,凉州刺史平时亦驻节于此。汉代

边郡置长史以代郡丞)时,武威太守倚仗权势,恣意贪横,凉州从事苏正和依法查办,将其定罪。凉州刺史梁鹄担心此案追查下来会导致作为武威太守靠山的贵戚怨恨自己,想要杀苏正和为自己免责,于是向盖勋咨询意见。盖勋和苏正和有仇,有人劝他借此机会报复,盖勋说:"不可。谋事杀良,非忠也;乘人之危,非仁也。"于是劝阻梁鹄,说:"夫绁食鹰鸢,欲其鸷,鸷而亨('亨'同'烹')之,将何用哉?"梁鹄听从了盖勋的意见。苏正和死里逃生,十分欣喜,前去感谢盖勋。盖勋闭门不见,说:"为梁使君谋,不为苏正和也。"还是像以前一样怨恨他。按,从《后汉书·盖勋传》的记载看,盖勋劝解梁鹄,出自公心,并未忘却与苏正和之间的仇隙,《龙文鞭影》谓之"忘隙",不确。

②聂报严仇:聂,即聂政,战国时刺客。严,即严仲子,战国时人。据《史记·刺客列传》,严仲子与韩相侠累有仇,知道聂政是个勇者,就和他结交。聂政由于有老母在世,不肯向严仲子许诺。聂母去世后,聂政葬母服丧完毕,说:"嗟乎! 政乃市井之人,鼓刀以屠;而严仲子乃诸侯之卿相也,不远千里,枉车骑而交臣。臣之所以待之,至浅鲜矣,未有大功可以称者,而严仲子奉百金为亲寿,我虽不受,然是者徒深知政也。夫贤者以感忿睚眦之意而亲信穷僻之人,而政独安得嘿然而已乎! 且前日要政,政徒以老母;老母今以天年终,政将为知己者用。"于是仗剑至韩,直入相府,于兵卫之中刺杀侠累,为严仲子报仇,又击杀侠累左右数十人,后自杀而死。

③公艺百忍:公艺,即张公艺,唐代人。据《旧唐书·孝友传》,郓州寿张人张公艺九代同居。唐高宗封禅泰山时,路过郓州,亲自到他家中,问他怎么做到让宗族和睦的。张公艺让人拿来纸笔,在纸上写了一百多个"忍"字。唐高宗很赞赏,赐给他缣帛百匹。按,后世姓氏各有堂号,张氏堂号为"百忍堂",出典即在于此。

④孙昉（fǎng）四休：孙昉，字景初，北宋人。休，停止。黄庭坚《四
　休居士诗》前有小序，云太医孙昉为士大夫发药，多不受谢，自
　号"四休居士"。黄庭坚问他的别号何所取义，孙昉答道："粗茶
　淡饭饱即休，补破遮寒暖即休，三平二满过即休，不贪不妒老即
　休。"黄庭坚说："此安乐法也。夫少欲者，不伐之家也，知足
　者，极乐之国也。"

【译文】

　凉州刺史梁鹄欲杀得罪贵戚的从事苏正和，征询盖勋的意见，盖勋
虽与苏正和有仇，此时却正言劝谏梁鹄，救了苏正和，事后苏正和去向
盖勋道谢，盖勋拒而不见，依然怨恨他；聂政为替严仲子报仇，在母亲去
世后，刺杀严仲子的仇敌韩相侠累，牺牲了自己的性命。唐代张公艺九
代同居，家族和睦，唐高宗问其秘诀，公艺写了一百个"忍"字，示意想
要团结家族成员就必须要忍耐；北宋孙昉自号"四休居士"，向黄庭坚解
释说："粗茶淡饭饱即休，补破遮寒暖即休，三平二满过即休，不贪不妒
老即休。"黄庭坚认为这正是求得安乐的法门。

钱塘驿邸①，燕子楼头②。

【注释】

①钱塘驿邸（dǐ）：钱塘，古县名。即今浙江杭州。驿邸，即驿站。
　据沈辽《任社娘传》，陶谷奉命出使吴越，其人素有不拘小节之
　名。吴越王知道他的为人，召来名妓任社娘，对她说："若能为我
　蛊使者，我重赐汝。"任社娘答道："此在使者何如。然我能得之，
　必假王宠臣，使我居客馆，然后可为也。"吴越王答应了她。于是
　任社娘诈称守门人的女儿，故作羞涩，通过偶遇和窥视诱惑陶
　谷。陶谷以为她真是驿家女子，占有了她，又要以金帛相赠。任
　社娘说："我家贫，受使者金帛，是速我死。然我生平好歌，为我

度曲为词，使我为好足矣。"陶谷遂赠以词，云："好因缘，恶因缘，奈何天？只得邮亭几夜眠，别神仙。琵琶拨断相思调，知音少，待得鸾胶续断弦，是何年？"第二天，吴越王又请陶谷饮宴，盛集歌妓，命任社娘出拜，陶谷熟视而笑，知道上了吴越王的当，但也并不介意。于是任社娘在宴前歌唱陶谷所作之词，宾主饮酒甚乐。事后，任社娘上前谢恩，吴越王大悦，以千金厚赐她。按，吴越国是五代时期南方的割据政权，立国于杭州，故云"钱塘驿邸"。此事又见郑文宝《南唐近事》，云陶谷出使南唐，倚仗自己是上国使者，轻视南唐。南唐名臣韩熙载以妓女秦弱兰伪作驿卒之女，在驿站做洒扫粗活。陶谷喜欢秦弱兰，与她有了私情，赠给她一首《风光好》（与前引词略同）。过了几日，南唐后主李煜宴请陶谷，命秦弱兰唱陶词劝酒，陶谷气焰大衰，即日启程北归。按，关于陶谷赠词一事，异说较多，如陶谷出使时的朝代是后周还是北宋，出使目的地是南唐还是吴越，所赠对象是任社娘还是秦弱兰，在南唐宴请陶谷的是中主李璟还是后主李煜，等等，均有不同记载，甚至如龙衮《江南野史》，又以此事属之于曹翰，不云系陶谷之事。元杂剧有谢善甫《陶学士醉写风光好》，即演绎陶谷秦弱兰事，以两人团圆为结尾，则又为此故事的另一变体了。

②燕子楼头：燕子楼，古楼名。在今江苏徐州。白居易诗有《燕子楼》三首，前有小序，云："徐州故张尚书（即张愔，以检校工部尚书任武宁军节度使，镇徐州）有爱妓曰盼盼，善歌舞，雅多风态。予为校书郎时，游徐、泗间。张尚书宴予，酒酣，出盼盼以佐欢。欢甚，予因赠诗云：'醉娇胜不得，风嫋牡丹花。'尽欢而去，尔后绝不相闻，迨兹仅一纪矣。昨日，司勋员外郎张仲素缋之访予，因吟新诗，有《燕子楼》三首，词甚婉丽。诘其由，为盼盼作也。缋之从事武宁军累年，颇知盼盼始末，云：'尚书既殁，归葬东洛。而彭城有张氏旧第，第中有小楼，名燕子。盼盼念旧爱而不嫁，

居是楼十余年,幽独块然,于今尚在。'予爱缋之新咏,感彭城旧游,因同其题,作三绝句。"按,张仲素作《燕子楼》诗,系以盼盼口吻描述张愔去世后的冷落生活,以及她对张愔的思念,故后人往往以为是盼盼所自作。如韦縠《才调集》即作此理解,又将张愔误认为其父张建封,将盼盼写成"张建封妾"。南宋计有功《唐诗纪事》亦有此失,且把白集中《感故张仆射诸妓》附会成白居易感盼盼之事而作,还增益了盼盼得诗后不食而死的情节。其实张建封与张愔虽相继以节度使镇徐州,但张建封以检校礼部尚书建节,在镇迁检校尚书右仆射,世称"张仆射",张愔则以检校工部尚书建节,后以兵部尚书内召,故时人谓之"张尚书"。读白居易《燕子楼》云:"今春有客洛阳回,曾到尚书墓上来。"可知他始终称张愔为"尚书",而所感"张仆射诸妓"必非盼盼。又按,元明小说多谓盼盼姓关,不知何据。

【译文】

陶谷出使吴越,吴越王命名妓任社娘扮成驿站守门人之女,陶谷占有任社娘,并赠以一词,后来吴越王与陶谷饮宴,命任社娘唱陶词,陶谷才知道上了当;武宁节度使张愔有爱妓盼盼,于张愔去世后,坚决不嫁,留居燕子楼中十余年,曾任武宁从事的张仲素知其事,为作《燕子楼》诗三首,白居易和之,盼盼与燕子楼遂名垂千古。

十二侵

苏耽橘井①,董奉杏林②。汉宣续令③,夏禹惜阴④。

【注释】

①苏耽橘井:苏耽,又称苏仙公,传说中的仙人。据《神仙传》,苏耽是汉文帝时桂阳(今湖南郴州)人,有仙术。某日有数十只白鹤飞来,化为十八九岁的少年,苏耽很恭敬地迎接他们,于是跪下对母

亲说："某受命当仙，被召有期，仪卫已至，当违色养，即便拜辞。"母亲唏嘘不已，说："汝去，使我如何存活？"苏耽说："明年天下疾疫，庭中井水，檐边橘树，可以代养。井水一升，橘叶一枚，可疗一人。兼封一柜留之，有所阙乏，可以扣柜言之，所须当至，慎勿开也。"于是出门升天而去。第二年，果然发生了瘟疫，远近乡邻都来求苏母治疗，都是用井水和橘叶治好的。苏母生活中有所匮乏的时候，按苏耽所说去敲柜子，需要的东西就会出现。过了三年，苏母心中忍不住怀疑，打开查看，有两只白鹤从其中飞出来，之后再敲柜子就不再灵验了。按，《水经注·耒水注》引《桂阳列仙传》亦载此事，不过文字较为简略，可能是《神仙传》故事的源头。

②董奉杏林：董奉，字君异，三国时吴国术士。据《神仙传》，董奉有仙术，能让人起死回生，后隐居于庐山，为人治病不收钱，只让病人痊愈后在山上种杏树，重病愈者使栽杏五株，轻者一株。如此数年，共得杏树十万余株，郁然成林。后来杏子成熟了，他就在杏林中作一草仓，告诉人们："欲买杏者，不须来报，径自取之。得将谷一器置仓中，即自往取一器杏。"有人送谷少而取杏多，就有三四只老虎怒吼着追逐他，吓得他在逃跑过程中把杏掉了一地，到家再看剩下的杏，和交纳的稻谷多少一致。如果遇到有人偷杏，老虎就追到家里将其咬死，家人还杏谢罪后，偷杏的人就又复活了。董奉以每年卖杏得的谷子，赈救贫穷，供给行旅，每年花费三千斛，还能余下很多。按，后世以"杏林"为行医的代称。对医术高超的医生，世人往往以"杏林春满"颂之，即来源于董奉故事。

③汉宣续令：汉宣，指汉宣帝刘询（前91—前48），西汉第十位皇帝。续令，接续时令。据《汉书·魏相传》，魏相任丞相后，多次选取《易阴阳》和《明堂月令》里的章节上奏，说："臣闻《易》曰：'天地以顺动，故日月不过，四时不忒；圣王以顺动，故刑罚清而民服。'天地变化，必豀阴阳，阴阳之分，以日为纪。日冬夏至，则八风之序

立,万物之性成,各有常职,不得相干。……明王谨于尊天,慎于养人,故立羲和之官以乘四时,节授民事。君动静以道,奉顺阴阳,则日月光明,风雨时节,寒暑调和。三者得叙,则灾害不生,五谷熟,丝麻遂,草木茂,鸟兽蕃,民不夭疾,衣食有余。若是,则君尊民说,上下亡怨,政教不违,礼让可兴。夫风雨不时,则伤农桑;农桑伤,则民饥寒;饥寒在身,则亡廉耻,寇贼奸宄所緐生也。臣愚以为阴阳者,王事之本,群生之命,自古贤圣未有不繇者也。天子之义,必纯取法天地,而观于先圣。……臣相伏念陛下恩泽甚厚,然而灾气未息,窃恐诏令有未合当时者也。愿陛下选明经通知阴阳者四人,各主一时,时至明言所职,以和阴阳,天下幸甚!"汉宣帝采纳了他的建议。按,魏相的建议,核心即我国传统的"顺时而动"思想,认为王者行事要顺应时令,自然规律是春生、夏长、秋收、冬藏,政事也必须按照这个规律来推行,所以要以"明经通知阴阳者四人"分别按时令来推行政务,防止出现不合时令的政令,这样就能使阴阳调和、水旱不兴。

④夏禹(yǔ)惜阴:夏禹,即大禹。惜阴,珍惜光阴。《艺文类聚·帝王部一·帝夏禹》引《帝王世纪》云:"尧命以为司空,继鲧治水。乃劳身涉勤,不重径尺之璧,而爱日之寸阴,手足胼胝。"这里是以"寸阴(日光下树影移动一寸)"形容时间很短。《晋书·陶侃传》也记载陶侃常对人说:"大禹圣者,乃惜寸阴,至于众人,当惜分阴,岂可逸游荒醉,生无益于时,死无闻于后,是自弃也。"

【译文】

苏耽将要升天成仙前,对母亲说第二年天下会发生瘟疫,可用家中的井水和橘叶治疗,后来果然应验;董奉隐居山中时,为人治病不收钱,病人痊愈后让他们在山上种杏树,杏树成林后又以杏子换来稻谷赈济百姓。汉宣帝时,魏相上书,建议选明经通阴阳者四人,分别主管四时之令;夏禹受尧之命,接替父亲鲧继续治理洪水,号称"不重径尺之璧,而爱日之寸阴"，成为后人眼中珍惜时光的典型。

　　蒙恬造笔①，太昊制琴②。敬微谢馈③，明善辞金④。

【注释】

①蒙恬（tián）造笔：蒙恬（? —前210），秦朝将领。《太平御览·文部二
　　十一·笔》引《博物志》云："蒙恬造笔。"又引崔豹《古今注》云："牛亨
　　问曰：'古有书契已来，便应有笔也，世称蒙恬造笔，何也?'答曰：'自蒙
　　恬始作秦笔耳。以柘木为管，以鹿毛为柱，羊毛为皮，所谓鹿毫竹
　　管也，非谓古笔也。'"按，以我国目前考古发掘成果而言，出土过
　　数支战国时期的毛笔，可见毛笔早在蒙恬之前就已发明。不过，睡
　　虎地战国秦墓出土的毛笔，确实比年代更早的楚墓毛笔更接近今
　　制，所以崔豹将"秦笔"和"古笔"分开来说，也未必没有道理。

②太昊（hào）制琴：太昊，或作太皞、太暤，古帝王名。通说太昊即
　　伏羲氏。《汉书·古今人表》："太昊帝宓羲氏。"颜师古注引张晏
　　曰："太昊，有天下号也。作网罟田渔以备牺牲，故曰宓羲氏。"伏
　　羲被传为华夏民族的人文始祖，相传中国文化中的许多发明创
　　造都与他有关。《初学记·乐部下·琴》引《琴操》曰："伏牺作
　　琴，以修身理性，反其天真也。"自注："按：《世本》《说文》《桓谭
　　新论》并云神农作琴。二说不同。"但《广雅·释乐》引《世本》
　　云："神农氏琴长三尺六寸六分，上有五弦，曰宫、商、角、徵、羽，文
　　王增二弦，曰少宫商（按，即少宫、少商），……伏羲氏琴长七尺二
　　寸，上有五弦。"则《世本》也是两说并存的。按，古代学者常将发
　　明归之于圣王贤臣名下，而有些发明又是在不同地区、部族同时
　　或先后出现的，所以有时一件物品会在文献中出现几个发明人。

③敬微谢馈（kuì）：敬微，即宗测，字敬微，南朝隐士。谢，谢绝。据
　　《南齐书·高逸传》，宗测年轻时好静而不张扬，不喜人间俗事。

他对前人"家贫亲老,不择官而仕"的做法提出质疑,认为:"诚不能潜感地金,冥致江鲤,但当用天道,分地利。孰能食人厚禄,忧人重事乎?"后来,宗测多次辞去官府的征召,隐居庐山。鱼复侯萧子响(齐武帝之子)为江州刺史时,曾派人给宗测送去厚礼,宗测谢绝道:"少有狂疾,寻山采药,远来至此。量腹而进松术,度形而衣薜萝,淡然已足,岂容当此横施!"萧子响又命人驾车去造访他,宗测避而不见。后来萧子响不告而来,宗测不得不接待他,也只是"巾褐对之,竟不交言",萧子响只得很不高兴地回去了。

④明善辞金:明善,即元明善,元朝大臣。据《南村辍耕录》,元明善曾和某蒙古族大臣一起出使交趾(按,即越南,越南北部古为汉代交趾刺史部,后改交州,五代时期建立"大瞿越国"政权,逐渐成为独立国家,但我国史书有时仍以旧名相称),元明善担任副使。回国前,交趾国王赠送给使者们黄金,蒙古人正使接受了,元明善却坚决推辞。国王劝说道:"彼使臣已受矣,公独何为?"明善回答:"彼所以受者,安小国之心;我所以不受者,全大国之体。"国王听了,对元明善非常叹服。

【译文】

相传秦朝将领蒙恬以柘木为管,创制了秦笔;在古代文献中,将古琴的发明权归之于伏羲氏。宗测不慕荣利,谢绝了江州刺史萧子响馈赠的厚礼;元明善出使交趾,回国前交趾国王赠以黄金,元明善坚决不受。

睢阳嚼齿①,金藏披心②。固言柳汁③,玄德桑阴④。

【注释】

①睢(suī)阳嚼齿:睢阳,今河南商丘,此处指曾坚守睢阳的唐代官员张巡。据《旧唐书·忠义传下》,安史之乱爆发后,正在真源县

（今河南鹿邑）做县令的张巡毅然起兵抗击叛军，后与睢阳太守许远合兵，共守睢阳，唐肃宗至德二年（757），安庆绪部将尹子奇率精锐兵力十余万人，进攻睢阳，五月至七月间共攻城数十次，被张巡用计射伤一目。后再次率兵数万围睢阳，睢阳沦陷，张巡与许远被俘。尹子奇对张巡说："闻君每战眦裂，嚼齿皆碎，何至此耶？"张巡说："吾欲气吞逆贼，但力不遂耳！"尹子奇命人用大刀撬开张巡的牙关，发现确实只剩下了三四颗牙齿。张巡大骂道："我为君父义死。尔附逆贼，犬彘也，安能久哉！"尹子奇叹服其气节，想以礼遇软化张巡，手下有人说："此人守义，必不为我用。素得士心，不可久留。"于是尹子奇下令将张巡杀害。

②金藏披心：安金藏，唐代太常寺的工人（按，指乐工，与现代的"工人"概念不同）。披，剖开，揭露。据《旧唐书·忠义传上》，唐睿宗载初年间（689—690），武则天行使皇帝职权，睿宗称为皇嗣。少府监裴匪躬、内侍范云仙都因私下拜谒皇嗣而被腰斩，从此公卿以下官员都不能会见皇嗣，只有安金藏等乐工能够在睿宗左右。当时有人诬告皇嗣谋反，武则天下令让酷吏来俊臣审讯此事。睿宗左右亲信不能忍受审讯之苦，都想认罪屈招，只有安金藏坚决不招供，对来俊臣大喊道："公不信金藏之言，请剖心以明皇嗣不反。"随即拔刀自剖其胸，五脏六腑一起流出，流血满地，气绝仆地。武则天听闻后，令人把安金藏抬进宫中，派医生将他的五脏六腑都放回胸腹中，用桑白皮做线进行缝合，然后敷上药。过了一夜，安金藏才醒来。武则天亲自探望，叹道："吾子不能自明，不如尔之忠也。"便命令来俊臣停止审讯，睿宗因此免除了灾难。

③固言柳汁：固言，即李固言。据《云仙杂记》引《三峰集》，李固言未及第前，有一次从一棵古柳树下经过，听到弹指声，固言问是谁，有声音回应说："吾柳神九烈君，已用柳汁染子衣矣，科第无

疑。果得蓝袍,当以枣糕祠我。"固言答应了,不久果然状元及第。按,唐代八品、九品官员衣青,故曰"得蓝袍"。

④玄德桑阴:据《三国志·蜀书·先主传》,刘备少年丧父,与母贩履织席为业,他家东南角有一棵高五丈余的桑树,枝叶繁茂,远远看去好像车上的伞盖一样。过往者都以为此树长势非凡,此家当出贵人。刘备小时候经常与同宗族的小伙伴在桑树下游戏,说:"吾必当乘此羽葆盖车。"按,古代马车上设有圆形遮幔,以立柱支撑,名为车盖或伞盖;帝王所用的车盖以鸟羽连缀为饰,故云"羽葆"。刘备宣称要乘坐"羽葆盖车",只是童稚之语,但后来他立国称帝,所以这一戏言也被看成幼年有壮志大略的象征。

【译文】

张巡守睢阳时,每次作战都瞪得眼眶裂开,牙都咬碎了,到兵败被俘时,口中只剩三五颗牙齿;武则天称制时,太常工人安金藏为了证明皇嗣睿宗并无谋反之意,拔刀剖心,睿宗得以免祸。相传李固言未中举前,从一棵古柳树下经过,柳树神说已经用柳汁染过他的衣服,预言他将会及第;刘备少时常在家里的一棵大桑树阴下游戏,对小伙伴说将来要坐上有像桑树繁茂枝叶般伞盖的车。

姜桂敦复①,松柏世林②。杜预《传》癖③,刘峻书淫④。

【注释】

①姜桂敦(dūn)复:姜桂,生姜和肉桂,其性愈老愈辣,此处比喻人越老性格越坚强。晏敦复(1071—1141),南宋诗人、大臣。宰相晏殊之曾孙。据《宋史·晏敦复传》,晏敦复为人刚直敢言,不屈于秦桧等人的权势,反对议和。绍兴八年(1138),金国派遣使者前来议和,要求南宋君臣拜接诏书。宋高宗认为此礼难行,下诏征询侍从、台谏的意见。晏敦复时任吏部侍郎,在侍从之列,

上疏说："金两遣使，直许讲和，非畏我而然，安知其非诱我也。且谓之屈己，则一事既屈，必以他事来屈我。今所遣使以诏谕为名，倪欲陛下易服拜受，又欲分廷抗礼，还可从乎？苟从其一二，则此后可以号令我，小有违异，即成衅端，社稷存亡，皆在其掌握矣。"当时秦桧任宰相，力主"屈己和议"，派人暗中拉拢晏敦复，说："公能曲从，两地（按，即两府，此指宰相之职）旦夕可至。"晏敦复答道："吾终不为身计误国家，况吾姜桂之性，到老愈辣，请勿言。"晏敦复平素静默如不能言，但在朝中议论政事无所回避。宋高宗称赞他说："鲠峭敢言，可谓无忝尔祖矣。"

②松柏世林：松柏，松树和柏树，用来形容坚强不屈的品格。世林，即宗承，字世林，东汉末期名士。据《世说新语·方正》，宗承与曹操年辈相当，因看不起曹操的为人，不肯和曹操结交。等曹操做了司空，总揽朝政，询问宗承："可以交未？"宗承回答说："松柏之志犹存。"由于他的回答冒犯了曹操，遭到疏远，所以所任官职一直没有达到与名德相称的地步。但是，曹丕兄弟每次登门拜访，都是以晚辈的身份，在宗承的坐床下行跪拜礼，以此表示尊敬。

③杜预《传》癖（pǐ）：杜预（222—285），字元凯，京兆杜陵（今陕西西安）人。曹魏名臣杜畿之孙，西晋大臣、名将、学者。据《世说新语·术解》"王武子善解马性"条刘孝标注引《语林》，王济（字武子）爱马，而且也很会相马，杜预说："王武子有马癖，和长舆有钱癖。"晋武帝问杜预："卿有何癖？"杜预回答："臣有《左传》癖。"按，杜预所著《春秋左氏经传集解》三十卷，广泛收录汉儒对《左传》的解说，并附以己意，至今仍有重要的学术价值。

④刘峻（jùn）书淫：刘峻（463—521），南朝学者、文学家。书淫，沉溺于书籍。淫，这里是浸淫、沉溺的意思。据《梁书·文学传下》（《南史·刘怀珍传附刘峻传》略同），刘峻八岁时被掳掠到北魏，

好学而家贫，寄居于他人庑下，经常点着麻炬通宵苦读，有时昏睡，头发被烧了，惊醒以后继续读书。南齐武帝永明（483—493）年间，刘峻回到江南，自谓所见不博，于是想方设法寻求少见的古书，听说京师谁家有未见之书，总是去恳求借读，清河人崔慰祖称之为"书淫"。按，刘峻曾注《世说新语》，世称"刘孝标（刘峻字孝标）注"，引证书籍400余种，内容详实，为研究魏晋历史者所必读。

【译文】

晏敦复力主抗金，拒绝秦桧以入两府为诱惑，自称"姜桂之性，到老愈辣"，以示决不依附秦桧；宗承早年就不肯与曹操结交，等曹操总揽朝政后，欲与宗承为友，宗承仍自称"松柏之志犹存"。杜预对晋武帝自称"臣有《左传》癖"，著有《春秋左氏经传集解》；刘峻少年时常通宵达旦苦读，回到江南后访寻异书，听说没见过的书，总要借来阅读，清河崔慰祖称之为"书淫"。

钟会窃剑①，不疑盗金②。桓伊弄笛③，子昂碎琴④。

【注释】

①钟会窃剑：钟会（225—264），曹魏官员，司马昭的重要谋臣。据《世说新语·巧艺》，钟会是济北公荀勖的堂舅，两人关系不和。荀勖有宝剑，价值百万，收藏在母亲钟夫人那里。钟会擅长书法，模仿荀勖的笔迹，向荀母要来宝剑，拿走就不奉还了。荀勖知道是钟会捣的鬼，就想法报复他。后来钟会兄弟建了一所价值千万的豪宅，精美非常，还没有搬进去住。荀勖擅长绘画，晚上偷偷潜入宅子，在门堂上画了钟会已故父亲钟繇的画像，衣冠相貌和生前一模一样，栩栩如生。钟氏兄弟进门看到画像，大为感伤哀痛，这所宅子就空置废弃了。

②不疑盗金：不疑，即直不疑，西汉大臣。据《史记·万石张叔列传》，直不疑在汉文帝时做郎官（汉朝皇宫中的低级近侍官员，汉初以官员或富家子弟充任，推行察举制度后，郡国所举孝廉也例充郎官），同舍之人告假回家（按，汉代郎官需轮流在殿门当值，故非请假不能回家），临行前错拿了另一位室友的黄金。丢金子的人察觉后，怀疑是直不疑偷的，直不疑也不辩解，自己买了黄金抵偿。请假回家的人回来以后，把错带走的黄金还给失主，失主非常惭愧，直不疑因此获得了长者的名声。

③桓（huán）伊弄笛：桓伊（？—391），东晋官员，善音乐，尤工笛曲，为江左第一。据《世说新语·任诞》，王徽之将要离开京都建康，船还停在渚下。之前他听说桓伊善于吹笛，但两人素不相识。此时正巧桓伊从岸边经过，有人对王徽之说："是桓子野。"王徽之便令人对桓伊说："闻君善吹笛，试为我一奏。"桓伊此时已身居高位，平时也听过王徽之的名声，便下车，坐在胡床上，为王徽之吹奏三调。吹毕，桓伊便上车离去，与王徽之不交一言。

④子昂碎琴：子昂，即陈子昂，唐代文学家、诗人。据《唐诗纪事》引《独异记》，陈子昂初入京，不为人知。当时东市有人卖胡琴，索价百万，豪贵传看，但无人买下，陈子昂当场如价购买。围观的人问他为什么要买，陈子昂说："余善此乐。"众人问："可得一闻乎！"陈子昂答道："明日可集宣阳里。"第二天，陈子昂摆设宴席，将胡琴放在席前，餐毕捧着琴说："蜀人陈子昂，有文百轴，驰走京毂，碌碌尘土，不为人所知。此乐，贱工之役，岂宜留心！"于是将琴举起来摔碎在地上，以文章遍赠来客，一天内就名动京师。按，《太平广记·贡举二》亦引《独异志》，文字较《唐诗纪事》更详，但"举而碎之"作"举而弃之"。

【译文】

钟会擅长书法，模仿外甥荀勖的笔迹，写信从荀母处要来价值百万的宝剑,荀勖报复钟会兄弟,在他家新宅门堂上画了钟繇的像,导致新宅空废;直不疑被同舍的郎官怀疑偷盗黄金,不加辩解,自己买了黄金抵偿,真相大白后,遂获得长者之称。王徽之将出京时,偶遇闻名而未相识的桓伊,请他为自己吹笛,桓伊于是下车,坐在胡床上吹笛三调,吹毕不交一言而去;陈子昂初入京时不为人知,以高价买胡琴吸引观者,约他们听琴,及至众人大集,陈子昂把琴摔碎,将自己所写文章赠给围观之人,一天之内就名动京师。

　　琴张礼意①,苏轼文心②。公权隐谏③,蕴古详箴④。

【注释】

①琴张礼意:琴张,传说中的先秦人物,有人认为即孔子弟子子张,或认为是孔子弟子,但非子张,莫衷一是。礼意,制礼的本意。据《庄子·大宗师》,子桑户、孟之反和子琴张三人结成莫逆之交。子桑户死后,孔子让子贡去帮着处理丧事,见琴张和孟之反弹着琴,相和而歌道:“嗟来桑户乎! 嗟来桑户乎! 而已反其真,而我犹为人猗!”子贡小步快走上前,恭敬地询问:“敢问临尸而歌,礼乎?”两人相视而笑道:“是恶知礼意!”子贡回去告诉孔子,孔子说:“彼,游方之外者也,而丘,游方内者也。外内不相及,而丘使女往吊之,丘则陋矣!”按,所谓“方之外”,就是“区域之外”的意思,引申为“世俗之外”,后世称僧道为“方外”,即从此典故而来。子贡觉得琴张和孟之反在朋友去世后弹琴不合礼法,而琴张和孟之反则认为子贡拘泥于礼法,不知制礼的本意。孔子对子贡解释琴张和孟之反的做法,认为他们是世外之人,不将死生先后放在心上,因此不能以世俗礼法约束。

②苏轼文心:文心,作文时的用心。据《春渚纪闻》,苏轼的文章雄视百世。曾经对刘景文说:“某生平无快意事,惟作文章,意之所

到，则笔力曲折，无不尽意，自谓世间乐事无逾此者。"按，苏轼曾写过一篇书信体文论《与谢民师推官书》，也表达了类似的文学创作观点，在这篇文章中，苏轼称赞谢民师的诗文如"行云流水"，"常行于所当行，常止于不可不止，文理自然，姿态横生"。这恰恰也是苏轼自己的创作经验。

③公权隐谏（jiàn）：公权，即柳公权（778—865），唐代官员、书法家。隐谏，以隐晦的方式进谏。据《旧唐书·柳公权传》，唐穆宗时，柳公权以夏州节度使掌书记之职入京奏事，唐穆宗说："我于佛寺见卿笔迹，思之久矣。"即日拜右拾遗，充翰林侍书学士。唐穆宗施政多有不当，问柳公权用笔如何能达到尽善的地步，柳公权回答道："用笔在心，心正则笔正。"穆宗为之改容，明白这是柳公权以用笔为谏。

④蕴（yùn）古详箴（zhēn）：蕴古，即张蕴古（？—631），唐代官员。箴，规劝、告诫，这里指我国古代的一种带有警戒性质的短文。《左传·襄公四年》："昔周辛甲之为太史也，命百官官箴王阙。"即让百官向周王进献箴言，按官职称为《某某箴》。据《旧唐书·张蕴古传》，张蕴古性聪敏，博涉书传，善于作文。唐太宗即位时，张蕴古曾奏进《大宝箴（"大宝"即帝王之位）》，这是写给唐太宗的一篇劝诫书，详细提出修身治国的注意事项，希望唐太宗做个有为的圣明君主。在文章中，他希望李世民"以一人治天下，不以天下奉一人"，摆正自己与天下国家的关系；修身方面，则希望李世民"勿内荒于色，勿外荒于禽，勿贵难得之货，勿听亡国之音"；在处事上，要"勿皎皎而清，勿没没而暗，勿察察而明"。唐太宗愉快地接纳了张蕴古的进谏，赐以束帛，并任命他为大理丞。

【译文】

子桑户、孟之反和子琴张三人是莫逆之交，子桑户死后，琴张和孟之反临尸而歌，子贡质疑他们的行为不合礼法，琴张和孟之反则反问

"你真的懂礼意吗";苏轼作文如行云流水,自称"生平无快意事,惟作文章,意之所到,则笔力曲折,无不尽意"。唐穆宗问柳公权写字如何用笔才能尽善,柳公权以"心正则笔正"作答,意在劝谏唐穆宗纠正不当的施政;唐太宗即位时,张蕴古曾奏《大宝箴》作为劝诫,详细提出皇帝修身治国的各种注意事项,希望唐太宗做个圣明君主。

广平作赋^①,何逊行吟^②。荆山泣玉^③,梦穴唾金^④。

【注释】

①广平作赋:广平,即宋璟(663—737),唐代大臣,曾任宰相,封广平郡公,世称宋广平。宋璟曾作《梅花赋》,有名于世,其中有"若夫琼英缀雪,绛萼着霜,俨如傅粉,是谓何郎。清香潜袭,疏蕊暗臭,又如窃香,是谓韩寿。冻雨晚湿,凤露朝滋,又如英皇,泣于九嶷。爱日烘晴,明蟾照夜,又如神人,来自姑射。烟晦晨昏,阴霾昼阒,又如通德,掩袖拥髻。狂飙卷沙,飘素摧柔,又如绿珠,轻身坠楼"这样清丽的句子。刘禹锡《献权舍人书》云:"昔宋广平之沉下僚也,苏公味道时为绣衣直指使者,广平投以《梅花赋》,苏盛称之,自是方列于闻人之目。"可知宋璟因此赋得到苏味道的推许。皮日休《桃花赋序》则云:"余尝慕宋广平之为相,贞姿劲质,刚态毅状。疑其铁肠石心,不解吐婉媚辞。然睹其文而有《梅花赋》,清便富艳,得南朝徐庾体,殊不类其为人也。"这是说宋璟的为人与文章风格有很大差别。

②何逊(xùn)行吟:何逊,南朝文人。据《记纂渊海·花卉部·梅花》引《梁书》云:"何逊作扬州法曹,廨舍有梅花一株,逊吟咏其下。后居洛,思梅,再请其任。抵扬州,花方盛,逊对花徬徨终日。"所谓"行吟",盖即"吟咏其下"之概括。然何逊传见《梁书·文学传上》,全无此语。葛立方《韵语阳秋》云:"老杜诗云:

'东阁官梅动诗兴,还如何逊在扬州。'按逊传无扬州事,而逊集亦无扬州梅花诗,但有《早梅诗》云:'兔园摽物序,惊时最是梅。衔霜当露发,映雪凝寒开。枝横却月观,花绕凌风台。应知早飘落,故逐上春来。'杜公前诗乃逢早梅而作诗,故用何逊事,又意却月凌风,皆扬州台观名尔。近时有妄人假东坡名,作《老杜事实》一编,无一事有据。至谓逊作扬州法曹,廨舍有梅一株,逊吟咏其下,岂不误学者?"据此,可知《记纂渊海》所引何逊云云,盖出托名苏轼之《老杜事实》,所云出《梁书》者,应亦为《老杜事实》所标。编者不加核查,率尔照录,遂为人所愚弄。

③荆山泣玉:荆山,山名,在今湖北南漳,《韩非子》作"楚山"。一说"荆""楚"本为同义词,秦国避始皇父子楚讳,改"楚"为"荆",故"楚山"即"荆山"。据《韩非子·和氏》,楚人和氏从楚山找到一块玉璞(玉的原石),先是献给楚厉王,厉王使玉匠相看。玉匠说:"石也。"厉王以为和氏欺骗他,刖(把脚砍掉)其左足。楚武王即位后,和氏又以玉献给武王,武王使玉匠相看,玉匠又回答说:"石也。"武王以为卞和是骗子,刖其右足。之后楚文王即位,和氏抱着玉璞,在楚山之下痛哭三日三夜,泪尽而继之以血。文王听说后,派人询问和氏:"天下之刖者多矣,子奚哭之悲也?"和氏答道:"吾非悲刖也,悲夫宝玉而题之以石,贞士而名之以诳,此吾所以悲也。"文王于是使玉匠剖开玉璞,得到一块稀世宝玉,命名为"和氏之璧"。

④梦穴唾(tuò)金:梦穴,传说中的洞穴名。据《太平广记·宝一》引《述异记》,南康雩都县(今江西于都)沿江三里处有地名梦口,旁边有一个洞穴,如同石室,上有山崖。有一人乘船从下游到雩都县里去,在离此崖几里的地方,搭载了一个穿黄衣、担着两笼黄瓜的乘客。黄衣人上船后要吃的,船主也给了他酒食。路过山崖时,船主想要吃黄瓜,乘客不给,在食盘上吐了一口唾

沫,就径直登崖,进到石头里去了。船主开始对黄衣人的行为很
生气,后来见他进了石头,才知道他不是一般人,拿过食器再看,
唾沫都变成黄金了。

【译文】

　　唐代大臣宋璟曾作《梅花赋》,文辞清艳,为苏味道所赏识;何逊曾
写有《早梅诗》,杜甫诗云:"东阁官梅动诗兴,还如何逊在扬州。"后人遂
造言何逊任扬州法曹时,经常在官署梅花下吟咏,离任后又请再任。楚
人和氏将璞玉献给楚王,两遭刖刑,待楚文王即位后,他抱着璞玉在楚
山之下哭了三日三夜,泪尽而继之以血,文王命玉工剖璞,才确定里面
确实是美玉;南康雩都有梦口,旁有山崖、石穴,有一个黄衣人搭船到这
里,向面前的盘子里吐了一口唾沫,就登上山崖,进到石中去了,船主再
看时,唾沫都变成了黄金。

　　孟嘉落帽①,宋玉披襟②。沫经三败③,获被七擒④。

【注释】

　　①孟嘉落帽:孟嘉,字万年,东晋著名文人。陶渊明之外祖父。据
　　陶潜《晋故征西大将军长史孟府君(嘉)传》,孟嘉少年即负有才
　　名,后来任征西大将军桓温的参军,颇受器重。有一年重阳节,
　　桓温在龙山(山名,在今湖北江陵,今名八宝山)游览,幕府僚属
　　都随同出行。当时参佐们都穿戎装,一阵风刮来,吹掉了孟嘉的
　　帽子,孟嘉自己还没有察觉。桓温示意左右的人别告诉他,想观
　　察他的言行举止。孟嘉依旧谈笑风生,浑然不觉。过了一阵,孟
　　嘉去了厕所,桓温趁机让人把孟嘉的帽子捡起来,放在他的席位
　　上。又命人取来纸笔,让咨议参军孙盛写了一篇嘲弄孟嘉落帽
　　却不自知的文章,压在帽子下。孟嘉回到座位时,看到嘲弄的文
　　章,就要了一支笔作答,不加思索,文辞超卓,宾客都为之惊叹。

孟嘉的才思敏捷,由此可见一斑。

②宋玉披襟(jīn):宋玉,战国晚期楚国文学家。《史记·屈原贾生列传》云:"屈原既死之后,楚有宋玉、唐勒、景差之徒者,皆好辞而以赋见称。然皆祖屈原之从容辞令,终莫敢直谏。"披襟,敞开衣襟。宋玉曾写有一篇《风赋》,赋中提到,楚襄王在兰台游玩,宋玉在旁边侍奉。恰遇一阵风刮过,楚王敞开衣襟说:"快哉此风!寡人所与庶人共者邪?"宋玉答道:"此独大王之风耳,庶人安得而共之!"楚王不解其意。宋玉说:"其清凉雄风,则飘举升降,乘凌高城,入于深宫。邸华叶而振气,徘徊于桂椒之间,翱翔于激水之上。将击芙蓉之精。……乃得为大王之风也。"又对楚王说:"庶人之风,塕然起于穷巷之间,堀堁扬尘,勃郁烦冤,冲孔袭门。动沙堁,吹死灰,骇溷浊,扬腐余,邪薄入瓮牖,至于室庐……"宋玉所说的两种"风",实际是当时社会贵族与平民的两种处境,贵族生活优越,故可以享受清凉的"雄风",而平民百姓则只能雌伏于下,忍受令人"溷浊"的"雌风"。

③沫经三败:沫,即曹沫,春秋时鲁国人,一说即与鲁庄公论战之曹刿。据《史记·刺客列传》,曹沫凭勇力侍奉鲁庄公,为鲁将,与齐国交战,三次败北。鲁庄公害怕,献上遂邑(古地名。在今山东肥丘)向齐国求和。齐鲁约定在柯地(古地名。在今山东东阿、阳谷间)会盟,曹沫也随庄公参加会盟。在盟坛上,曹沫持匕首劫持齐桓公,桓公左右之人不敢轻举妄动,问他:"子将何欲?"曹沫说:"齐强鲁弱,而大国侵鲁亦甚矣。今鲁城坏即压齐境,君其图之!"齐桓公于是答应全部归还鲁国被侵占的土地。于是曹沫扔掉匕首,走下盟坛,回到群臣的位置上,神色不变,辞令如故"。齐桓公事后大怒,要背弃自己的誓约,管仲劝慰说:"不可。夫贪小利以自快,弃信于诸侯,失天下之援,不如与之。"于是桓公就将之前侵占的鲁国领土,包括曹沫三次战败失土在内,全部

归还鲁国。事后，诸侯都赞扬桓公能守信，即使在被胁迫的情况下答应的条件也不会反悔。

④获被七擒：获，即孟获，三国时蜀汉人。据《华阳国志·南中志》，建兴三年（225）夏五月，诸葛亮渡过泸水，进征益州（这里指益州郡，汉郡名。治今云南昆明，非作为刺史部的益州）。生擒南中叛军首领孟获，置于军中，问他："我军如何？"孟获回答："恨不相知，公易胜耳。"诸葛亮认为当前主要敌人是北方的曹魏政权，而南中好叛乱，应该让他们把所有诈术计谋都用出来，于是赦免孟获，让他回去集合军队再战。这样一共七次擒获孟获，七次赦免。到后来，孟获等人为之心服，夷（指南中少数民族）汉叛军也都想投降了。诸葛亮又问孟获，孟获回答道："明公，天威也，边民长不为恶矣。"此后诸葛亮收揽当地俊杰为官属，如孟获后来就官至御史中丞，又从当地征调金、银、丹、漆，耕牛、战马，以供军国之用。《三国志·蜀书·诸葛亮传》记征南中事甚简，仅言："三年春，亮率众南征，其秋悉平。军资所出，国以富饶。"裴松之注引《汉晋春秋》叙述较详，盖即据《华阳国志》所述剪裁而成。

【译文】

孟嘉随桓温游龙山，席间被风吹落帽子，桓温让孙盛做文嘲弄他，孟嘉看到后，不假思索，直接提笔回复，在座者都为之叹服。楚襄王在兰台游玩，遇风刮过，楚王敞开衣襟，感叹风带来的舒畅，宋玉遂为楚王说"大王之风"与"庶人之风"。曹沫为鲁将，与齐国交战，三战三败，后两国在柯地会盟，曹沫持匕首劫持齐桓公，逼他归还了鲁国被侵占的土地；诸葛亮征讨南中，七次擒获叛军首领孟获，七次将他释放，让他集合军队再战，后来孟获被打得心服口服，终于彻底顺从，诸葛亮遂收当地豪杰为官属，又从当地征发财物，以供军国之用。

易牙调味^①，钟子聆音^②。令狐冰语^③，司马琴心^④。

【注释】

①易牙调味：易牙，春秋时齐桓公的宠臣，一称雍巫（雍，官名。即雍人，主宰割烹饪之事；巫，应为易牙的本名）。调味，调和五味，代指烹饪。《左传·僖公十七年》："雍巫有宠于卫共姬，因寺人貂以荐羞于公，亦有宠，公许之立武孟。管仲卒，五公子皆求立。冬十月乙亥，齐桓公卒。易牙入，与寺人貂因内宠以杀群吏，而立公子无亏。"《左传》言雍巫（易牙）因进献食物，得到齐桓公的宠信，故世传易牙善于烹饪，《孟子·尽心上》说："至于味，天下期于易牙。"《吕氏春秋·审应览·精谕》也说："孔子曰：'淄、渑之合（按，传说淄水、渑水的水味各有不同）者，易牙尝而知之。'"可知在战国时期人的印象里，易牙已经是"知味"的代表。《管子》《韩非子》《史记·齐太公世家》等书记易牙杀子烝之，以献桓公，得到他的宠信，其记载较为晚出，未必足信。又《论衡·谴告》云："狄牙之调味也，酸则沃之以水，淡则加之以咸。水火相变易，故膳无咸淡之失也。"或云此"狄牙"即"易牙"。《论衡》提到了狄牙具体的烹饪手法，可能是汉人对易牙故事的进一步完善。

②钟子聆（líng）音：钟子，即钟子期，春秋时楚国人。据《吕氏春秋·本味》，俞伯牙善于鼓琴，钟子期则善于欣赏。伯牙弹琴时意在高山，子期听了以后说："巍巍乎若泰山！"伯牙弹琴时志在流水，子期听了以后说："荡荡乎若流水！"子期死后，伯牙认为世上再也没有知音，于是就不再弹琴。

③令狐冰语：令狐，即令狐策，十六国时前凉人。冰语，在冰上说话。据《晋书·艺术传》，孝廉令狐策梦见自己站在冰上，和冰下的人说话，请索紞给他解梦。索紞说："冰上为阳，冰下为阴，阴

阳事也。'士如归妻,迨冰未泮'(按,此《诗经·邶风·匏有苦叶》句),婚姻事也。君在冰上与冰下人语,为阳语阴,媒介事也。君当为人作媒,冰泮而婚成。"令狐策不信,说:"老夫耄矣,不为媒也。"不料,过了不久,敦煌太守田豹让令狐策给自己的儿子和本地人张公徵的女儿做媒,仲春二月,恰是冰融化的时节,两人成婚,梦兆就这样应验了。因有此典故,后来遂称媒人为"冰人"。

④司马琴心:司马,即司马相如,西汉文学家。琴心,用琴来表达心声。据《史记·司马相如列传》,司马相如是蜀郡成都(今四川成都)人,初为梁孝王宾客,梁孝王去世后,相如回到故乡,家贫,生活没有着落。临邛(今四川邛崃)县令王吉与司马相如为故交,邀请司马相如到临邛来。司马相如抵达临邛后,王吉天天拜访他,司马相如开始还见他,后来就托病不见,王吉却更显恭敬,以此为司马相如抬高身价。当地富人卓王孙听说县令有贵客,便请司马相如和王吉一起前来饮宴。宴席上,王吉邀请司马相如弹琴,当时卓王孙有女卓文君新寡,而喜好音乐,"故相如缪与令相重,而以琴心挑之"。司马相如雍容闲雅,气度不凡,卓文君从门中窥视,暗暗喜欢上了他。宴席结束后,相如又重赐卓文君的侍婢,向她转达心意。于是卓文君深夜逃出家门,与相如私奔到了成都。

【译文】

易牙通过进献食物获得齐桓公的宠信,后人遂传说他善于调味,又说他把自己的儿子蒸了献给齐桓公;钟子期善于欣赏好友俞伯牙的琴声,俞伯牙弹琴时,或意在高山,或志在流水,钟子期都能听出其中真意。令狐策梦到自己站在冰上,和冰下的人说话,索𬱖解梦说他将要给人做媒,后果然应验;司马相如以琴声赢得卓文君的芳心,卓文君深夜逃出家门,与司马相如一起私奔到成都。

灭明毁璧^①,庞蕴投金^②。左思三赋^③,程颐四箴^④。

【注释】

①灭明毁璧:灭明,即澹(tán)台灭明,字子羽,孔子的学生。据《博物志》,澹台灭明带着一枚价值千金的玉璧渡河,河伯想要这枚玉璧,就在河里掀起风浪,两条蛟夹着澹台灭明所在的船。澹台灭明左手持璧,右手提剑将蛟斩杀,蛟死波平。渡河之后,澹台灭明把玉璧投到河里,不想三次把玉璧扔下去,都又跳回到澹台灭明手里,澹台灭明于是把玉璧毁掉,自己离去,以示并非舍不得这枚玉璧才和蛟龙战斗。

②庞蕴投金:庞蕴,字道玄,世称"庞居士",唐代佛教徒。被誉称为达摩东来开立禅宗之后"白衣居士第一人",素有"东土维摩"之称。据《南村辍耕录》,相传庞居士家财万贯,为之劳神,他曾考虑把这些家财送人,又担心他人也有自己这样的忧虑,后来想到"不如置诸无何有之乡",于是把家资装到车上,沉到海里,以舍弃身外之物。最后举家修道,全家都得证果位(佛教名词。称修行得道之后获得的正果之位)。按,庞蕴是中唐人,生平略见《景德传灯录·南岳怀让禅师法嗣》,不言沉宝于海。至南宋时,禅宗史料始言其投家财于洞庭湖或湘水,如《禅宗颂古联珠通集》《释氏通鉴》之类。元杂剧有《庞居士误放来生债》,与《南村辍耕录》所记情节大体相似,而加以演绎,可见庞蕴投金、成道之事,在宋元时期是非常流行的故事。

③左思三赋:左思,西晋文学家。三赋,即《三都赋》,由《魏都赋》《蜀都赋》《吴都赋》组成。据《晋书·文苑传》,左思貌丑口讷,而辞藻壮丽。他在写完《齐都赋》后,想要就魏都洛阳、蜀都成都、吴都建业的题材写作《三都赋》。正好其妹左棻入宫,左家搬到京师,于是去拜见著作郎张载,向他咨访蜀地的情况(按,张载之

父曾任蜀郡太守，张载曾从剑阁入蜀，探望父亲，故对蜀地了解较多）。此后左思构思十年，家中到处都放着笔纸，偶然想到一句，就立刻写下来，又自以所见不博，求为秘书郎，希望通过阅读国家藏书来补充知识。赋初成时，还未引起时人重视，后来经过皇甫谧、张载、刘逵、卫权等人的作注作序等，特别是大臣张华的极力推崇，感叹为"班（固）、张（衡）之流也"，才引得"豪贵之家竞相传写，洛阳为之纸贵"。起初，当时著名的文学家陆机来到洛阳，也想做同一题材的文章。听说左思已经在写，他抚掌而笑，并给弟弟陆云写信说："此间有伧父，欲作《三都赋》，须其成，当以覆酒瓮耳。"等到左思写成《三都赋》，陆机看后甚为叹服，认为自己再写也不能超过他，于是就停笔了。

④程颐（yí）四箴（zhēn）：四箴，四篇箴言。按，孔子曾言："非礼勿视，非礼勿听，非礼勿言，非礼勿动。（《论语·颜渊》）"程颐对此做进一步阐发，认为孔子提出的这四点是要亲身实践的，颜渊按这些话去做，所以成了圣人。因此，后代向圣人学习的人，都应将这四点谨记在心，于是作视箴、听箴、言箴、动箴以自警，后人称为"程子四箴"。朱熹作《四书章句集注》时，把这四箴都抄录在《颜子问仁章》注内，认为"程子之箴，发明亲切，学者尤宜深玩"。

【译文】

澹台灭明带着价值千金的玉璧渡河，河伯掀起风浪、派来蛟龙，威胁索要玉璧，澹台灭明斩蛟渡河后，三次把玉璧投进河中，都又跳回手里，澹台灭明于是把玉璧毁掉，以示自己并非舍不得玉璧；庞居士家资巨万，为之劳神，于是把家财都沉到海里，舍弃身外之物，后来全家都证得果位。左思用十年时间写成《三都赋》，经张华等人的推荐，豪贵之家纷纷抄写，洛阳为之纸贵，陆机最初看不起左思，读过赋后也甚为叹服；孔子言"非礼勿视，非礼勿听，非礼勿言，非礼勿动"，程颐对此四句的内涵做进一步阐发，作视箴、听箴、言箴、动箴以自警，世称"程子四箴"。

十三覃

陶母截发^①，姜后脱簪^②。达摩面壁^③，弥勒同龛^④。

【注释】

①陶母截发：陶母，陶侃的母亲。据《世说新语·贤媛》，陶侃家很贫穷，同郡名士范逵被举为孝廉，投宿在陶侃家。当时冰雪数日不化，陶侃家已经没有什么东西吃，而范逵带来的马和仆人都很多。母亲湛氏对陶侃说："汝但出外留客，吾自为计。"于是将自己的长发剪下来做成两顶假发卖掉，换了几斛米来招待客人。又将屋子的柱子削掉一半作为薪柴，将平时坐卧的草垫铡碎了喂马。范逵既赞叹陶母的才能，又对蒙受他家的厚意感到十分愧疚，北上洛阳后，便向羊晫、顾荣等人宣扬陶侃，使他大获美誉。按，同条刘孝标注引王隐《晋书》："侃母既截发供客，闻者叹曰：'非此母不生此子。'乃进之于张夔，羊晫亦简之。后晫为十郡中正，举侃为鄱阳小中正，始得上品也。"张夔，据《晋阳秋》，时为庐江太守，召陶侃为郡吏。十郡中正，即江州大中正，西晋元康元年（291），割扬州、荆州十郡置江州，鄱阳郡属焉。晋制，每州以朝臣一人为大中正，主评议本地人士；州内各郡又各有小中正，大中正有推举小中正的权力。盖陶侃本籍鄱阳，吴亡后始迁庐江，故庐江太守可召其为吏，江州大中正亦可举之为小中正。

②姜后脱簪（zān）：姜后，周宣王的王后姜氏，齐侯的女儿。据《列女传·贤明传》，周宣王有一次起床晚了，姜后摘去首饰，在囚禁宫女的永巷待罪，让傅母（负责辅导贵族女性的老年女性）对宣王说："妾不才，妾之淫心见矣，至使君王失礼而晏朝，以见君王乐色而忘德也。夫苟乐色，必好奢穷欲，乱之所兴也。原乱之兴，从婢子起。敢请婢子之罪。"宣王说："寡人不德，实自生过，

非夫人之罪也。"于是让姜后复位,从此早早上朝,很晚了才回宫,周朝因而中兴。

③ 达摩面壁:达摩,即菩提达摩,印度僧人,南北朝时来中国,是禅宗的创始人。《续高僧传·齐邺下南天竺僧菩提达摩传》云:"如是安心,谓壁观也;如是发行,谓四法也;如是顺物,教护讥嫌;如是方便,教令不著。"据《祖堂集·福先招庆》,福先招庆和尚上堂说法,道:"达摩大师,梁普通八年(527,是年三月改元大通,故一般称为大通元年)到此土来,向少林寺里冷坐地,时人唤作壁观婆罗门,直得九年,方始得一人继续。"又《景德传灯录·第二十八祖菩提达摩》云:"寓止于嵩山少林寺,面壁而坐,终日默然,人莫之测,谓之壁观婆罗门。"据此,"壁观"应该就是面壁坐禅之意。

④ 弥勒(lè)同龛(kān):弥勒,佛教菩萨名。传说身在兜率天上,释迦牟尼预言他会在遥远的未来下生世间并成佛。龛,供佛的小阁子。褚遂良有《家侄帖》,是给一位交往甚密的僧人的信,信中写道:"家侄至,承法师道体安居,深以为慰耳。复闻久弃尘滓,与弥勒同龛,一食清斋,亦时禅诵,得果已来,将无退转也。奉别倐尔逾卅载,即日遂良须鬓尽白。兼复近岁之间,婴兹草土。燕雀之志,触绪生悲。且以即日蒙恩,驱使尽生报国,途路近止,无由束带,西眺于邑,悲罔更深,因侄还州,惨塞不次,孤子褚遂良顿首和南。"褚遂良以"与弥勒同龛"称颂僧人,一方面是对其戒行的肯定,另一方面也可看出当时民间弥勒信仰的繁盛。

【译文】

陶侃的母亲剪掉长发去换米,帮助陶侃招待本郡名士范逵,范逵承蒙厚意,为陶侃大力宣扬;周宣王有一日晚起,影响了上朝,王后姜氏就摘下首饰,自拘于永巷,请周宣王治她盅惑君王的罪过,周宣王被王后激励,从此早早上朝,晚上才回宫,周朝大治。菩提达摩到北魏后,面壁而坐，终日默然，时称"壁观婆罗门"。褚遂良夸赞僧人"与弥勒同龛"，坚守食斋诵经之戒，最终必然能够证果。

龙逢极谏①，王衍清谈②。青威漠北③，彬下江南④。

【注释】

①龙逢（páng）极谏：龙逢，即关龙逢，又作关龙逄，传说中夏朝末年的贤臣，因劝谏夏桀被处死。极谏，直言劝谏。据《韩诗外传》，夏桀建酒池，据说里面有酒糟堆成的丘陵，方圆十里，酒池可以让船只漂浮在上面，也能供三千人一起牛饮。关龙逢进谏道："古人之君，身行礼义，爱民节财，故国安而身寿。今君用财若无穷，杀人若恐弗胜，君若弗革，天殃必降，而诛必至矣。君其革之。"他站在那里，坚持不肯离开朝堂。夏桀听后非常愤怒，下令把关龙逢囚禁并处死。

②王衍（yǎn）清谈：王衍（256—311），西晋大臣、名士。清谈，曹魏后期何晏、王弼研究《老子》《庄子》《周易》中的哲理，谓之"玄学"，后辈文士在他们的基础上谈论义理，号称"谈玄"或"清谈"。这种谈论很快成为一种脱离现实的名士游戏，故后世将"清谈"作为"不切实际的谈论"的代名词。据《晋书·王衍传》，王衍仪表出众，风姿雅致，早年好论纵横之术，后来口不言世事，唯事清谈。他有才学、善辩论，又很聪明，经常自比子贡，因此声名极盛，为当世所倾倒。朝野人士翕然向风，把他看做当世的"龙门"，如同东汉晚期的李膺那样。后进之士跟着他谈《老》《庄》，仿效他的作风，逐渐就形成了矜高浮诞的风俗。后来西晋将亡的时候，王衍被石勒俘获，在将被处死前，对身边的人说："呜呼！吾曹虽不如古人，向若不祖尚浮虚，戮力以匡天下，犹可不至今日。"但已经悔之不及了。

③青威漠北：青，即卫青（？—前106），西汉名将。漠北，指蒙古高原大沙漠以北的地区，历史上是匈奴人的活动中心。据《史记·卫将军骠骑列传》，汉武帝元狩四年（前119），卫青奉命与霍去病各将五万骑，分道击匈奴。汉朝降将赵信为单于谋划："汉兵既度幕（'幕'通'漠'），人马罢，匈奴可坐收虏耳。"于是单于就将主力都放在漠北，让辎重在更靠北的后方屯驻。卫青带领军队出塞千余里，恰好见到单于的军队列阵，就利用武刚车（古代战车名，上有盖，可以用来运输兵员和物资，也可以让战士在车中对外射击）围成营寨，以五千骑前往攻击匈奴，匈奴以万骑迎击。打到日暮时分，刮起了大风，砂砾扑面而来，两军互相都看不清了。此时汉军以左右两翼的部队夹击匈奴，单于见汉军兵强马壮，不容易被突破，坚持不下去，便突围逃跑了。卫青带领汉军乘胜追击二百余里，俘获、斩首万余人，焚烧了匈奴的粮草，取得漠北之战的胜利。

④彬下江南：彬，即曹彬（931—999），北宋名将。据《涑水记闻》，宋太祖命曹彬征讨南唐。将要攻克金陵（即南唐首都江宁府，今江苏南京）的前夕，曹彬突然称病不处理公务，众将都来探望，曹彬说："余之病非药石所能愈，惟须诸公共发诚心，自誓以克城之日不妄杀一人，则自愈矣。"众将许诺，一起焚香为誓，第二天，曹彬就声称病愈。等到攻克金陵，果然宋军不曾胡乱杀人。司马光著书时，离曹彬平定南唐已经将近百年，但曹氏子孙仍然贵盛，传承不绝。又据同书，曹彬平定江南归京，到阁门进状求见，自称"奉敕差往江南勾当公事回"，时人都赞美他不自居功劳。

【译文】

夏桀造酒池、糟丘，大臣关龙逢劝谏不从，反而被杀；王衍引导了西晋一朝空谈玄理的风气，临死前自觉对西晋灭亡负有一定责任。卫青在漠北打败匈奴单于所率大军，单于逃跑，卫青斩首、俘获万余人，烧毁了匈奴的粮草;曹彬征讨南唐时,谎称生病,部将纷纷前来探望,曹彬趁机要求将领们集体立誓,保证破城后不乱杀人民。

遐福郭令^①,上寿童参^②。郗愔启箧^③,殷羡投函^④。

【注释】

①遐(xiá)福郭令:遐福,广大而长远的福祉。郭令,即郭子仪(697—781),唐朝名将。据《太平广记》引《神仙感遇传》,郭子仪在七夕夜看见空中有一辆车,车中坐着一个美女,从天降下。子仪猜测这个女子是织女,于是跪拜祷告:"今七月七日,必是织女降临,愿赐长寿富贵。"女子笑着说:"大富贵,亦寿考。"说完就飞走了。后来郭子仪做了二十四年中书令,被封为汾阳郡王,儿子、女婿都是高官,麾下的将士也往往贵为王公。

②上寿童参:上寿,古代称百岁以上的人为上寿。《左传·昭公三年》孔颖达疏:"上寿百年以上,中寿九十以上,下寿八十以上。"童参,北宋人。苏轼文集中有名为《童珪父参年一百二岁可承务郎致仕》的敕稿,其文云:"敕童珪父参:古者天子巡守方岳之下,问百年者就见之,而绛县役老,赵武谪其舆尉(按,见前'绛县老人'条)。今汝黄发鲐背(按,老年人有时头发会由白转黄,背上像鲐鱼一样长出黑斑,故云),以上寿闻,其可使与编户齿乎?往以忠孝,教而子孙。可。"按,明清类书多以童参授承务郎事在仁宗朝,如《万姓统谱》《尚友录》等均作此说。但从苏轼文集看,此稿编于《外制制敕》部分,而苏轼以宋哲宗元祐元年(1086)除中书舍人(即所谓"外制"),寻迁翰林学士(宋人称为"内制"),可知此敕必作于该年。

③郗愔(xī yīn)启箧(qiè):郗愔(313—384),东晋大臣。箧,箱匣之属。据《世说新语·伤逝》"郗嘉宾丧"条注引《中兴书》,郗

超临死前，担心父亲郗愔悲伤过度，于是把一个匣子交给门生，说："本欲焚此，恐官（按，晋宋时奴仆称主为官，如《南齐书·王敬则传》云宋后废帝死，萧道成等辅政大臣集会商议，王敬则拔白刃在床侧跳跃，曰：'官应处分，谁敢作同异者！'此'官'即指萧道成。这里盖为郗超从门生的角度称呼郗愔）年尊，必以伤愍为毙。我亡后，若大损眠食，则呈此箱。"郗愔见儿子去世，果然悲痛得生了病，门生就把匣子呈上，里面都是郗超为桓温私下谋划代晋的来往书信。郗愔忠于王室，看了信之后大怒，说："小子死恨晚！"于是不再哀痛哭泣。

④殷（yīn）羡投函：殷羡，东晋官员。函，信函。据《世说新语·任诞》，殷羡担任豫章太守，从京城建康出发前，很多在京城的豫章人都托他带信到家乡，共有百余封信。等殷羡走到石头城，他把这些信都扔到水里，说："沉者自沉，浮者自浮，殷洪乔（按，殷羡字洪乔）不能作致书邮！"

【译文】

传说郭子仪在七月七日遇到织女从天降下，请求赐福，织女同意了，于是他不仅自己长寿，而且子孙的富贵福泽延续了好几代；童参因为寿高一百零二岁，被皇帝赐予了承务郎的官阶，相关敕书是苏轼撰写的。郗愔丧子之后，悲痛成疾，其子郗超生前预料到此事，让门生把自己与桓温往来的信件呈给父亲看，郗愔忠于王室，见书大怒，遂不再为儿子早逝而哀痛；殷羡出任豫章太守，京城的人托他带信去豫章，殷羡走到石头城，将信函都扔进了水中。

禹偁敏赡①，鲁直沉酣②。师徒布算③，姑妇手谈④。

【注释】

①禹偁（chēng）敏赡（shàn）：禹偁，即王禹偁（954—1001），宋代

官员、文学家。敏赡，识见敏捷，善于表达。据《邵氏闻见录》，毕士安做济州从事时，听说王禹偁家以磨面为生，就让年方七八岁的王禹偁以"磨"为题作诗。王禹偁不假思索地吟诵道："但存心里正，无愁眼下迟。若人轻着力，便是转身时。"以此表达自己的正直和乐观，以及希望毕士安加以援引。毕士安很是惊奇，就让他和儿子们一起学习。有一次，太守在宴席上出诗句说："鹦鹉能言争似凤。"在座的人都没有对上来，毕士安回家后，把这句诗写在屏风上。王禹偁见到后，接着诗句下面写道："蜘蛛虽巧不如蚕。"毕士安叹息道："经纶之才也。"于是让他穿上成人的衣冠，以"小友"相呼。及至毕士安拜相，王禹偁已经负责为皇帝起草诏书了。按，毕士安为宋太祖乾德四年（966）进士，开宝四年（971）为济州团练推官（即所谓从事），真宗景德元年（1004）进吏部侍郎、参知政事，寻拜同平章事；王禹偁以后周世宗显德元年（954）生，宋太宗太平兴国八年（983）登第，生平三知制诰，分别是端拱二年（989）至淳化二年（991）、淳化四年（993）至至道元年（995）、至道三年（997）至宋真宗咸平元年（998），此后贬知黄州、蕲州，咸平四年（1001）去世。据此，则毕士安为济州从事时，王禹偁已十八岁，非七八岁之幼童，又毕士安拜相时，王禹偁已去世三年，可知《邵氏闻见录》所载有误。

②鲁直沉酣（hān）：鲁直，即黄庭坚（1045—1105），字鲁直，北宋文学家、书法家。沉酣，即沉醉。黄庭坚《与宋子茂》云："子飞、子均、子予，想数相见否？每相聚，辄读数叶《前汉书》，甚佳。人胸中久不用古今浇灌之，则俗尘生其间，照镜则觉面目可憎，对人亦语言无味也。"黄庭坚对读书的爱好，由此可见一斑。

③师徒布算：师徒，指的是天台山僧人师徒。布算，布下算筹，陈列算式，推求计算。算筹，古时的计算工具。据《旧唐书·方伎传》，为了更好地推求大衍之数，唐代天文学家、佛学家一行四处

寻访老师。来到天台山国清寺的时候，他见到一座僧院门外有古松，门口有溪水，非常清幽。一行站在院门和内影壁之间，听里面的僧人排布算筹，对徒弟说："今日当有弟子自远求吾算法，已合到门，岂无人导达也？"又移除一根算筹，说："门前水当却西流，弟子亦至。"一行跟着这句话，小步快走进入院内，叩头请求向僧人学习，这时门口的溪水果然回头往西流去。

④姑妇手谈：姑妇，即婆媳，这里指王积薪在跟随唐玄宗逃避安史之乱时，路遇的婆婆和儿媳妇。王积薪，唐代棋手。手谈，下围棋。据《太平广记·伎巧二》引《集异记》，安史之乱爆发后，翰林待诏王积薪追随唐玄宗南下成都避难。蜀道狭窄，客舍都被高级官员住满了，王积薪无处可住，只能投宿于附近山中的寡妇人家，家中只有婆婆和儿媳妇二人。天色刚黑，这家人就关了门睡觉，让王积薪住在房檐下。夜里，王积薪听见婆婆对儿媳妇说："良宵无以适兴，与子围棋一赌可乎？"王积薪很是惊异，因为晚上没有点蜡烛，婆媳两人又都不出屋，各自在房间里口述在棋盘的什么位置落子。最后婆婆说："子已败矣，吾止胜九枰耳。"媳妇也甘心认输。第二天早晨，王积薪恭敬地向她们求教，婆婆让他布一局看，看了十几步，对儿媳妇说："是子可教以常势耳。"于是儿媳妇就教给王积薪如何攻守，但讲得很简略。王积薪希望再讲得细一些，婆婆笑着说："止此，亦无敌于人间矣。"王积薪诚心感谢后，和这对婆媳告别，走出十几步，再回头看，之前的房屋已经消失不见了。从此王积薪的棋艺无与伦比，但再布婆媳那天晚上的布局，总是无法复原出那天差九枰的胜利。

【译文】

王禹偁年少时就才思敏捷，应毕士安要求以"磨"为题材作诗，又对上了太守出的对联；黄庭坚热爱读书，一直沉浸在阅读经史书籍中，认为士大夫三天不读书就面目可憎。僧一行在天台山国清寺遇到通过算筹推算预言自己将要到访的师父,拜他为师,从此在推算历法上更加精准。王积薪在随唐玄宗逃难途中,遇到了棋艺精湛的婆媳二人,诚心向她们求教后,两人中的儿媳教了他一些招法,从此王积薪的棋艺天下无敌。

十四盐

风仪李揆^①,骨相吕岩^②。魏牟尺缟^③,裴度千缣^④。

【注释】

①风仪李揆(kuí):风仪,风采仪表。李揆(711—784),唐代大臣。据《旧唐书·李揆传》,李揆风仪美妙,善于奏对,每次向皇帝奏事,都有"献可替否(指臣对君进献可行的计策,建议废止不可做的事)"之风范。唐肃宗赞赏他的仪表,曾经对李揆说:"卿门地、人物、文章,皆当代所推。"故时人称为"三绝"。又据《刘宾客嘉话录》,李揆晚年为宰相卢杞所忌,被委派出使吐蕃,到吐蕃后,吐蕃首领问他:"闻唐家有一第一人李揆,公是否?"李揆怕被扣留,就说:"非也。他那个李揆,争肯到此。"又《刘宾客嘉话录》称李揆三绝为"门地第一,文学第一,官职第一",与《旧唐书》本传不同。《新唐书》本传记三绝事沿袭《旧唐书》,而补入使蕃之事,则据《刘宾客嘉话录》。

②骨相吕岩:骨相,古人认为可以通过骨骼的一些外在表征(如额骨、颧骨的高低之类)看出人的命运。吕岩,即吕洞宾,本名岩,晚唐五代时期道士,《宋史·隐逸传上》谓之"关西逸人",后世传为仙人,为道教全真派"北五祖"之一。据《万历续道藏》所收《吕祖志·真人本传》,吕岩还在襁褓之中时,高僧马祖见到他,说:"此儿骨相不凡,自是风尘表物(按,"表"作"外"解,"风尘外物",

即"俗世之外的人",代指神仙隐逸之流)。他时遇庐则居,见钟则扣,留心记取。"后来吕岩往游庐山,遇到神仙火龙真人,向他学习天遁剑法,之后就混迹俗世,卖墨于人间,自称纯阳子。唐懿宗咸通年间,吕岩又考中了进士,时年六十四岁。他在长安城的酒肆之中遇到钟离权,经过钟离权点化,决心拜其为师。钟离权反复考验他,吕岩都能够通过,于是得传修炼诀窍。盖马祖所谓"遇庐则居,见钟则扣",即指游庐山遇火龙真人,以及求师于钟离权两事。按,《真人本传》有云:"洞宾初游江淮,试灵剑,遂斩长蛟之害。隐显变化不一,迨今四百余年。"自传说中吕洞宾得道的晚唐时期后推四百年,应为元朝中期。而成书于元世祖至元三十一年(1294)的《历世真仙体道通鉴》有《吕岩传》,只言"后因游庐山遇异人,得长生诀",无马祖相骨之事,但前后情节甚至文字却都颇为相似。从这一点看,《真人本传》可能是据《历世真仙体道通鉴·吕岩传》增益而成。

③魏牟(móu)尺缍(xǐ):魏牟,又称魏公子牟,战国时期魏国学者。缍,古谓用以束发的布帛为缍。据《事类赋·服用部·冠》引桓子《新论》,魏牟拜见赵王,赵王正让一个工匠现场制冠,问魏牟如何治国,魏牟说:"大王诚能重国若此二尺缍,则国治且安。"赵王很不高兴地说:"社稷至重,而比之二尺缍,何也?"魏牟反驳道:"大王制冠,不使亲近,而必求良工者,非为其败缍而冠不成与?今治国不求良士,而任其私爱,此非轻国于二尺缍之效耶?"赵王无言以对。按,魏牟以制冠说赵王,其事始见于《战国策·赵策三》"建信君贵于赵"条,其说更详,但谓"二尺缍"为"尺帛",可参看。

①裴(péi)度千缣(jiān):裴度(765—839),唐代大臣、政治家。缣,细密的绢帛。据《新唐书·韩愈传》附《皇甫湜传》,皇甫湜被裴度聘为东都留守府判官,裴度修福先寺,完工后,想请白居易写碑文。皇甫湜听说后,很生气地说:"近舍湜而远取居易,请从此

辞。"裴度婉言向他赔罪,于是皇甫湜向裴度求了一斗酒,喝到酣畅之时,提笔立就。裴度赠给他车马、缯彩作为谢礼,非常隆厚,皇甫湜却大怒道:"自吾为《顾况集序》,未常许人。今碑字三千,字三缣,何遇我薄邪?"裴度笑着说:"不羁之才也。"于是按他索要之数送上酬劳。按,本传盖据《唐阙史》所载改削而成。《唐阙史》记皇甫湜之辞云:"寄谢侍中,何相待之薄也!某之文,非常流之文也,曾与顾况为集序外,未尝造次许人。今者请制此碑,盖受恩深厚耳。其碑约三千字,一字三匹绢,更减五分钱不得。"本传为图简省,删削过当,反不如《唐阙史》记述清晰,当参看。又《唐阙史》谓皇甫湜为裴度聘为留守府从事,本传谓之"判官",或别有所据。又按,本传云"近舍湜而远取居易",据两《唐书》本传,裴度以大和八年(834)除东都留守,至开成二年(837)徙河东节度使,此时白居易退居东都,与皇甫湜同在一地,并无远近之别。检《唐阙史》云:"将致书于秘监白乐天,请为刻珉之词。"则知《唐阙史》误以此事为大和元年(827)白居易在长安任职时事(据两《唐书》之《白居易传》,白居易以大和元年召为秘书监,次年转刑部侍郎),故皇甫湜怒裴度舍近在洛下之己身,远求在京任官之白居易。如此,其言始可解。故虽《唐阙史》记此事有时代之误,但欲了解此事始末,仍不可不参看其书,谨附识于此。

【译文】

李揆风仪美妙,善于应对,唐肃宗称赞他"门地、人物、文章,皆当代所推",因此在当时有"三绝"之称;马祖见到还是婴儿时的吕岩,说从他的骨骼特征来看,将来必是世外之人,后来吕岩果从钟离权学道得仙。魏牟拜见赵王,赶上赵王让工匠制冠,魏牟以此劝谏赵王应任用贤才治国,爱惜国家应该像爱惜做冠帽的二尺缣一样;裴度任东都留守,请皇甫湜为福先寺作碑文,赠以厚礼,皇甫湜仍不满意,认为三千字的碑文,应该按照每字三匹缣的价格取酬,裴度如数以赠。

孺子磨镜①，麟士织帘②。华歆逃难③，叔子避嫌④。

【注释】

①孺（rú）子磨镜：孺子，即徐稺（zhì），东汉著名隐士。据《北堂书钞·服饰部五·镜》引《海内士品》（按，《太平御览·人事部四十四·道德》引《海内先贤行状》，略同），徐稺曾事（指侍奉，引申为投师求学）江夏黄琼，黄琼去世后，徐稺要去参加他的葬礼，但家贫没有路费，就自己带着磨镜器具，每到一处，就为人磨镜获取路费，这才顺利抵达江夏去拜祭黄琼。按，据《后汉纪·孝桓皇帝下·延熹二年》，徐稺少年时游学国中，江夏黄琼教授于家，徐稺曾向他学习经义。《海内士品》所云"徐孺子尝事江夏黄公"，即指此事。黄公，即黄琼，曾多次出任三公之职，故云然。又据《后汉书·徐稺传》，黄琼为太尉时，曾征辟徐稺，徐稺辞而不就，与《后汉纪》所云"琼后仕进，位至三司，稺绝不复交"相合。由此可知，徐稺与黄琼之间，既是弟子与老师的关系，也是故吏与府主的关系。东汉时期，师生之间、吏与府主（如郡县吏与守令、三公掾属与三公）之间，乃至被举者与举荐者之间，都有类似君臣的关系，故吏为旧君（过去的府主）行丧之例，多见于各类史料。故虽当黄琼显达后，徐稺既不与他交往，也拒绝他征辟，但在恩师、府主去世之后，仍要尽弟子、故吏之情，前往会葬。

②麟（lín）士织帘：麟士，即沈麟士（419—503），南朝隐士。据《南史·隐逸传下》，沈麟士幼年时就表现得聪敏灵秀，年方七岁，听叔父沈岳与宾客谈论玄理。宾客散去后，沈麟士复述叔父的话，无所遗失。沈岳抚其肩，说："若斯文不绝，其在尔乎？"成年之后，沈麟士博通经史，有高尚之心。但由于家境贫困，沈麟士日常以织帘为生，经常一边手上织帘，一边口中诵书，手与口都不停息。同乡因此称他为织帘先生。

③华歆（xīn）逃难：华歆（157—232），三国时曹魏大臣。据《世说新语·德行》，华歆与王朗乘船避难，有一人想要上船，华歆有些犹豫，王朗说："幸尚宽，何为不可？"后来贼寇追上来，王朗想赶那个人下去。华歆说："本所以疑，正为此耳。既已纳其自托，宁可以急相弃邪？"于是依然带着那人一起逃难。当时的人以这件事判定华、王二人的高下。按，同条刘孝标注引华峤（华歆之孙）《谱叙》所记与此相类一事，但云"歆为下邳令，汉室方乱，乃与同志士郑太等六七人避世。自武关出，道遇一丈夫独行"云云，不言与王朗同行，亦不言乘船。余嘉锡《世说新语笺疏》同条引程炎震云："据华峤《谱叙》，是献帝在长安时事。王朗方从陶谦于徐州，不得同行也。"盖《世说新语》为传闻之辞，不得与华峤自作之《谱叙》争审，当以《谱叙》所言为是。

④叔子避嫌：叔子，即颜叔子，《毛诗故训传》引其事，称为"昔者"，而不言何时何地人，盖当时已不知其详。据《诗经·小雅·巷伯》毛《传》，颜叔子独自住在一间房屋里，隔壁家的寡妇也是独居一室。一天晚上，狂风暴雨猝至，邻家寡妇的房屋倒塌了，逃到颜叔子处躲避。颜叔子收留了她，但为了避嫌，让女子持烛照明，以示两人之间没有不明不白的关系。天还没有亮，烛已燃尽，颜叔子就从屋子上拆解柴木，让她继续保持照明状态，直到天明。到了后来，颜叔子还是认为自己没有做到充分避嫌。

【译文】

　　徐稺为黄琼奔丧，没有路费，便一路为人磨镜取酬，以此走到黄琼的家乡江夏，参加葬礼；沈麟士博览群书，成年后家贫，就一边织帘子维持生计，一边背诵经史，手口俱不停，乡里称为织帘先生。华歆与王朗一同乘船逃难，半途搭载一人，贼寇将要追上，王朗欲让搭载的人下船，华歆认为应当有始有终，就坚持带着那人一起逃亡；颜叔子与邻居寡妇各处一室，暴风雨之夜，寡妇房屋倒塌，投奔颜叔子，颜叔子就让寡妇手持蜡烛照明以避嫌，甚至从自家房屋上拆下木头来续上燃料，直到天亮，但事后还是觉得避嫌不够谨慎。

盗知李涉^①，虏惧仲淹^②。尾生岂信^③，仲子非廉^④。

【注释】

①盗知李涉：李涉，唐代官员、诗人。据《云溪友议》，李涉曾去九江探望在当地任刺史的弟弟，离开时船上只有书籍、柴米。船到皖口（皖水入江之口，在今安徽安庆）以西，遇到盗贼，盗贼的首领听说是李涉，就说："若是李涉博士，吾辈不须剽他金帛。自闻诗名日久，但希一篇，金帛非贵也。"李涉就写了一首绝句赠他。盗贼首领送给李涉很多礼物，李涉不敢拒绝，且看其人似乎很有义气的样子，就与他相约在扬州的佛寺见面，想如陆机提拔戴渊一样荐举他（按，参前"戴渊西洛"条），但此后盗首毫无音信。后来番禺（今广东广州）举子李汇征过循州（隋至元州名。唐代循州即今惠州、梅州一带，治归善县，即今惠州），投宿韦氏田庄，与主人韦叟谈诗，韦叟当时已经八十多岁，极赞赏李涉的诗篇。李汇征偶吟李涉赠给盗首之诗，韦叟闻之惆怅，才道出自己就是当年的盗首，并持酒酹地，复吟《赠豪客诗》云："春雨萧萧江上村，绿林豪客夜知闻。他时不用相回避，世上如今半是君。"

②虏（lǔ）惧仲淹：仲淹，即范仲淹。据孔平仲《谈苑》，宋仁宗宝元（1038—1040，宝元三年二月改元康定）年间，李元昊叛宋（按，指建立西夏政权），宋仁宗知道范仲淹才兼文武，起用范仲淹为延州帅（按，延州置帅司在庆历元年，此当指知延州、管勾鄜延路部署司事），日夜训练精兵。夏人听到这一消息后，说："无以延州为意。今小范老子腹中有数万甲兵，不比大范老子可欺也。"夏人称知州为"老子"，"大范"是指前任知延州的范雍。仁

宗以四路诸招讨之职委之范仲淹、韩琦，一定要收复灵州（今宁夏吴忠）、夏州（今陕西靖边）、横山（今陕西横山）之地，宋夏边境有歌谣说："军中有一韩（韩琦），西贼闻之心骨寒；军中有一范，西贼闻之惊破胆。"元昊听到之后很害怕，于是向宋称臣。按，据《续资治通鉴长编·康定元年》，范仲淹因延州范雍兵败被起用在康定元年三月，非宝元中，虽宝元三年与康定元年同为一年，究不可不辨；且范仲淹于起用之初被任为知永兴军，后历陕西都转运使、陕西经略安抚副使，方以安抚副使兼知延州，非径徙延州帅。

③尾生岂信：尾生，春秋时鲁国人，又称尾生高、微生高。据《庄子·盗跖》，尾生曾经与一个女子在桥下约会，女子没有按期到来，刚好遇到洪水暴发，尾生不肯离开，就抱着桥柱等待，最终被淹死了。按，《庄子》评价道："尾生溺死，信之患也。"认为他的死是为信所累。但从儒家学说的角度来看，尾生这样的做法只能算是小信。如孔子称赞管仲"仁"，子贡以管仲未从公子纠而死，质疑孔子之说，孔子答道："管仲相桓公，霸诸侯，一匡天下，民到于今受其赐。微管仲，吾其被发左衽矣。岂若匹夫匹妇之为谅也，自经于沟渎而莫之知也？""谅"与"信"同义，可见孔子反对所谓轻死守义的"匹夫匹妇之为谅"。尾生抱柱而死，盖亦匹夫匹妇之谅。

④仲子非廉：仲子，即陈仲子，一称於陵仲子。据《孟子·滕文公下》，匡章向孟子称道陈仲子，认为他确实是廉洁之士。孟子回答道："于齐国之士，吾必以仲子为巨擘焉。虽然，仲子恶能廉？充仲子之操，则蚓而后可者也。夫蚓上食槁壤，下饮黄泉。仲子所居之室，伯夷之所筑与？抑亦盗跖之所筑与？所食之粟，伯夷之所树与？抑亦盗跖之所树与？是未可知也。"又说："仲子，齐之世家也。兄戴，盖禄万钟。以兄之禄为不义之禄而不食也，以

兄之室为不义之室而不居也，避兄离母，处于於陵。他日归，则有馈其兄生鹅者，己频顣曰：'恶用是鶂鶂者为哉？'他日，其母杀是鹅也，与之食之。其兄自外至，曰：'是鶂鶂之肉也。'出而哇之。以母则不食，以妻则食之；以兄之室则弗居，以於陵则居之：是尚为能充其类也乎？若仲子者，蚓而后充其操者也。"按，孟子批评陈仲子，在于他认为兄长的俸禄"不义"，因而与母、兄分离，不愿分润其兄的俸禄。但如果从这种观点出发，扩而充之，仲子自己所住的房屋、所吃的粮食，也没法确定是义者还是不义者所生产的，但他却住着房子，吃着粮食，并不以为有问题。所以孟子说，只有像蚯蚓一样"上食槁壤，下饮黄泉"，不与社会发生任何联系，才能实现仲子希望的那种廉洁。仲子既然自己都做不到，按他的标准来说，显然算不上廉洁了。

【译文】

李涉在皖口遇盗，盗贼首领没有掳掠他的财产，反而向他求诗，李涉就作诗赠他，并希望能导引他为国效力，但最终没能实现；李元昊叛宋，范仲淹被起用为延州帅臣，日夜训练精兵，时有"军中有一范，西贼闻之惊破胆"的歌谣，元昊害怕，遂向宋称臣。尾生与女子相约在桥下见面，女子未来，大水暴至，尾生溺死，《庄子》认为他为信所累，实则按儒家观点只能算是小信，不值得提倡；陈仲子认为兄长的俸禄来源不义，不愿从中分润，被匡章称为廉士，但孟子认为只有像蚯蚓一样，才能实现陈仲子理想中的廉洁，仲子自己也达不到，因此不能算是廉洁。

由餐藜藿①，鬲贩鱼盐②。五湖范蠡③，三径陶潜④。

【注释】

①由餐藜藿（lí huò）：由，即仲由（前542—前480），字子路，孔子弟子。藜藿，藜和藿都是野菜，这里指粗劣的饭菜。据《孔子家语·致

思》，子路对孔子说："负重涉远，不择地而休，家贫亲老，不择禄而仕。昔者由也事二亲之时，常食藜藿之实，为亲负米百里之外。亲殁之后，南游于楚，从车百乘，积粟万钟，累茵而坐，列鼎而食，愿欲食藜藿，为亲负米，不可复得也。枯鱼衔索，几何不蠹，二亲之寿，忽若过隙。"从话语中流露出对父母的深切追思。孔子说："由也事亲，可谓生事尽力，死事尽思者也。"按，《说苑·建本》亦记此事，文字略同，但无文末孔子之语，而是将全文的核心思想总结为"故曰：家贫亲老，不择禄而仕也"，重复了子路的话，似乎是为儒者不择出处的做法辩护。

②胶（gé）贩鱼盐：鬲，即胶鬲，殷商末期贤臣。《孟子·告子下》云："胶鬲举于鱼盐之中。"盖未仕前曾为贩运鱼盐之商人。孙奭《孟子注疏》本章注云："胶鬲遭乱，鬻贩鱼盐，文王举之。"朱熹《四书章句集注》沿其说。但检核早期文献，皆不言文王举胶鬲，不知孙、朱何所据而云然。按，《国语·晋语一》"献公卜伐骊戎"条云："殷辛伐有苏，有苏氏以妲己女焉。妲己有宠，于是乎与胶鬲比而亡殷。"韦昭注："胶鬲，殷贤臣也。自殷适周，佐武王以亡殷也。"又《吕氏春秋·慎大览·贵因》云："武王至鲔水，殷使胶鬲候周师。"似胶鬲于牧野之战时尚未去殷适周。又同书《季冬纪·诚廉》云："王使叔旦就胶鬲于次四内，而与之盟曰：'加富三等，就官一列。'为三书同辞，血之以牲，埋一于四内，皆以一归。"则似言周武王使周公联络胶鬲，许之以利而谋殷。故亦有现代学者认为胶鬲实为周在殷之间谍者。

③五湖范蠡（lí）：五湖，一说即太湖，一说是太湖及周边支脉或湖湾的合称。范蠡，春秋时越国政治家，曾帮助越王勾践击败吴国，后辞去，据说改名为陶朱公，成为当时的富商。据《国语·越语下》，范蠡帮助越王勾践灭吴，回国走到五湖时，范蠡向越王告辞说："君王勉之，臣不复入于越国矣。"越王问他这是什么意思，范

蠡说:"臣闻之,为人臣者,君忧臣劳,君辱臣死。昔者君王辱于会稽,臣所以不死者,为此事也。今事已济矣,蠡请从会稽之罚。"越王不许,并且说:"所不掩子之恶,扬子之美者,使其身无终没于越国(按,意为将失国流亡)。子听吾言,与子分国。不听吾言,身死,妻子为戮。"范蠡坦然拒绝,说:"臣闻命矣。君行制,臣行意。"于是乘着轻舟进入五湖,不知到哪里去了。越王于是命工匠用良金(按,即铜)铸范蠡像,命大夫每十天朝拜一次,并将环绕会稽山的三百里地封给范蠡,发誓说:"后世子孙,有敢侵蠡之地者,使无终没于越国,皇天后土、四乡地主正之!"

④三径陶潜:三径,门前的三条小路。据《三辅决录》,汉代蒋诩辞官隐居在杜陵,闭门不出,在自己屋子周围种了一圈竹林,只留下三条小路方便自己的友人来访问,后来就引申为隐士居住的地方。据《归去来辞》,陶潜用"三径就荒,松菊犹存"这样的句子来形容自己的隐居生活,大意是说辞官回到家中,看到门前的小路已经荒废,但所栽种的松树和菊花还都一如往日。可参看前"陶怡松菊"条。

【译文】

子路因为家贫,自己只吃粗劣的饭菜,而从很远的地方背米回来给父母吃;胶鬲以贩卖鱼盐为生,却因有才能获得举用。范蠡助越王勾践灭吴后,向越王告辞,不顾挽留,乘轻舟进入五湖,不知所踪;陶潜作《归去来辞》,内有"三径就荒,松菊犹存"的句子,形容出仕后自家田园荒芜的景象。

徐邈通介①,崔郾宽严②。易操守剑③,归罪遗缣④。

【注释】

①徐邈(miǎo)通介:徐邈(171—249),三国时曹魏大臣。通,通达。

介,清直。据《三国志·魏书·徐邈传》,有人问卢钦:"徐公当武帝(按,即曹操)之时,人以为通,自在凉州及还京师,人以为介,何也?"卢钦回答道:"往者毛孝先(按,即毛玠)、崔季珪(按,即崔琰)等用事,贵清素之士,于时皆变易车服以求名高,而徐公不改其常,故人以为通。比来天下奢靡,转相仿效,而徐公雅尚自若,不与俗同,故前日之通,乃今日之介也。是世人之无常,而徐公之有常也。"按,同书《毛玠传》云:"太祖为司空、丞相,玠尝为东曹掾,与崔琰并典选举。其所举用,皆清正之士,虽于时有盛名而行不由本者,终莫得进。务以俭率人,由是天下之士莫不以廉节自励,虽贵宠之臣,舆服不敢过度。"此盖即卢钦所云之"于时皆变易车服以求名高"。徐邈不趋时好,自行其是,故被时人视为通达不拘。

②崔郾(yǎn)宽严:崔郾(768—836),唐代官员。据《文苑英华·行状七》载杜牧《银青光禄大夫检校礼部尚书兼御史大夫充浙江西道都团练观察处置等使上柱国清河郡开国公食邑二千户赠吏部尚书崔公(郾)行状》(《新唐书·崔郾传》略同),崔郾做陕虢观察使时,为政宽厚,一个月都未必会责打一个人。到鄂州以后,则使用严刑峻法,对犯罪者绝不宽容。有人问他为何前后变化这么大,崔郾说:"陕土瘠民劳,吾抚之不暇,尚恐其惊。鄂之土沃民剽,杂以夷狄,非用威刑,莫能致理。政贵知变,盖谓此也。"听到的人很佩服他。按,《新唐书·崔郾传》云"出为虢州观察使",盖唐以陕州、虢州共隶一观察使治下,故谓之陕虢、虢州,或如《旧唐书》本传谓为"陕州观察使",皆不误。

③易操守剑:易操,改变操守。王烈(141—219),字彦方,东汉末年名士。据《后汉书·王烈传》,王烈在故乡太原时,以义行著称。同乡有一个人偷牛,被牛主抓住,就说:"刑戮是甘,乞不使王彦方知也。"王烈听说后,就派人去看望此人,并送给他一端布。有

人问王烈为何如此,王烈说:"盗惧吾闻其过,是有耻恶之心。既怀耻恶,必能改善,故以此激之。"后来有个老人在路上丢了佩剑,有过路人看到,就停下来看守。等到晚间,老人回来寻剑,遇到守剑之人,很奇怪有人肯等候这么久,于是问了他的姓名,告诉王烈。王烈让人追查守剑人到底是谁,发现就是之前的偷牛贼。又《三国志·魏书·管宁传附王烈传》裴注引《先贤行状》,与《后汉书》本传所云略同,而记述更细(按,《后汉书·王烈传》或即据《三国志·魏书·管宁传附王烈传》及《先贤行状》删削而成),可参看。

④ 归罪遗(wèi)缣:归罪,自首服罪。遗,赠送。陈寔(104—187),字仲弓,东汉后期名士。据《后汉书·陈寔传》,某年收成荒歉,有个小偷夜里进了陈寔的房间,躲在梁上。陈寔暗中发现了,起身整衣拂拭,喊来子弟,正色教导他们说:"夫人不可不自勉。不善之人未必本恶,习以性成,遂至于此。梁上君子者是矣!"小偷大惊,从梁上抛身伏地,叩头谢罪。陈寔口气和缓地给他讲明道理,说:"视君状貌,不似恶人,宜深克己反善。然此当由贫困。"就送给他两匹绢。从此之后,全县都不再发生盗窃案件了。

【译文】

徐邈在曹操当政时被视为通达之徒,后来又被看作清直之士,实际徐邈的作风从未转变,只不过时代的风气好尚发生了变化而已;崔郾在陕州时为政宽容,到鄂州后就变得严厉,有人问他为何如此,他解释说这是因为陕州和鄂州的情况不同,需要因地制宜。有人偷牛,被发现后怕被王烈知道,王烈因此认为他还有羞耻之心,派人送去一端布以激励他,后来有人在路上失剑,回来寻找时发现有人一直在看守,此人就是之前的偷牛贼;陈寔发现梁上有小偷潜伏,就借训诫子孙的机会警示他,小偷叩头服罪,陈寔给他讲道理之外,还送给他两匹绢,从此全县盗案断绝。

十五咸

深情子野^①,神识阮咸^②。公孙白绖^③,司马青衫^④。

【注释】

①深情子野:深情,怀有深厚感情。子野,即桓伊(? —391),字叔夏,小字子野,东晋后期名将,也是当时著名的音乐家。据《世说新语·任诞》,桓伊喜好音乐,每次听到清亮的歌声,总是感叹:"奈何!"谢安听说后,评价道:"子野可谓一往有深情。"按,桓伊擅长吹笛,号称江左第一,又以善唱挽歌著称,与羊昙的唱乐及袁山松的《行路难》合称为"三绝"。"一往情深"的成语即来源于此。

②神识阮(ruǎn)咸:神识,见识通神。阮咸,魏晋之交的官员、名士,阮籍之侄,与他同列"竹林七贤"。据《世说新语·赏誉》引《晋诸公赞》,荀勖熟悉音律,当时谓之"暗解",负责晋朝建立后制定雅乐的工作。每到大朝之时,需要在殿庭演奏音乐,荀勖自己为乐器调音,听起来都很和谐。阮咸也擅长音乐,时称"神解"。每次公家宴会,阮咸心中总觉得音律不和谐,因此他对荀勖从没有一句称赞的话,荀勖也因而忌恨他,于是把阮咸外调为始平太守。后来有人耕地,从地下挖出周朝定律用的玉尺,乃是当时官方规定的正尺。荀勖以玉尺校正自己所制各种乐器的音律,都跟标准有一黍之差,这才佩服阮咸见识通神。按,据《汉书·律历志》,我国古代的音律和度量衡是密切相关的。古人使用"积黍起度"的方法确定度量衡,以中等黑黍子粒的宽度为一分,十分为一寸,并规定黄钟律的律管应长九十分(九寸),能容一千二百颗黍米。当时通过吹奏律管定出音调,故荀勖能以古尺校正音律,又能看出古律与他所定晋律之间有一颗黍米宽(一分)的差别。

③公孙白绖（zhù）：公孙，即公孙侨（？—前522），姬姓，字子产，以字行于世，是春秋时期郑国的政治家、外交家。白绖，是用苎麻制成的细疏白色织物，通常被用来制作质地轻薄的服饰。据《左传·襄公二十九年》，吴国命季札出使鲁国，接着出使齐国、郑国。到郑国时，季札和时为郑卿的子产一见如故，季札送给子产缟（一种白色的丝织物）制的腰带，子产回赠以白绖衣。按，据杜预注，吴地以缟为珍贵的物品，郑地则以白绖为珍贵的物品，季札和子产各以本国认为贵重的物品作为礼品送给对方，是以厚礼表达自己的心意，并不是为了使对方获利。

④司马青衫：司马，唐代官名。每州一人，与长史同为刺史的主要助手，统州衙僚属，纲纪众务，后来逐渐用于安置闲冗或被贬的官员。这里指曾被贬为江州（今江西九江）司马的白居易。青衫，青色的官服，为唐代八品、九品官员所穿。唐宪宗元和十年（815），宰相武元衡被藩镇派来的刺客杀害，白居易与武元衡有诗歌相和之谊，对此特别痛心，上书宪宗，要求严惩凶手，却因"官官（白居易时任太子左赞善大夫，为东宫官属）非谏职，不当先谏官言事"和"浮华无行，甚伤名教"的罪名，被贬为江州司马。白居易到江州后，作《琵琶行》，描述自己到江边送客，遇见一位已经嫁人的长安歌妓，听她弹奏琵琶、述说生平，借此抒发自己被贬之后的感慨。诗的最后几句是："凄凄不似向前声，满座重闻皆掩泣。座中泣下谁最多？江州司马青衫湿。"按，唐代官员除特旨得以"赐绯""赐紫"外，基本都以所任散官品级定服色，白居易被贬江州时，所带散官为将仕郎，位从九品下，故虽任从五品下的江州司马（江州在唐代属于"上州"一级，上州司马位从五品下），仍然只能穿青色的官服。

【译文】

桓伊喜好音乐，听到别人清亮的歌声，往往感叹："奈何！"被谢安评价为"一往有深情";阮咸精通音律,曾因认为荀勖所定音律不谐而被贬,后来周代玉尺出土,据以校正音律,确有差别,荀勖才佩服阮咸的见识通神。季札访问郑国,送给子产缟制的腰带,子产回赠以白纻制成的衣服;白居易被贬为江州司马,作《琵琶行》,自述在江边遇到琵琶女弹奏琵琶、自述生平,引得自己落泪,打湿了青衫。

狄梁被谮①,杨亿蒙谗②。布重一诺③,金慎三缄④。

【注释】

①狄梁被谮(zèn):狄梁,即狄仁杰,唐睿宗时追封梁国公,故世称狄梁公。谮,说别人的坏话。据《大唐新语·识量》,狄仁杰做宰相时,武则天问他:"卿在汝南,甚有善政,欲知谮卿者乎?"狄仁杰说:"陛下以臣为过,臣当改之。陛下明言,臣之幸也。若臣不知谮者,并为友善。臣请不知。"武则天听到后,对狄仁杰大加赞叹。

②杨亿蒙谗(chán):蒙,遭受。谗,谗言。据《归田录》,杨亿性情刚劲,与人往往合不来,有人厌恶他,遂因事向真宗进谗。杨亿当时在学士院,某晚忽然在一座小阁中被真宗召见。召见时,真宗赐茶,又从容地与他谈话许久,随后取出几匣文稿,对杨亿说:"卿识朕书迹乎?皆朕自起草,未尝命臣下代作也。"杨亿惶恐,不知应该怎么回答,只能叩头再拜而退。他心中明白,一定是有人说他的坏话,因此佯狂(装作精神失常),逃奔阳翟(按,今河南禹州)。真宗好文,原本对杨亿恩遇极为隆厚,后来逐渐衰减,也是因为这件事。按,《宋史·杨亿传》云:"(大中祥符)五年,以疾在告,……王钦若骤贵,亿素薄其人,钦若衔之,屡抉其失;陈彭年方以文史售进,忌亿名出其右,相与毁訾。上素重亿,皆不惑其说。亿有别墅在阳翟,亿母往视之,因得疾,请归省,不待报

而行。上亲缄药剂,加金帛以赐。亿素体羸,至是,以病闻,请解官。有嗾宪官劾亿不俟命而去,授太常少卿,分司西京,许就所居养疗。……七年,病愈,起知汝州。"据此,则杨亿之奔阳翟因探母病,无关佯狂,而真宗于杨亿临行,尚赐予药物、金帛,则恩礼似未衰减。而谗害杨亿者,盖即王钦若、陈彭年。

③布重一诺:布,即季布,秦末汉初人,初事项羽,汉朝建立后,为刘邦所擢用,历事汉高祖、汉惠帝、汉文帝。据《史记·季布栾布列传》,汉文帝时,季布任河东(秦汉时期郡名。治所在安邑,即今山西夏县)郡守。当时楚地有个辩士曹丘生,经常游走于权贵门下,借助他们的权势来获取金钱,与汉文帝的宠臣赵谈,以及皇后窦氏之兄窦长君关系很好。季布看不起曹丘生,给窦长君写信说:"吾闻曹丘生非长者,勿与通。"后来曹丘生请求窦长君写一封信,介绍他去见季布,窦长君说:"季将军不说足下,足下无往。"但曹丘生还是坚持要去,于是窦长君就按他的要求写了信。曹丘生见到季布后,向他作揖,说:"楚人谚曰'得黄金百(斤),不如得季布一诺',足下何以得此声于梁楚间哉?且仆楚人,足下亦楚人也。仆游扬足下之名于天下,顾不重邪?何足下距仆之深也!"季布听了以后非常高兴,请他入内,以上客的待遇留他住了几个月,又以厚礼给他送行。据说季布此后的名声更大了,这都是曹丘生帮他宣扬的缘故。

④金慎三缄(jiān):金,即金人,指周朝宗庙中铜铸的人像,中国古代常常将青铜称为"金"。慎,谨慎,慎重。三缄,多重封闭,古代常以"三"代指"多"。据《说苑·敬慎》,孔子参观周王室的祖庙,看到右边的台阶陈列着一个金人,嘴上贴着严密的封条,背后有铭文,写着:"古之慎言人也,戒之哉!戒之哉!无多言,多口多败;无多事,多事多患。安乐必戒,无行所悔。……夫江河长百谷者,以其卑下也;天道无亲,常与善人;戒之哉!戒之哉!"孔子

看过之后对弟子说："记之，此言虽鄙，而中事情。《诗》曰：'战战兢兢，如临深渊，如履薄冰'。行身如此，岂以口遇祸哉！"按，孔子所引的诗句见于《诗经·小雅·小旻》末章。《小旻》是一首批评西周晚期天子不纳忠言、专行邪道的诗，诗末以"战战兢兢"三句来形容诗人对国家将因天子所行不善陷入危难的恐惧。

【译文】

狄仁杰被人攻击，武则天问他是否想知道是谁说他的坏话，狄仁杰却表示希望与人为善，不愿知道，武则天因此对他非常赞赏；杨亿被执政所忌恨，多次遭到打击，因此他作谢启给在朝中的亲友，先后有"伯夷弟兄，甘受首阳之饿"和"已挤沟壑，犹下石而弗休"这样表示抱怨的句子。季布重视信用，辩士曹丘生称楚人有"得黄金百，不如得季布一诺"的说法，并宣称是他为季布宣扬名声的成果；孔子带着弟子参观周朝的宗庙，在庙中看到一个被封住嘴的铜像，背后刻有铭文，提醒人们谨言慎行。

彦升非少①，仲举不凡②。古人万亿③，不尽兹函④。

【注释】

①彦（yàn）升非少：彦升，即任昉（460—508），南朝官员、文学家。非少，不算少。据《南史·任昉传》，任昉的母亲裴氏白天小睡，梦见有一面五彩旗盖，四角悬铃，从天而落，其中一铃落到她怀里，她心中一惊，不久就怀孕了。有人为她占卜，说："必生才子。"任昉幼时就很聪敏，悟性出众，四岁能诵诗数十篇，八岁能作文，他自作《月仪》一篇，文笔甚美。褚彦回（按，即褚渊，宋齐之际的大臣、名士。因名犯唐高祖讳，故李延寿著《南史》时称其字）对任昉的父亲任遥说："闻卿有令子，相为喜之。所谓百不为多，一不为少。"由于褚渊有这样的评价，任昉的名声就越来越大了。

②仲举不凡：仲举，即陈蕃，字仲举，东汉大臣。据《后汉书·陈蕃传》，陈蕃十五岁时，自己住在一间房屋里，环境颇为杂乱污秽。他父亲的朋友薛勤来家里拜访，看到这景象，就问陈蕃："孺子何不洒扫以待宾客？"陈蕃说："大丈夫处世，当扫除天下，安事一室乎！"薛勤由此知道陈蕃能有澄清世风的志向，觉得他很不一般。按，周密《齐东野语》记其外祖父章良能事，云："外大父文庄章公（按，章良能卒谥文庄），自少好雅洁，性滑稽，居一室必泛扫巧饰，陈列琴书，亲朋或讥其龌龊无远志。一日，大书素屏曰：'陈蕃不事一室，而欲扫除天下，吾知其无能为矣。'"周密将此视为章良能"滑稽"之举，但从另一角度说，章良能性好雅洁，不能排除他真的看不起陈蕃这种可能。

③古人万亿：万亿，形容数目多，并非实指。

④不尽兹（zī）函（hán）：兹，这。函，书的封套。这里代指书。按，古代的线装书常以锦缎或布糊成的封套包裹外表，以防损坏，故习惯上将一个封套包裹的书称为"一函"。后来也有以"一函"代指"一部、一套"，作为图书量词的用法，此处同。

【译文】

任昉少年聪颖，褚渊对任父称赞他，认为这样聪明的孩子"百不为多，一不为少"；陈蕃少年时不扫房舍，却有扫除天下之志，其父的朋友得知后，颇觉得他志向不凡。值得提到的古人很多，这一部书是讲不完的。